**Basler
Stadtbuch
2008**

www.basler-stadtbuch.ch
Die Online-Chronik – Tag für Tag, seit 1882

Basler
Stadtbuch
2008

129. Jahr | Ausgabe 2009
Christoph Merian Stiftung (Hg.)

Christoph Merian Verlag

Beraterinnen und Berater der Redaktion

Dr. Rolf d'Aujourd'hui
  Bodenforschung, Urgeschichte
Dr. Andreas Burckhardt
  Wirtschaft, Handelskammer
Prof. Dr. Thomas Bürgi
  Bildung und Erziehung
Yolanda Cadalbert Schmid
  Gewerkschaften, Arbeitnehmer/-innen
Pierre Felder
  Schulen
Christian Fluri
  Theater, Musik
Dr. Rudolf Grüninger
  Städtisches
Dr. Daniel Hagmann
  Geschichte
Stella Händler
  Film, Video
Dr. Eric Jakob
  Regio, Partnerschaft
Marc Keller
  Einwohnergemeinde, Stadtplanung
Frank Linhart
  Wirtschaft, Gewerbe
Daniel Müller
  Bürgergemeinde
Dr. Beat Münch
  Universität
Dr. Xaver Pfister
  Kirchliches, Religion
Alban Rüdisühli
  Architektur
Andreas W. Schmid
  Sport
Andreas Schuppli
  Riehen, Bettingen
Dr. Balz Stückelberger
  Wirtschaft, Arbeitgeber
Dr. Jürg Tauber
  Basel-Landschaft

Redaktion

Matthias Buschle
zusammen mit Oliver Bolanz und Dr. Beat von Wartburg

Impressum

Rebecca Sulista, Basel/Zürich
  Fotos (ausser die im Bildnachweis aufgeführten)
Ulrich Hechtfischer, Freiburg im Breisgau
  Lektorat
hartmann bopp, Basel
  Gestaltung
Andreas Muster, Basel
  Lithos
Birkhäuser+GBC AG, Reinach/BL
  Druck
Grollimund AG, Reinach/BL
  Einband

Bibliografische Information der Deutschen Bibliothek:
Die Deutsche Bibliothek verzeichnet diese Publikation
in der Deutschen Nationalbibliografie; detaillierte bibliografische Daten sind im Internet über http://dnb.ddb.de
abrufbar.

© 2009 Christoph Merian Verlag
ISBN 978-3-85616-474-4
ISSN 1011-9930

Ein Unternehmen der Christoph Merian Stiftung

Als lebendige Dokumentation und farbige Chronik
widerspiegelt das Basler Stadtbuch die Meinungsvielfalt
in unserer Stadt. Nicht alle in diesem Buch enthaltenen
Beiträge müssen sich deshalb mit den Ansichten der
Herausgeberin und der Redaktion decken. Verantwortlich
für ihre Artikel zeichnen die Autorinnen und Autoren.
Die Herausgeberin

Inhalt

14
Schwerpunktthema:
Euro 2008

114
Wirtschaft und Region

154
Stadt und Gesellschaft

176
Kultur

190
Wissenschaft
und Bildung

200
Archäologie
und Geschichte

214
Kirchen
und Religionen

230
Architektur und
Städtebau

246
Sport

258
Fasnacht

271
Chronik

Editorial

11   Matthias Buschle
     Grossereignisse in Basel

Schwerpunktthema:
Euro 2008

21   Christoph Eymann, Urs Wüthrich-Pelloli
     Vorwort

25   Eva Herzog
     Fabian 11 und Valentin Stocker
     Die Euro 2008 in der Familie

29   Hanspeter Gass
     Sicherheit in der Host City Basel
     Das Sicherheitskonzept für die Euro 2008 hat sich dank guter Vorbereitung und professionellem Einsatz bestens bewährt

35   Jakob Gubler
     Eine durchzogene erste Halbzeit und eine hervorragende zweite
     Ein Gespräch mit Hanspeter Weisshaupt

41   Andreas W. Schmid
     Kein Schweizer Sommermärchen
     Die Schlüsselmomente der sechs Euro-Spiele in Basel

45   Anna Schmid
     Der Zwölfte Mann – eine andere Kultur

49   Thomas Bürgi
     Rot-weiss
     Ein Basler Euro-Tagebuch

55   Guy Krneta
     Die Fanzone
     Meine Euro 2008

59   Renato Beck
     Die ersten Gesichter Basels
     Unterwegs mit den Euro-Volunteers

63   Sabine Horvath
     Fussballmarketing auf Englisch
     Basel empfiehlt sich für weitere internationale Grossanlässe

67		Peter Malama
		Mehr als 90 Minuten!
		Was hat die Euro 2008 der Host City und dem Gewerbe gebracht?
71		Thomas Dürr
		Vor dem Spiel ist nach dem Spiel, und nach dem Spiel ist vor dem Spiel!
		Die Euro als Event
75		Daniel Egloff
		Den Namen ‹Basel› in die Welt getragen
		Die Euro 2008, ein Segen für die Tourismusdestination Basel
79		Rebecca Sulista
		Euro 2008
		Ein Foto-Essay
109		Matthias Buschle
		Kleine Chronik der Basler Ereignisse
		Euro 2008

Wirtschaft und Region

127		Benjamin Herzog
		Markt-Forschung in und um Basel
		Gemüse, Früchte und Surprisen
130		Balz Stückelberger
		Basler Arbeitgeber machen sich fit für die Folgen der demografischen Entwicklung
		Mit einer Altersstrategie und familienfreundlichen Massnahmen will man den Folgen der alternden Bevölkerung begegnen
133		Esther Jundt
		Die erste grenzüberschreitende Tramverbindung in Europa seit 50 Jahren
		Nach zähem Ringen und Feilschen wird die Tramlinie 8 nach Weil am Rhein verlängert
137		Christian J. Haefliger
		Das Babuschka-Prinzip am Oberrhein
		Wie die Regio-Strukturen übersichtlicher werden
142		Georg Kreis
		Radio X feiert Geburtstag
		Festansprache am 12. September 2008
145		Andreas Möckli
		Ciba – ein Traditionsunternehmen verschwindet
		Mit der Übernahme durch den deutschen Chemieriesen BASF geht ein Kapitel Basler Wirtschaftsgeschichte zu Ende

147   Ivo Bachmann
Das ‹Internetcafé› am Münsterplatz
In einem alten Haus entstehen die News von OnlineReports

151   Antonia Bertschinger
Waaien, Holzofen, Hagelzucker
Die Bäckerei an der Riehentorstrasse

Stadt und Gesellschaft

161   Martin R. Schütz
Parlamentarische Befindlichkeit
Ein E-Mail-Austausch mit der Sozialwissenschaftlerin und Politikerin Brigitta Gerber

165   Marion Tarrach
beraber: Engagement für Verständigung und Toleranz
Sechs Jahre nach der Verleihung des Basler Preises für Integration

169   Maya Brändli, Beat von Wartburg
Von Tuvalu nach Kleinhüningen
Zum Gedenken an die Ethnologin Barbara Lüem

173   Rudolf Grüninger
Franz Heini – ein Leben im Dienste des Gemeinwohls
Mit seinem Tod hat die Stadt Basel einen ihrer treuesten Diener verloren

Kultur

183   Peter-Jakob Kelting
Spiegel in Scherben
Theater in Basel: Umbruch oder Kontinuität

187   Hannes Nüsseler
Eine Stadt sucht ihre Rolle
Balimage lanciert mit einer Studie zur Filmwirtschaft beider Basel die Diskussion um neue Fördermodelle

Wissenschaft und Bildung

195   Rolf Zenklusen
Studierende rücken näher zusammen
Die Universität Basel arbeitet an vierzig Standorten in der Stadt, künftig sollen die Aktivitäten auf einer neuen Campus-Meile konzentriert werden

197 Beate Eckhardt, Georg von Schnurbein
Das erste Schweizer Stiftungszentrum an der Universität Basel
*Wissenschaftliche Forschung, Weiterbildung und Dienstleistungen
im Mittelpunkt des neuen Centre for Philanthropy Studies (CEPS)*

Archäologie und Geschichte

207 Franz Osswald
Liebe auf den zweiten Blick
*Gegensätze sind es, die Kleinhüningen prägen –
eine Vielfalt, die es zu entdecken gilt*

211 Guido Helmig
BASILIA FIT
Zwei Wörter, die Geschichte machen

Kirchen und Religionen

220 Josef Bossart
«In Basel sind wir, um Gott und allen Menschen zu dienen»
*Seit über einem Jahr leben in Basel drei indische Karmeliten
als Klostergemeinschaft*

225 Wolf Südbeck-Baur
Bahá'í: «Im Dienst der Menschen»
In Basel wächst die Anhängerschaft der jüngsten Weltreligion

Architektur und Städtebau

237 Iris Meier
Koi-Storys
Moderne Sagen um den Novartis Campus

243 Roger Ehret
Drachen-Wandel
*Nach einem radikalen Umbau beginnt für das Drachen-Center
ein halbes Jahrhundert nach der Eröffnung ein neues Kapitel*

Sport

251 Monika Wirth
Pitch und Putt für jedermann
*Golf spielen ist erschwinglich geworden und spricht die breite Bevölkerung an.
Doch die Vornehmen und Reichen verteidigen ihre Bastionen.*

255 Andreas W. Schmid
«Wie ein Sechser im Lotto»
Ein Gespräch mit Jörg Schild, ehemals Regierungsrat von Basel-Stadt und heute Präsident von Swiss Olympic, dem Dachverband der Schweizer Sportverbände

Fasnacht

265 Felix Rudolf von Rohr
Mir spiile us
Das Festival der Persiflage

Chronik

271 Matthias Buschle
Chronik 2008

Anhang

313 **Bildnachweis**

314 **Autorinnen und Autoren**

Grossereignisse in Basel

Editorial

Liebe Leserin, lieber Leser

Grossereignisse können eine Stadt verändern. So geschah es in Basel. Die Infrastruktur wurde ausgebaut, Strassen wurden erneuert, Brücken gebaut, die Mieten stiegen, die Lebensmittelpreise ebenso. Internationale Unternehmen wie zum Beispiel Banken (echte Global Player) liessen sich in Basel nieder, die örtliche Industrie erlebte einen Aufschwung.

Konkret: Bei Birsfelden gab es eine neue Brücke, eine Münzstätte wurde eingerichtet, die Stadtbefestigung ausgebaut, zwei Häuser am Spalentor wurden zur Absonderung der Dirnen gekauft, die Medici-Bank eröffnete eine Agentur auf dem Stadtgebiet, und insbesondere die Papierindustrie boomte. – Von 1431 bis 1449 tagte in Basel das Konzil. Die Stadt war in dieser Zeit, wie der Konzilsteilnehmer Enea Silvio Piccolomini schrieb, «entweder der Mittelpunkt der Christenheit oder ihm sehr nahe».

Auch das Jahr 2008 war in Basel von einem Grossereignis geprägt. Basel war neben Wien der Hauptaustragungsort der Uefa Euro 2008. Mit dem Anpfiff am 7. Juni im St. Jakob-Park hatte die Fussball-Europameisterschaft die Stadt im Griff. Am 21. Juni erreichte das Fussballfest seinen Höhepunkt, als 180 000 niederländische Fans in der Stadt feierten, obwohl ihre Mannschaft das Spiel gegen Russland verloren hatte.

Natürlich hinkt der Vergleich von Konzil und Euro 2008, aber es waren sicher die beiden Grossveranstaltungen in Basel, bei denen die Stadt bisher europaweit die grösste Aufmerksamkeit, real wie medial, erhielt. Und so kann man Piccolominis Feststellung variieren: Im Frühsommer 2008 war Basel entweder der Mittelpunkt der europäischen Fussballwelt oder ihm jedenfalls sehr nahe.

Wie die beiden Ereignisse abliefen, ist allerdings nicht vergleichbar. Ein Konzilsteilnehmer resümierte: «Diss concilum hatt einen schönen anfang, aber ein ublen ussgang.» Völlig anders war es im Jahr 2008. Den Euro-Veranstaltungen in der Stadt bescheinigt der Euro-Delegierte beider Basel, Hanspeter Weisshaupt, im Stadtbuch-Gespräch «eine durchzogene erste Halbzeit und eine hervorragende zweite».

Um die weiteren Folgen der Euro 2008 einzuschätzen, fehlt uns heute noch der zeitliche Abstand. Aber die historischen Erfahrungen lassen hoffen. Nachdem das 17. ökumenische Konzil in Basel getagt hatte, wurde als dessen indirekte Folge 1460 die Universität gegründet, und 1471 bekam die Stadt die Erlaubnis, eine Herbstmesse abzuhalten. – Wir dürfen also gespannt sein, was in den nächsten Jahren geschieht.

Das diesjährige Stadtbuch widmet sich in seinem Schwerpunkt ausführlich der Europameisterschaft. Der Fokus der Texte liegt dabei immer auf der Frage: Wie haben Baslerinnen und Basler das Grossereignis erlebt? Jedoch liegt uns die Einschätzung fern, das Jahr 2008 sei nur ein Jahr der Euro gewesen. Es gab natürlich ein Leben vor, ein Leben nach und für einige auch ein Leben neben der Euro 2008. Im Stadtbuch 2008 wurde versucht, auch dieses Leben abzubilden.

Die Aufgabe der Stadtbuch-Fotografin hat in diesem Jahr Rebecca Sulista übernommen. Die meisten Bilder in diesem Buch stammen von ihr (die Ausnahmen sind im Bildnachweis aufgeführt). Durch ihre Aufnahmen bekommt das Stadtbuch 2008 einen einheitlichen Auftritt, und sie geben der diesjährigen Ausgabe des Periodikums ein unverkennbares Gesicht. Für Gestaltung und Grafik zeichnen wieder Dieter Bopp und Lukas Hartmann verantwortlich, die Lithografien lieferte Andreas Muster, und das Lektorat besorgte Ulrich Hechtfischer. Die Redaktion bedankt sich herzlich für die gute Zusammenarbeit.

Ein Stadtbuch kann man nicht alleine machen: Der Dank des Redaktionsteams, Oliver Bolanz, Matthias Buschle und Beat von Wartburg, gilt deshalb besonders unseren Beraterinnen und Beratern. Ohne deren Vorschläge, deren Nachfragen, deren Tipps und Tricks wäre es unmöglich, das Stadtbuch in der vorliegenden Form erscheinen zu lassen. In dieser Gruppe gab es Änderungen. Wir möchten uns herzlich bei den ausgeschiedenen Beraterinnen Barbara Gutzwiller-Holliger (Wirtschaft, Arbeitgeber), Ulrike Hool (Wirtschaft, Handelskammer) und dem Berater Hans Syfrig (Universität) bedanken. Neu im Gremium begrüssen konnten wir bereits für diese Ausgabe Andreas Burckhardt (Wirtschaft, Handelskammer), Beat Münch (Universität) und Balz Stückelberger (Wirtschaft, Arbeitgeber).

Ich wünsche Ihnen, liebe Leserin, lieber Leser, viel Vergnügen bei der Lektüre.

Matthias Buschle

Das Basler Stadtbuch erscheint im 129. Jahr. Es lohnt sich immer wieder, in den alten Bänden nachzuschlagen. So berichtete schon im Jahr 1909 der Chronist Dr. Fritz Baur von einem internationalen Fussballmatch in Basel: «20. Mai 1909 (Himmelfahrtstag): Auf dem Sportplatz auf dem Landhof liefert eine Elitemannschaft englischer Fussballspieler einem erlesenen Team Schweizer einen Fussball-Match und siegt bei elegantem Spiel mit 9:0 Goals. Das Sportereignis, das bei prächtigster Witterung vor sich ging, zog eine nach Tausenden zählende Zuschauermenge aus der ganzen Schweiz und aus dem benachbarten Süddeutschland an.» (Basler Chronik im Basler Stadtbuch 1910 – oder online unter www.basler-stadtbuch.ch)

Schwerpunktthema:
Euro 2008

Für Basel war sie das Grossereignis des Jahres: die Uefa Euro 2008. Die in der Schweiz und Österreich ausgetragene Fussball-Europameisterschaft startete am 7. Juni in Basel, dem Schweizer Hauptaustragungsort, mit dem Eröffnungsspiel. Ausserdem fanden im St. Jakob-Park zwei weitere Gruppenspiele, zwei Viertelfinalbegegnungen und ein Halbfinale statt.

Der drittgrösste Sportevent der Welt lockte mehr als eine Million Besucherinnen und Besucher in die Region Basel. Für Basel war die Euro 2008 eine einmalige Gelegenheit, sich als professioneller Veranstalter zu beweisen und sich für weitere internationale Grossanlässe zu empfehlen.

Wie haben die Baslerinnen und Basler die Euro erlebt? Wie hat sich die Stadt auf die Grossveranstaltung vorbereitet? Welche Euro-Ereignisse haben Basel zwischen dem 7. und dem 29. Juni beschäftigt? Welche Bilanz kann gezogen werden?

21   Christoph Eymann, Urs Wüthrich-Pelloli
Vorwort

25   Eva Herzog
Fabian 11 und Valentin Stocker
Die Euro 2008 in der Familie

29   Hanspeter Gass
Sicherheit in der Host City Basel
Das Sicherheitskonzept für die Euro 2008 hat sich dank guter Vorbereitung und professionellem Einsatz bestens bewährt

35   Jakob Gubler
Eine durchzogene erste Halbzeit und eine hervorragende zweite
Ein Gespräch mit Hanspeter Weisshaupt

41   Andreas W. Schmid
Kein Schweizer Sommermärchen
Die Schlüsselmomente der sechs Euro-Spiele in Basel

45   Anna Schmid
Der Zwölfte Mann – eine andere Kultur

49   Thomas Bürgi
Rot-weiss
Ein Basler Euro-Tagebuch

55 Guy Krneta
Die Fanzone
Meine Euro 2008

59 Renato Beck
Die ersten Gesichter Basels
Unterwegs mit den Euro-Volunteers

63 Sabine Horvath
Fussballmarketing auf Englisch
Basel empfiehlt sich für weitere internationale Grossanlässe

67 Peter Malama
Mehr als 90 Minuten!
Was hat die Euro 2008 der Host City und dem Gewerbe gebracht?

71 Thomas Dürr
Vor dem Spiel ist nach dem Spiel, und nach dem Spiel ist vor dem Spiel!
Die Euro als Event

75 Daniel Egloff
Den Namen ‹Basel› in die Welt getragen
Die Euro 2008, ein Segen für die Tourismusdestination Basel

79 Rebecca Sulista
Euro 2008
Ein Foto-Essay

109 Matthias Buschle
Kleine Chronik der Basler Ereignisse
Euro 2008

Vorwort

Sechs Spiele, über eine Million Gäste, ein Oranje-Tag der Superlative, ein verletztes Knie, ein kaputter Rasen, Bierideen, Jogis Privatloge, Yakins Tore und ein Fehlschuss, Köbis Abschied und, und, und – die Euro 2008 hat der sogenannten Host City Basel eine Fülle von Ereignissen beschert, die noch lange Zeit in Erinnerung bleiben und viele ‹Waisch no›-Gespräche auslösen werden. Die drittgrösste Sportveranstaltung der Welt hat unsere Region in verschiedener Hinsicht nachhaltig geprägt.

Vergleichen könnte man das Projekt Euro 08 Basel auch mit einem Gourmetmenu in einem Feinschmeckerlokal: Die Gruppenspiele als (kalte) Vorspeise, die noch nicht gesättigt, aber dafür den Appetit angeregt und Lust auf mehr gemacht hat, die Viertel- und Halbfinalspiele als warmer Hauptgang der Extraklasse und zum Abschluss mit dem aus Wien servierten Final ein königliches Dessert im wahrsten Sinne des Wortes. Verdauungsbeschwerden sind trotz der Reichhaltigkeit des Mahls nicht aufgetreten.

Das Menu hat also gemundet – es musste allerdings hart erarbeitet werden. Die Vorbereitung war lang und intensiv. Viele (aber nicht zu viele) Köche haben mitgeholfen. Verschiedene Rezepte wurden studiert, erwogen, teilweise wieder geändert und verworfen, bis die Mischung schlussendlich gestimmt hat. Allerdings darf auch nicht verhehlt werden, dass sich nicht ganz alle Erwartungen erfüllt haben. Einerseits einfach deswegen, weil die Geschmäcker unterschiedlich sind, andererseits aber auch, weil die Zutaten teilweise etwas zu üppig geraten sind. Insgesamt war es aber eine grossartige Sache, eine Komposition der Superlative, die positiv in Erinnerung bleiben wird.

Besonders beeindruckend war neben den intensiven Vorbereitungsarbeiten und dem servierten Menu selbst die Tatsache, dass alle Beteiligten jederzeit über den eigenen Tellerrand hinausgeblickt haben. Hervorragend zusammengearbeitet haben – und damit verlassen wir nun den Gourmet-Vergleich – nicht nur die verschiedenen involvierten Fachbereiche, sondern auch die beiden Basel. Die Euro 2008 hat gezeigt, was partnerschaftlich alles möglich ist, und soll uns alle ermuntern, auf diesem Weg weiterzugehen.

Eine fruchtbare Partnerschaft, die auch weitere Kantone und das benachbarte Ausland einschliesst, wird unsere Metropolitanregion weiter stärken und Garant sein für eine fruchtbare Zukunft.

Bevor wir uns nun aber auf die nähere und fernere Zukunft konzentrieren, möchten wir einen ganz grossen Dank aussprechen: An die Volunteers, die mit ihrem freiwilligen Einsatz unglaublich viel zum Gelingen dieses Grossereignisses in der Region Basel beigetragen haben. Ohne sie wäre dieser Erfolg schlicht nicht möglich gewesen. Ganz herzlich bedanken möchten wir uns aber auch bei den vielen hundert Mitarbeitenden der Verwaltungen von Basel-Stadt und Basel-Landschaft, die teilweise ihre Ferien verschoben und bei der Euro durch das Erbringen zahlreicher Dienstleistungen unersetzlich waren – dies auch unter Inkaufnahme von vielen Überstunden am Abend und an den Wochenenden. Minutiös geplant wurde die Euro 08 Basel von einer bikantonalen Projektleitung unter der Leitung des Euro-Delegierten Hanspeter Weisshaupt und des Projektleiters Christoph Bosshardt. Dieses Gremium hat hervorragende Arbeit geleistet, die wir an dieser Stelle auch gebührend verdanken möchten. Ebenfalls bedanken möchten wir uns bei Regierungsrätin Sabine Pegoraro und Regierungsrat Hanspeter Gass, die mit uns zusammen den bikantonalen Lenkungsausschuss Euro 08 Basel gebildet haben. Es war uns eine Freude, dass wir uns auf so viele kompetente und motivierte Leute verlassen konnten.

Last but not least möchten wir auch der Bevölkerung der Region Basel ein ganz grosses Dankeschön aussprechen. Dies einerseits für das Verständnis insbesondere der Anwohnerschaft der Fanzonen für gewisse unvermeidliche Immissionen, ganz speziell aber auch für den herzlichen Empfang der rund eine Million Gäste, die im Zusammenhang mit der Euro 2008 hierhergekommen sind. Es gab viele spontane Begegnungen unterschiedlicher Menschen unterschiedlicher Herkunft, es entstanden aber auch viele neue Freundschaften, die weit über das Finalspiel in Wien hinaus andauern werden. Kurzum, die Kantone Basel-Stadt und Basel-Landschaft durften sich der Weltöffentlichkeit als weltoffene und moderne Region präsentieren, worauf wir natürlich sehr stolz sind.

Regierungsrat Christoph Eymann
Präsident bikantonaler Lenkungsausschuss Euro 08 Basel

Regierungsrat Urs Wüthrich-Pelloli
Vizepräsident bikantonaler Lenkungsausschuss Euro 08 Basel

Fabian 11 und Valentin Stocker

Die Euro 2008 in der Familie

Eva Herzog

Kinder fangen ja immer bereits ein paar Monate vor ihrem Geburtstag an zu rechnen, wie viele Tage es noch dauert bis zu diesem Ereignis. Fabian, der ältere unserer beiden Söhne, hatte es in diesem Jahr einfach, fiel das Eröffnungsspiel der Euro 2008 in Basel doch auf seinen 11. Geburtstag, und wie lange es noch dauern würde bis dahin, konnte man schon Monate zuvor an der Countdown Clock am Bahnhof ablesen. So genau er dies also wusste, so sicher war er sich auch, dass ich es schaffen würde, mit ihm zu diesem Spiel zu gehen. Nun hatten wir Regierungsmitglieder zu den Basler Spielen jeweils Gäste eingeladen, die wir auch betreuen durften, indem wir mit ihnen unter anderem gemeinsam das Spiel anschauten. Allerdings waren Kinder dabei nicht vorgesehen. Aber ich hatte Glück: Die Messe Schweiz schenkte Fabian – und mir als Begleitperson – zum Abschluss meines Präsidialjahres zwei Tickets fürs Eröffnungsspiel!

Die Vorfreude war natürlich riesig. Und als er endlich da war, der grosse Tag, waren wir beide ziemlich nervös. Fabian hoffte, dass Marco Streller einen Ball ins Aus spielen würde, er ihn fangen und mit nach Hause nehmen könnte. Ich, die ich eine ‹Druggede› nicht speziell suche und noch unter dem Einfluss der Sicherheitsdiskussionen im Vorfeld der Euro stand, hoffte auf ein gutes Spiel und vor allem auch darauf, dass alles gut gehen würde. So marschierten wir los, Fabian von oben bis unten als Schweizerfan, ich immerhin mit ‹Europameister›-T-Shirt und Schal. Das T-Shirt hätte ich nicht anzuziehen brauchen, Schal und Regenschutz waren schon wichtiger. Der Tag war trüb, es drohte zu regnen. Auf dem Weg vom Dreispitz zum Stadion waren Massen gut gelaunter Fans unterwegs. Das Eröffnungsritual war ganz hübsch, ergreifend wie immer die Hymne – vor allem wegen der Fussball-Kids, die dann immer vor den Fussballern stehen.

Aber dann? An jedem FCB-Match ist die Stimmung besser. Ob es nun zu viele VIPs hatte, wie man lesen konnte, ob es am schlechten Wetter lag, ob die Schweizer Fans einfach die ihnen nachgesagte übliche Zurückhaltung an den Tag legten oder was auch immer der Grund dafür war – als Alexander Frei verletzt und unter Tränen das Stadion verliess und die Schweiz am Ende unverdient mit 0:1 verlor, da war unsere Stimmung ziemlich im Keller.

Wir nahmen den halb leeren Bus nach Hause und trafen dort die versammelte Nachbarschaft, die das Spiel auf Grossleinwand verfolgt hatte. Viele weitere Begegnungen haben wir uns dann gemeinsam angesehen, diese Gemeinschaftserlebnisse habe ich sehr genossen. Ob im Stadion oder im Fernsehen, so viele Fussballspiele in so kurzer Zeit habe ich mir noch nie angesehen, in der ersten Zeit mindestens eines pro Abend. Bei den Spielen, die ich live im Stadion mitverfolgen durfte, sass ich ein paarmal unmittelbar hinter der Ersatzbank ganz nahe am Spielfeldrand und konnte so sogar mit meiner Handykamera ein Foto von Michael Ballack für meine Buben schiessen. Entsprechend hat die Euro mein laienhaftes Auge für den Fussball geschärft und mein Verständnis für die Faszination dieses Sports wachsen lassen. Nicht nur, dass ich endlich ein Offside erkenne; beeindruckt haben mich die unterschiedlichen Spielstile, das Spiel der Einzelnen, das Zusammenspiel, ich konnte unterscheiden, welche Mannschaften auf dem Spielfeld klar dominierten und welche eher konzeptlos über den Rasen stolperten.

Ich lernte nachzuvollziehen, dass da auf dem grünen Rasen nicht einfach zwanzig Männer einem Ball nachrennen und zwei versuchen, kein Tor zu bekommen, und begriff die Faszination eines guten Spiels besser: das Athletische, die kraftvollen Sprints, das Tempo und die Ausdauer während 90 Minuten, gepaart mit einer unglaublichen Geschicklichkeit, Vorlagen zu geben und Tore aus den unmöglichsten Positionen zu erzielen, die man dann erst in der Zeitlupe richtig würdigen konnte. Zum Beispiel wie der Niederländer Ruud van Nistelrooy im Spiel gegen Frankreich einen Ball mit einer akrobatischen Einlage kurz vor der Linie im Spielfeld behielt und gleichzeitig eine Vorlage gab für ein unhaltbares Tor – das war schlicht fantastisch. Weiter habe ich Vorurteile abgebaut: Während ich bis zu dieser Euro halb ernsthaft dem Motto folgte: «Mir ist egal, wer gegen Deutschland gewinnt», sprang die Begeisterung der Deutschland-Fans (zu denen auch mein Lebenspartner gehört) im Stadion auf mich über, und ich stellte fest, dass die Deutschen wirklich gut spielten und verdient bis ins Finale kamen.

Und eben die Tatsache, dass einer allein nichts ausrichten kann. Diese positive Seite neben unfairen Zweikämpfen und unsympathischen Rempeleien, die mich als Spielerin so wütend machen würden, dass ich wohl schon vor lauter Reklamieren Gelb sehen würde. Wenn ich mir dann überlege, wie viele Zuschauende, vor allem Männer, selbst Fussball spielen oder gespielt haben, dann kann ich nachvollziehen, dass sie quasi spüren, was auf dem Feld abgeht, und entsprechend emotional reagieren – und natürlich immer besser wissen, was die Spieler hätten tun sollen, klar!

Und wie haben wir das Abschneiden der Schweiz verdaut? Nach dem Türkei-Spiel fragten meine Kinder: Für wen sollen wir jetzt sein? Mit dieser Ratlosigkeit waren sie wohl nicht alleine. Im nächsten Spiel unterstützten sie dann die Niederlande gegen Frankreich, aber nur zu 60 Prozent, wie mir mein ältester Sohn erklärte.

Ich war natürlich auch für Holland – wie die halbe Schweiz seit dem friedlichen Einfall der holländischen Fans in Bern. Ausserdem hatte ich bei einem Gewinnspiel mitgemacht und auf den Final Niederlande – Portugal mit einem Sieg Portugals getippt, womit ich dann allerdings keinen Treffer landete. Am Tag des Spiels der Niederlande gegen Russland in Basel fuhren wir am Nachmittag in die Stadt, zum ‹Oranje-Watching›, wie wir es nannten, und schauten uns den orangefarbigen Umzug durch die Stadt an. Alle trugen orange, erst beim Näherkommen merkte man an der Sprache, ob es sich um holländische oder einheimische Fans handelte.

Nun, weiter ging's, der Schlafmangel unserer Kinder wurde chronisch – und eigentlich waren wir froh, dass der Final ohne Verlängerung und Penaltyschiessen über die Bühne ging. Bei uns im Garten waren fast alle für Spanien, mein jüngster Sohn war für Deutschland, und den Jubel für Spanien ertrug er nur schlecht.

Und jetzt, nach der Euro? Alles ist gut gegangen, die Befürchtungen betreffend Sicherheit haben sich nicht bestätigt. In den ersten Tagen war in der Stadt sogar zu wenig los, was bereits wieder zu Klagen Anlass gab. Insgesamt war die Euro für mich ein gesellschaftliches, ein verbindendes Ereignis, in der Nachbarschaft, aber auch mit der Baselbieter Regierung, deren Mitglieder ich in dieser Zeit so häufig sah wie sonst nie!

Unser Jüngster eröffnete mir wenige Tage nach der Euro, dass er Fussballspieler werden wolle. Er würde beim FCB anfangen und dann zur Nati gehen – Valentin Stocker, sein Namensvetter, würde ja auch bald in der Nati spielen. Auf meine vorsichtige Frage, ob er denn sicher sei, dass er in die Nati komme, meinte er, sonst würde er zu den Deutschen gehen. Dass er dazu einen deutschen Pass brauche, liess ihn unbeeindruckt, so tief verinnerlicht hat er das Konzept mit den Nationen offenbar noch nicht. Und vorläufig wird er ohnehin beim FC Weiherhofstrasse spielen, einem zukunftsweisenden Klub in meinem Verständnis, besteht er doch aus zwei Mädchen und neun Buben im Alter zwischen 8 und 14 Jahren, die auch schon Turniere gegen andere Quartierkicker gewonnen haben. Aber eine EM-Qualifikation dürften sie wohl trotzdem nicht so bald schaffen, selbst dann nicht, wenn die Uefa über ihren eigenen Schatten springen und ihre arg konservativen Bestimmungen über Bord werfen sollte.

Sicherheit in der Host City Basel

Das Sicherheitskonzept für die Euro 2008 hat sich dank guter Vorbereitung und professionellem Einsatz bestens bewährt

Hanspeter Gass

Vom 7. Juni bis zum 29. Juni 2008 fand in der Schweiz und in Österreich die Fussball-Europameisterschaft statt. Die Euro 2008 ist die drittgrösste Sportveranstaltung der Welt und die grösste, die je in der Schweiz durchgeführt wurde. Von insgesamt 31 Fussballspielen wurden 15 in der Schweiz ausgetragen, davon 6 in der Host City Basel und je 3 in Bern, Genf und Zürich.

Auftrag

Bund, Kantone und die vier Austragungsorte hatten sich im Vorfeld verpflichtet, alle notwendigen Massnahmen zu treffen, damit das Fussballturnier in einem sicheren Rahmen stattfinden kann. Oberste Maxime aller Akteure im Sicherheitsbereich war das Prinzip der Verhältnismässigkeit und die grösstmögliche Transparenz bezüglich Rolle, Ziele und Massnahmen der Sicherheitsorgane.

Die Massnahmen von Bund, Kantonen und Städten hatten folgende Ziele:
- Sicherstellung eines störungsfreien Verlaufs der Euro 2008 mittels bestehender, bewährter Strukturen und Abläufe;
- wirksame, verhältnismässige und soweit möglich diskrete Sicherheitsvorkehrungen;
- konsequentes Vorgehen gegen Randalierer und Hooligans;
- Prävention und Bekämpfung von Gewalt, allgemeiner Kriminalität mit Veranstaltungsbezug sowie Menschenhandel und Prostitution;
- Sicherung des öffentlichen und privaten Verkehrs;
- Sicherstellung der Ersten Hilfe für verletzte Personen;
- möglichst gleiche Sicherheitsstandards und einheitliches Auftreten der Sicherheitsorgane in der Schweiz und Österreich.

Umsetzung

Für die Umsetzung der Sicherheitsmassnahmen waren in erster Linie die Austragungsorte und die Kantone verantwortlich, der Bund unterstützte subsidiär. Die Gewährleistung der Sicherheit war jedoch nur im Verbund aller Akteure möglich. ‹Sicherheit durch Kooperation› war das Motto sowohl für die polizeiliche als auch die nicht-polizeiliche Gefahrenabwehr.

Die polizeiliche Gefahrenabwehr umfasste insbesondere die Bereiche Sicherheits-, Kriminal- und Verkehrspolizei. Sie basierte auf dem nationalen Sicherheitskonzept und orientierte sich für die sicherheitspolizeilichen Einsätze an der sogenannten 3-D-Strategie: Dialog, Deeskalation und Durchgreifen.

Die nicht-polizeiliche Gefahrenabwehr beinhaltete unter anderem die Rettung und die Katastrophenhilfe, den ABC-Schutz, den Koordinierten Sanitätsdienst, die Sicherheit in der Luft und an der Grenze sowie den Schutz kritischer Infrastrukturen.

Für die Vorbereitung und Durchführung der Euro 2008 in der Host City Basel wurde von den Kantonen Basel-Stadt und Basel-Landschaft eine bikantonale Projektorganisation (siehe Organigramm) eingesetzt. Dem Lenkungsauschuss und der Projektleitung unterstanden die vier Fachbereiche Standortmarketing / Kommunikation / Tourismus, Öffentlicher Verkehr / Umwelt, Sicherheit sowie Individualverkehr. Letzterer wurde für den operationellen Einsatz in den Fachbereich Sicherheit integriert, dessen Gesamteinsatzleitung dem stellvertretenden Kommandanten der Kantonspolizei Basel-Stadt, Oberstleutnant Rolf Meyer, übertragen wurde.

Die Host City Basel war sich als Hauptaustragungsort der Schweiz ihrer speziellen Verantwortung bewusst, umso mehr als nach den Viertelfinals die ganze Fussballwelt nur noch nach Basel und Wien schaute. Neben dem Einsatz an all den Schauplätzen, die unter dem Aspekt der Sicherheit direkt oder indirekt von Relevanz waren (Stadion, Fanboulevard, Fanzonen, Public-Viewing-Zonen, Fancamps, 9. Stadion etc.), musste durch die Blaulichtorganisationen auch jederzeit die Grundversorgung der Bevölkerung in beiden Kantonen gewährleistet werden.

Eine enge regionale, nationale und internationale Zusammenarbeit war für die Bewältigung dieser Grossveranstaltung unverzichtbar. In- und ausländische Kolleginnen und Kollegen haben die Basler Sicherheitskräfte tatkräftig unterstützt. So wurden Polizistinnen und Polizisten aus den Teilnehmer-, Transit- und Anrainerstaaten sowohl als Szenekenner (Spotter) als auch als uniformierte Beamte für die Zugsbegleitung eingesetzt. Unverzichtbar waren auch die Mitarbeiter von Ordnungsdiensten aus anderen Kantonen sowie aus Deutschland und Frankreich. Die Host City Basel durfte dabei vor allem auf die professionelle Unterstützung von Polizeikräften aus Hessen und Baden-Württemberg zählen.

Von zentraler Bedeutung für die Sicherheit der Euro 2008 war auch der subsidiäre Einsatz der Armee. Bis zu 15 000 Soldaten (Führungsunterstützung, Infanterie und

Logistik) standen gesamtschweizerisch für die Unterstützung der zivilen Behörden zur Verfügung. Vor und nach der Euro leistete die Armee mit ihren Genie-Truppen Auf- und Abbauarbeiten. Während des Turniers kamen die Armeeangehörigen in verschiedenen Funktionen zum Einsatz; Ordnungsdienste waren aber explizit ausgeschlossen. Die Einsatzverantwortung oblag den zivilen Behörden, die Führung blieb aufseiten der Armee.

In Basel wurde auch eine Drohne der Schweizer Armee eingesetzt. Das unbemannte Flugobjekt diente der Beobachtung von Verkehrsströmen und Menschenansammlungen, was einen effizienten Einsatz der Polizei ermöglichte.

Positive Bilanz

Der bikantonale Lenkungsausschuss und die Projektleitung zogen nach Abschluss der Basler Spieltage eine positive Bilanz. Insbesondere die zweite Turnierhälfte mit zwei Viertelfinalspielen und einem Halbfinalspiel haben sämtliche Erwartungen übertroffen. Höhepunkt war sicher der Oranje-Tag, als anlässlich des Viertelfinalspiels Niederlande – Russland 150 000 bis 180 000 friedliche Fussballfans die grösste Party feierten, die Basel je erlebt hat. Die Bilder von brückenspringenden Fans in orangefarbener Kleidung, die im Rhein Abkühlung fanden, gingen um die ganze Welt.

Als Vorsteher des Sicherheitsdepartements und Mitglied des Lenkungsausschusses stelle ich mit grosser Befriedigung fest, dass sich unser Sicherheitskonzept bewährt hat. Im Verbund haben Polizei, Feuerwehr, Sanität, Zivilschutz und Militär sowie viele private Sicherheitskräfte dank guter Vorbereitung und professionellem Einsatz wesentlich zu einem friedlichen, fröhlichen und völkerverbindenden Fussballfest beigetragen. Während des gesamten Anlasses gab es keine nennenswerten Zwischenfälle zu vermelden. Die Polizei hatte die Lage jederzeit unter Kontrolle. Besonders gefordert waren die Einsatzkräfte rund um das Spiel Niederlande – Russland. Als besonders wertvoll erwies sich während der Spieltage in Basel die Unterstützung durch Polizeikräfte aus Deutschland und verschiedenen Kantonen. In die Gefangenensammelstelle Schällemätteli wurden 185 Personen gebracht, die Ausnüchterungsstelle wurde in 47 Fällen benötigt. Die Sanität hatte insgesamt 2275 Personen zu betreuen, von denen 223 hospitalisiert werden mussten. Der Individualverkehr bereitete dank des erfreulich hohen ÖV-Anteils keine grösseren Probleme, weshalb auch die Parkplätze in Pratteln und Aesch bei Weitem nicht ausgelastet waren.

Die Euro 2008 ist vorbei. Die Host City Basel hatte die einmalige Gelegenheit, sich weltweit als Gastgeber zu präsentieren. Die beiden Basel haben ihre Chance genutzt und gezeigt, dass sie in der Lage sind, einen solchen Grossanlass erfolgreich, aber auch sicher durchzuführen. Darauf dürfen wir alle stolz sein!

Organigramm Host City Basel

Bikantonaler Lenkungssausschuss
RR Christoph Eymann (Vorsitz), RR Hanspeter Gass (BS)
RR Sabine Pegoraro, RR Urs Wüthrich-Pelloli (BL)

Euro-Delegierter beider Basel
Hanspeter Weisshaupt

Projektleitung
Christoph Bosshardt

Fachbereiche
- Standortmarketing / Kommunikation / Tourismus
- Öffentlicher Verkehr / Umwelt
- Sicherheit
- Individualverkehr

Eine durchzogene erste Halbzeit und eine hervorragende zweite

Ein Gespräch mit Hanspeter Weisshaupt

Jakob Gubler

Der ehemalige Leiter der UBS Region Nordschweiz, Hanspeter Weisshaupt, trat im April 2007 als Nachfolger des zurückgetretenen Andrea Müller das Amt als Delegierter beider Basel für die Euro 2008 an. Obwohl die zeitliche Belastung sehr gross war, würde er diesen Job noch einmal machen. Im folgenden Interview spricht der Euro-Delegierte unter anderem über seine Erfahrungen, die Höhepunkte und Enttäuschungen und die bikantonale Zusammenarbeit im Rahmen des Projekts Euro 08 der Host City Basel.

Herr Weisshaupt, welche ist Ihre Lieblingsfarbe?
Während der Euro 2008 war es Orange.

Sie haben also die Frage sofort durchschaut?
Natürlich, aber der Oranje-Tag anlässlich des Viertelfinalspiels Holland gegen Russland war auch ein unvergessliches Erlebnis. Ansonsten ist selbstverständlich Rot-blau meine Lieblingsfarbe.

War der Oranje-Tag mit weit über 100 000 Holland-Fans aus Ihrer Sicht der Höhepunkt der Euro 2008 für Basel?
Es gab viele Highlights, aber der Oranje-Tag hat natürlich alles überstrahlt. Besonders beeindruckend für mich war der Besuch des Oranje-Festes auf dem Kasernenareal zusammen mit den Regierungsräten Christoph Eymann und Urs Wüthrich. Die holländischen Fans bereiteten uns dort einen einmaligen, unvergesslichen Empfang. Dabei durften wir spüren, wie dankbar sie für die Unterstützung dieses Mega-Events durch die Host City Basel waren. Bereichernd für mich waren – nebst den Kontakten mit den Offiziellen – insbesondere die vielen spontanen Begegnungen mit holländischen Fans vor und nach dem Match in der Stadt.

Was waren Ihre ersten Gedanken, als feststand, dass Holland in Basel spielen wird?

Ich hatte eine grosse Freude. Bereits nach der Auslosung in Luzern im Dezember 2007 hatte ich gehofft, dass die Holländer nach Basel kommen werden, weil ich wusste, dass sie eine grossartige Fankultur haben. Ein Fest in dem Ausmass, wie wir es erleben durften, habe ich aber zugegebenermassen im Dezember noch nicht erahnt. Dies zeichnete sich erst nach den Auftritten der holländischen Mannschaft in Bern ab.

Gab es auch gewisse Bedenken bezüglich Kapazitäten oder Sicherheit?

Bezüglich Sicherheit hatte ich eigentlich keine Bedenken, da ich wusste, dass der Fachbereich Sicherheit die Euro 2008 minutiös geplant hatte und auf diesen Grossanlass bestens vorbereitet war. Die gratis zugänglichen Uefa-Fanzonen der Host City Basel auf dem Kasernenareal, entlang der Riviera sowie auf dem Münsterplatz haben sich bewährt. Die Fans wurden bereits vor den Spielen mit attraktiven Konzerten von regionalen, nationalen und teilweise internationalen Künstlern bestens unterhalten. Bei den Kapazitäten haben wir die Ausgangslage vor dem 21. Juni nochmals genau analysiert. In Zusammenarbeit mit der Uefa war es im Sinne einer einmaligen Ausnahme dann auch möglich, für das Spiel Holland–Russland neben dem Marktplatz auch den Messeplatz als zweiten zusätzlichen Übertragungsstandort in Betrieb zu nehmen. Das hat zwar den Bondscoach Marco van Basten wegen des Ruhebedürfnisses seiner Mannschaft im Hotel Ramada ein wenig geärgert, insgesamt war es aber ein Glücksfall, denn der Messeplatz eignet sich hervorragend für ein Public Viewing.

Christoph Eymann und Urs Wüthrich haben das Projekt Euro 08 Basel mit einem Gourmetmenu verglichen: Die Gruppenspiele als (kalte) Vorspeise, die den Appetit anregte, die Viertel- und Halbfinalspiele als grossartiger Hauptgang und zum Abschluss mit dem aus Wien servierten Final ein königliches Dessert. Sind Sie mit diesem Vergleich einverstanden?

Ja, der ist sicher zutreffend. Als Folge des schlechten Wetters sowie des nicht sehr überzeugenden Auftritts unserer Nationalmannschaft würde ich aus Sicht der Host City Basel von einer durchzogenen ersten Halbzeit und dann aber von einer hervorragenden zweiten Halbzeit sprechen, die den Eindruck der Euro 2008 in unserer Stadt zweifellos positiv und nachhaltig geprägt hat.

Hat sich aus Ihrer Sicht die bikantonale Zusammenarbeit in der Projektleitung bewährt?

Ja, absolut. Die Zusammenarbeit mit der ausgesprochen kompetenten Projektleitung gehört für mich zu den Highlights des ganzen Anlasses. Es war nie das Thema, wer aus Basel-Stadt und wer aus Basel-Landschaft kommt, es ging immer um die Sache, und dabei hat sich der Erfahrungsschatz aus zwei Kantonen bewährt. Ein besonderes Kränzchen möchte ich hier auch unserem Projektleiter Christoph Bosshardt winden, der in diesem komplexen Projekt stets die Übersicht behalten und hervorragende Arbeit geleistet hat.

Glauben Sie nach diesen positiven Erfahrungen, dass es irgendwann einmal einen Kanton Basel oder gar einen Kanton Nordwestschweiz geben wird?

Ich hoffe, dass die Euro 2008 Basel ein Meilenstein ist für ein näheres Zusammenrücken von Basel-Stadt und Basel-Landschaft. Ich bin aber realistisch genug, nicht zu erwarten, dass eine Fusion bereits in den nächsten zehn oder auch zwanzig Jahren möglich sein wird.

Zurück zur Euro 2008: Welches waren für Sie (ausserhalb des sportlichen Bereichs) die grössten Überraschungen im Vorfeld und während des Turniers?

Die grosse Akzeptanz und Nutzung des öffentlichen Verkehrs war für mich eine positive Überraschung. Die bereits sehr ambitionierten Erwartungen eines ÖV-Anteils von 80 Prozent wurden sogar noch übertroffen. Das hatte dann natürlich auch den Effekt, dass die zur Verfügung gestellten Parkplätze bei Weitem nicht ausgelastet waren, aber ich habe lieber gut genutzte ÖV-Betriebe als überfüllte Parkplätze. Bei den Parkplätzen hätten wir also Geld einsparen können, aber wir haben uns hier auf die vorliegenden Studien gestützt – und im Nachhinein sind wir jetzt alle schlauer.

Gab es auch Enttäuschungen?

Die langen Diskussionen um den Mehrwegbecher im St. Jakob-Park gehören sicher nicht zu meinen liebsten persönlichen Erinnerungen. Da hat es meines Erachtens teilweise an einer gewissen Flexibilität der betroffenen Parteien gemangelt, sodass sich das Thema fast zu einem Dauerbrenner entwickelt hat. Das wäre nicht nötig gewesen. Die getroffene Kompromisslösung hat sich schlussendlich immerhin als zweckmässig herausgestellt. Ebenfalls eine Enttäuschung war der geringe Publikumsaufmarsch im 9. Stadion in Liestal/Bubendorf. Das unternehmerische Risiko der privaten Initianten hat sich hier leider nicht bezahlt gemacht.

Gab es wichtige Entscheide, die Sie im Nachhinein anders treffen würden?

Grundsätzlich, glaube ich, sind wir mit unseren Entscheiden richtig gelegen. Natürlich bin ich nicht so vermessen, zu behaupten, dass wir nicht gewisse Dinge (z.B. die Parkraumkapazitäten) bei einem nächsten Mal anders gewichten würden. Erfreulich ist aber, dass sich unsere Konzepte für öffentlichen Verkehr, Individualverkehr (abgesehen von den zu grossen Kapazitäten), Sicherheit, Standortmarketing, Tourismus, Umwelt und Kommunikation bestens bewährt haben.

Würden Sie rückblickend das Amt des Euro-Delegierten nochmals annehmen?
Die zeitliche Belastung dieses Amtes war sicher grösser als ursprünglich vorgesehen. Aber angesichts der vielen positiven Erlebnisse und spannenden Begegnungen würde ich den Job mit Freude nochmals machen.

Welches waren die interessantesten Persönlichkeiten, die Sie in Ihrer Funktion als Euro-Delegierter kennenlernten?
Da möchte ich nochmals die Projektleitungsmitglieder hervorheben, von denen ich viele vorher nicht persönlich gekannt habe. Wir haben zusammen eine sehr intensive Zeit verbracht, wobei – trotz grosser Belastung – der Humor und die Freude zur Bewältigung dieser einmaligen Herausforderung nie auf der Strecke geblieben sind. Sehr stark beeindruckt hat mich auch das tolle Engagement der Volunteers, von denen ich einige persönlich kennengelernt habe. Da ist ein unglaubliches Know-how zusammengekommen, und es war spannend, zu erfahren, aus welch unterschiedlichen Bereichen diese freiwilligen Helfer gekommen sind. Dann gab es natürlich auch zahlreiche interessante Begegnungen mit den verschiedensten Repräsentantinnen und Repräsentanten der Uefa, des Schweizerischen Fussballverbandes sowie der anderen Host Citys. Schliesslich hat es anlässlich des Halbfinals in Basel sogar noch gereicht für ein Kürzest-Gespräch mit der deutschen Bundeskanzlerin Angela Merkel. (Wie geht's? Danke, gut.)

Wie beurteilen Sie die Zusammenarbeit mit der Uefa?
Die Uefa hat sich der Host City Basel gegenüber jederzeit als fairer Partner gezeigt, der alle Abmachungen der Host City Charta eingehalten hat. Teilweise ist sie uns sogar noch entgegengekommen und hat zusätzliche Leistungen erbracht. Dass sie die exklusiven Rechte ihrer Sponsoren in den Uefa-Zonen wahrgenommen hat, ist für mich absolut verständlich. Vielleicht müsste die Uefa noch deutlicher kommunizieren, wie die eingenommenen Mittel den 53 europäischen Fussballverbänden und Projekten zugutekommen.

Ihre Turnierfavoriten waren Deutschland und Italien, Spanien hatten Sie nicht auf der Rechnung?
Das stimmt, da habe ich mich vertippt, aber das Schöne ist ja, dass der Fussball von Überraschungen lebt. Spanien war sicher ein verdienter Sieger. Zu meiner Ehrenrettung darf ich aber sagen, dass Deutschland immerhin ins Finale gekommen ist.

Die Schweizer Nationalmannschaft ist ja nicht gerade über sich hinausgewachsen.
Ja, das war für mich eine ziemlich grosse Enttäuschung. Natürlich ist da – um mit Lothar Matthäus zu sprechen – zum mangelnden Glück auch noch Pech gekommen. Aber bereits nach zwei Spielen keine Chance mehr auf ein Weiterkommen zu haben, das ist eindeutig

zu wenig. Wenn wir im letzten Spiel gegen Portugal wenigsten noch eine Chance gehabt hätten, uns für die Viertelfinals zu qualifizieren, würde die sportliche Bilanz aus schweizerischer Sicht besser ausfallen, aber so war es wirklich eine Enttäuschung.

Als Präsident von Basel Tourismus können Sie sicher beurteilen, was die Euro 2008 unserer Region langfristig bringen wird.

In touristischer Hinsicht konnten wir uns sehr positiv in Szene setzen. Unsere Region war ein sehr guter Gastgeber, und wir konnten zeigen, dass Basel mit seiner vielfältigen Kultur, seiner attraktiven Wirtschaft und seiner hohen Lebensqualität deutlich mehr zu bieten hat als ‹nur› 90 Minuten. Ich hoffe und gehe auch davon aus, dass viele Besucherinnen und Besucher der Euro 2008 nach Basel zurückkehren werden und dass auch neue Gäste dank der tollen Bilder und Berichterstattungen in den verschiedensten Medien zu uns kommen werden.

Kein Schweizer Sommermärchen

Die Schlüsselmomente der sechs Euro-Spiele in Basel

Andreas W. Schmid

7. Juni, Schweiz – Tschechien (0:1)

18.43 Uhr. Noch zwei Minuten bis zur Pause. Es steht 0:0 zwischen der Schweiz und Tschechien im Eröffnungsspiel der Euro 2008, als Alex Frei nach einem harmlos anmutenden Zweikampf mit Zdeněk Grygera am Boden liegen bleibt. Der Tscheche entfernt sich grinsend vom Ort des Geschehens, noch ahnt niemand die Tragweite der Verletzung. Doch dann beginnt Frei zu weinen. Es sind Tränen des Schmerzes und der Verzweiflung. Der Captain der Schweizer hat sich einen Teilabriss am Innenband des linken Knies zugezogen; die Euro ist für ihn bereits zu Ende, kaum dass sie begonnen hat. Ausgerechnet Alex Frei. Der Biel-Benkener ist der Patron im Team, im letzten Testspiel vor der EM hat er sich mit zwei Toren gegen Liechtenstein zum Schweizer Rekordtorschützen geschossen. Der Stimmung im St. Jakob-Park ist dieser Schicksalsschlag nicht gerade förderlich. Die meisten der 40 000 Zuschauer, die schon vorher erstaunlich zurückhaltend waren, verharren fast stumm auf den Rängen. Wer nur soll nun die Schweizer Tore schiessen? Tatsächlich findet sich keiner mehr; einzig Václav Svěrkoš trifft in der 70. Minute, doch der spielt aus Sicht der Gastgeber auf der falschen Seite. Das Mitleid mit den Schweizern ist am nächsten Tag gross. ‹El País› schreibt: «Den Schweizern sitzt der Teufel im Nacken.» Und in ‹Bild am Sonntag› steht zu lesen: «Schweizer (L)eidgenossen. Ihr EM-Start geriet zum Drama! Nach dem fröhlichen Start mit Alphorn stürzte die Schweiz in einen Alptraum.»

11. Juni, Schweiz – Türkei (1:2)

22.38 Uhr. In der dritten Nachspielminute fangen die Türken einen Angriffsversuch der Schweizer ab und lancieren blitzschnell einen Konter. An der Strafraumgrenze drückt Arda Turan ab, der Ball wird vom Schweizer Abwehrchef Patrick Müller abgelenkt – und landet schliesslich zum 1:2 im Netz. Als Schiedsrichter Lubos Michel wenig später abpfeift, steht unverrückbar fest: Die Schweiz ist ausgeschieden, auch ein Sieg im letzten

Spiel gegen Portugal würde nichts mehr nützen. Der Traum vom Vorrücken in die Viertelfinals wurde wortwörtlich weggeschwemmt – in einer Partie, die zeitweise mehr Wasser denn Fussball war. Ein Wolkenbruch in der ersten Halbzeit macht aus dem Spiel einen Witz, der die Zuschauer bestens unterhält. Der Ball bleibt immer wieder im Wasser liegen. So auch in der 32. Minute, als der Basler Eren Derdiyok von der Seite zu Hakan Yakin passen will, der Ball aber vor dem Tor plötzlich in einer Pfütze feststeckt; Yakin lässt sich indes nicht davon überraschen und erzielt den Führungstreffer. Trotzdem geht das Team von Köbi Kuhn am Ende als Verlierer vom Platz. Für ‹Spiegel online› ist das Scheitern der Schweizer Mannschaft «von jener bizarren Schönheit, die sonst gepflegten Horrorfilmen vorbehalten ist».

15. Juni, Schweiz – Portugal (2:0)

22.45 Uhr. Wenige Minuten nach dem Schlusspfiff entrollen die Schweizer Spieler in der Platzmitte des wiederum ausverkauften St. Jakob-Parks ein Transparent. Zwei Wörter stehen darauf: «Merci Köbi». Sieben Jahre lang war Köbi Kuhn Trainer der Schweizer Nationalmannschaft, drei Mal betreute er sie während dieser Zeit an einer Endrunde – mehr als jeder andere Nationalcoach vor ihm. Trotzdem blieb jedes Mal das Gefühl zurück, dass noch mehr drin gewesen wäre. Vor allem an dieser Euro im eigenen Land. Auch wenn die Schweizer gegen die bereits für den Viertelfinal qualifizierten Portugiesen dank zweier Tore von Hakan Yakin mit 2:0 gewinnen, ist das Abschneiden enttäuschend. Die ‹Basler Zeitung› findet am nächsten Tag, dass das Turnier für die Schweizer im falschen Moment kam, und meint damit die vielen Verletzungen, die auch andere Trainer überfordert hätten, nicht bloss Köbi Kuhn. Ein ‹Sommermärchen›, wie es Deutschland bei der WM 2006 erlebte, wiederholt sich in der Schweiz jedenfalls nicht. Für die Host City Basel beginnt nun eine neue Euro – ohne Schweizer Beteiligung.

19. Juni, Portugal – Deutschland (2:3)

22.06 Uhr. Normalerweise würde Deutschlands Nationalcoach Joachim Löw in diesem Moment an der Seitenlinie mehrere Luftsprünge vollführen. Denn Michael Ballacks Tor zum 1:3 gegen die Portugiesen bedeutet so etwas wie die Vorentscheidung im ersten Viertelfinal der Euro 2008. Doch an diesem Abend ist für Löw nichts normal. Weil er sich im vorherigen Spiel gegen Österreich allzu heftig über den Schiedsrichter aufregte, darf er nicht auf der Trainerbank sitzen. Stattdessen schaut er dem Geschehen aus dem Innern einer VIP-Loge im St. Jakob-Park zu. Löw fühlt sich hier oben so ganz ohne Kontakt zur Mannschaft «wie ein Tiger im Käfig». Nach dem Anschlusstreffer der Portugiesen zum 2:3 steckt er sich vor lauter Nervosität gar eine Zigarette an – was unten auf dem Rasen nicht möglich wäre. Dieser ist übrigens sofort nach der Vorrunde für 200 000 Euro durch ein neues Grün ersetzt worden, das allerdings an vielen Stellen eher wie ein Braun aussieht. Das wird in ein paar Tagen wieder anders sein, wenn die deutschen Spieler und mit ihnen wiederum an die Hunderttausend Anhänger für den Halbfinal gegen die Türkei nach Basel kommen.

21. Juni, Niederlande – Russland (1:3 nach Verlängerung)

23.11 Uhr. Orange, orange, orange! So weit das Auge reicht, sieht man an diesem herrlichen Sommertag in Basel nur diese Farbe. 180 000 Holländer sind nach Basel gekommen, nur ein Bruchteil von ihnen konnte ein Ticket für den Viertelfinal ihrer Mannschaft gegen Russland ergattern. Basel erlebt die grösste Party seiner Geschichte – bei der auch die Einheimischen, ebenfalls orange gekleidet, mitfeiern. Und dann das: In der 116. Spielminute darf der Russe Andrei Arshavin unbehelligt zum 3:1 abziehen, was den endgültigen Knock-out der Oranjes bedeutet. Das Mitleid mit ihnen hält sich indes in Grenzen, stattdessen zeigen sich alle begeistert vom Traumfussball der Russen. Nach dem Spiel wird in der Innenstadt weitergefeiert, vor allem mit Bier: Eine halbe Million Liter fliessen die Kehlen der Fans hinab. 40 Tonnen Abfall sammelt die Stadtreinigung später ein.

25. Juni, Deutschland – Türkei (3:2)

22.35 Uhr. Drei Mal hat die Türkei an dieser EM ein Spiel noch in letzter Minute gedreht. Im Halbfinal gegen die Deutschen muss das Team von Fatih Terim in der 90. Minute selbst erfahren, wie brutal solch eine Wende Sekunden vor dem Ende ist. Deutschlands quirliger Aussenverteidiger Philipp Lahm trifft zum 3:2-Sieg und sichert seinem Team damit den Finaleinzug gegen den späteren Europameister Spanien. Es ist eine aufwühlende Partie im St. Jakob-Park, die hin- und herwogt – und ein mehr als würdiger Schlusspunkt für die Euro in Basel. Wie schon gegen Holland gibt es in der Stadt fast kein Durchkommen mehr, allein aus Deutschland sind Zehntausende angereist. Die Stimmung ist prächtig; so hätte man sie sich auch schon bei den Schweizer Spielen gewünscht – vor allem im Stadion. Doch leider war es anders. «Das Publikum wartete darauf, von seiner Mannschaft mitgenommen zu werden», kommentiert der ‹Spiegel›-Autor Christoph Biermann in einem Gastbeitrag für die ‹Basler Zeitung› seine Beobachtungen, «und als man immer noch wartete, war alles vorbei».

Der Zwölfte Mann – eine andere Kultur

Anna Schmid

Kaum war ich im Jahr 2006 in Basel angekommen, stand die Euro 2008 bei mir schon auf der Tagesordnung: Es wurde – von verschiedenen Seiten – gewünscht, dass die Kultur bei diesem sportlichen Grossevent gebührend vertreten sein und zum optimalen Gelingen beitragen solle. Erfahrungen mit ähnlich grossen Anlässen (wie zum Beispiel bei der Expo 2000 in Hannover oder auch bei der Weltmeisterschaft 2006 in Deutschland) hatten aber gezeigt, dass solche kulturellen Zusatzprogramme kaum wahrgenommen werden. Offenbar schliesst die Aufmerksamkeit für Fussball das gleichzeitige Interesse für andere kulturelle Veranstaltungen aus. So fiel denn auch die Entscheidung leicht: keine Sonderausstellung zum Thema ‹Fussball› im Museum der Kulturen, keine weiteren aufwendigen Programmangebote während der Euro! Das bedeutet keinesfalls, dass ich mich diesem Ereignis verschliessen wollte – weder als Direktorin des Museums noch als Privatperson; zumal ich immer für ein Fest mit Freunden zu haben bin, und dieses sportliche Ereignis versprach genau das zu werden: ein Fest mit grossen Emotionen.

In meiner Funktion als Museumsfrau hatte ich im Vorfeld hauptsächlich mit den eher negativen Seiten des Anlasses zu tun: Ist das Museum ausreichend gegen eventuelle Übergriffe gesichert? Woher kommt das Geld für zusätzliches Sicherheitspersonal? Wird der Andrang tatsächlich so gross sein, dass die Mitarbeitenden unseres Hauses nur mit einem Berechtigungsnachweis ihren Arbeitsplatz erreichen können? Die *déformation professionnelle* schlug durch. Um es vorweg zu nehmen: Diese Sorgen waren schliesslich unbegründet; die Euro 2008 war (zumindest in Basel) bestens organisiert; der grosse Andrang blieb aus, und ‹besondere Vorkommnisse› gab es am Münsterplatz letztlich nur wenige. Einzig die Gerüche waren deutlich intensiver als auch schon: Toi-Tois scheinen sich nicht wirklich grosser Beliebtheit zu erfreuen!

Vereinzelte Einträge im Besucherbuch zeigen, dass es doch den einen oder anderen Fussballbegeisterten ins Museum verschlagen hat. Die Kommentare reichen von «Ein guter Kontrast zur Euro 08 … Hopp Schwiiz» über «Auch zur Euro sehr schön» bis «Holland wird Meister». Ein Besucher schlug im persönlichen Gespräch vor, unsere Ausstellung ‹Rot – Wenn Farbe zur Täterin wird› während des Turniers durch ein weiteres Objekt zu ergänzen: die Rote Karte. Auch wenn nicht viele Gäste der Euro ins Museum kamen, schliesse ich mich keineswegs dem doch weitverbreiteten Vorurteil an, dass der prototypische Fussballfan ein Kulturbanause sei. Zumal dies immer davon abhängt, wie Kultur verstanden wird.

Mein Büro liegt am Münsterplatz. Also wurde ich während der gesamten Euro von der Uefa Fanzone Münsterplatz begleitet: Vom Auf- und Abbau der Tribüne, vom ökumenischen Gottesdienst, von Musikveranstaltungen samt Soundcheck am Nachmittag, von der Regelung des Verkehrs über den Münsterplatz entlang der Häuserzeile durch die Mitarbeitenden der Security-Firma (bis dahin wusste ich nicht, dass Walkie-Talkies so durchdringend sein können), von Patrouillen schweizerischer, französischer und deutscher Polizeieinheiten und selten auch vom Anpfiff eines Spiels – von all dem war die Geräuschkulisse unter meinem Bürofenster vom 24. Mai bis zum 4. Juli geprägt. An bestimmten Tagen – immer wenn Basel Austragungsort war – wurde sie durch Sprechgesänge, Anfeuerungsrufe und zuweilen auch durch unverständliches Grölen ergänzt. Die Fans habe ich dabei mehr als zurückhaltend, aber dennoch in hervorragender Stimmung erlebt. Leben auf dem Münsterplatz, schön!

Ich selbst bin definitiv kein Fussballfan; Vereinspolitik, Spielergebnisse oder andere Ereignisse im Zusammenhang mit Fussball – wie mit den meisten Sportarten – nehme ich bestenfalls zur Kenntnis, wenn sie in meinem Umfeld Gesprächsthema sind. Schon eher interessiere ich mich für den ‹Zwölften Mann› – die Fans und ihre Welt: Wie bereiten sie sich auf die Spiele vor? Welche Accessoires gehören für sie unbedingt dazu? Was verbindet sie mit dem Fussball und den Mannschaften – zumal bei einem Turnier, bei dem Nationalmannschaften gegeneinander antreten? Was schweisst die Fans zusammen? Ich habe das Buch von Nick Hornby ‹Ballfieber. Die Geschichte eines Fans› aus Interesse gelesen. Mich fasziniert, dass und wie jemand sein «Leben nach den Arsenalspielen ausgemessen» hat, und dass «jedes Ereignis von irgendwelcher Bedeutsamkeit einen fußballerischen Schatten» hat – wie Hornby es für sich selbst sagt. Verstehen bzw. nachvollziehen kann ich es noch immer nicht. Aber verständnisloses Staunen angesichts ‹fremder Sitten und Bräuche› gehört zum Habitus der Ethnologin.

Dennoch, oder gerade deswegen, wollte ich auf jeden Fall mindestens ein Spiel in einer Fanzone miterleben. Da der Münsterplatz nun schon fast zu vertraut war, begaben wir uns in die Fanzone Riviera, um das Spiel Türkei gegen Deutschland zu verfolgen. Ohne darauf hingearbeitet zu haben, stellten wir uns zwischen die beiden Fan-Lager – rechts das türkische, links das deutsche – in eine bunte Mischung von Leuten hinsichtlich Alter, Ausgelassenheit, Alkoholkonsum (und demzufolge auch Standfestigkeit im wahrsten Sinne des Wortes), aber auch hinsichtlich des Interesses für das Spiel selbst. Zuweilen schien es einigen Zuschauern wichtiger, den anderen Fans mitzuteilen, wie sie sich zu verhalten haben, als das Spiel zu verfolgen. Aber es ist hundertprozentig Verlass darauf, dass schlussendlich alle wissen, wer in welcher Minute ein Tor geschossen hat. Es fielen bekanntlich fünf Tore. War ich beim ersten noch sehr überrascht von der unvermittelten Bierdusche – eine ausgesprochen klebrige Angelegenheit – und darüber, dass der Nachschub sofort organisiert wurde, blieb mir bei den folgenden nur noch übrig, es über mich ergehen zu lassen. Leider sind Tore nicht vorhersehbar, und so war es auf verschiedene Arten berauschend, dabei zu sein!

Im Anschluss an das Spiel begab ich mich mit Besuch aus Deutschland auf den Marktplatz. Die übrig gebliebenen Fans – eine beachtliche Menge – feierten auch dort ihren Sieg: Zu lauter Musik (‹We are the Champions› etc.) wurde ausgelassen getanzt; offensichtlich wildfremde Menschen umarmten einander in ihrem Freudentaumel – sie erkannten sich nur an den Devotionalien, die den Fan einer Mannschaft auszeichnen.

An den Ständen auf dem Marktplatz waren ausser Bier keine Getränke im Angebot. Also suchten wir in einer Nebenstrasse eine Kneipe auf. Das war dann doch eher trübe: Auf dem Marktplatz tobte der Bär, eine Seitenstrasse weiter war davon kaum noch etwas zu hören oder gar zu spüren – Basel schien (für die Fans oder die Einwohner?) eine exterritoriale Zone eingerichtet zu haben. Die Kneipengäste hatten mit dem Spiel nichts zu tun, Fans verirrten sich kaum in diesen Teil der Stadt. Und dazu die Klage des Kellners: «Für uns hat sich die Euro nicht gelohnt. Schlechtes Wetter, wenige Besucher, die kaum konsumieren.» So wollten sie denn auch gleich schliessen und baten uns, das eine Getränk, das wir noch bestellen durften, rasch auszutrinken.

Viele Bürgerinnen und Bürger der Stadt Basel atmeten auf, als ‹es› endlich vorbei war. Die Einrichtung der Fanzonen, das schon fast hermetische Abriegeln von Stadtteilen gereichten Basel nicht unbedingt zum Vorteil. Die Schönheit der Stadt wurde eher versteckt als hervorgehoben. Dennoch war die Euro 2008 insbesondere für die Gäste ein Fest mit allem was dazugehört – vor allem Spannung, Trauer, Freude, Ausgelassenheit…

Rot-weiss

Ein Basler Euro-Tagebuch

Thomas Bürgi

20. Mai 2008
Für einmal richtig gepokert. Als Bronze-Mitglied des Schweizerischen Fussballverbands steht mir der Erwerb von Tickets für alle Spiele unserer Nationalmannschaft an der Euro 2008 zu – mit Ausnahme des Finals in Wien. Meine Kollegen beneiden mich. Und schreiben mein Glück meinen Beziehungen zu. Dabei habe ich Jahr für Jahr brav meinen Mitgliederbeitrag bezahlt. Nun halte ich endlich die drei begehrten Trophäen aus Karton für die Gruppenspiele in meinen Händen. Switzerland vs. Czech Republic, Switzerland vs. Turkey, Switzerland vs. Portugal, St. Jakob-Park Basel. Ich unterziehe die aufgedruckten Hologramme mit dem Euro-Pokal einer eingehenden, kritischen Prüfung. Und lese: «Basel. Expect emotions.» Auch ich als Fan erwarte heisse Gefühle, Leidenschaft. Die beiden Vouchers für den Viertel- und den Halbfinal lege ich vorerst zur Seite. Ich hoffe, dass ich mindestens einen brauchen werde.

6. Juni 2008
Die Euro-Uhr zählt seit Wochen die Tage, Stunden und Minuten bis zum Anpfiff. Unaufhaltsam verrinnt die Zeit auf dem elektronischen Display vor dem Bahnhof SBB. Noch ein Tag und vier Stunden. Verfremdet präsentiert sich nicht nur der Vorplatz, sondern auch das Antlitz unseres Bahnhofs. Die Glasfassade ist von einem riesigen Poster aus Polyester bedeckt, das für ein dänisches Bier wirbt. Hier wird nicht nur in Züge, sondern in den Kommerz eingestiegen. Tschechische Fans sind zu Tausenden eingetroffen. Die rot-weisse Begeisterung in den Strassen hat mich angesteckt. Ich bin daran, meinen Vorsätzen untreu zu werden, und will mir ein Fan-Accessoire besorgen. Im Fanshop auf dem Barfüsserplatz herrscht Gedränge. Kaufwillige probieren Trikots an, legen sie zurück, greifen zum nächsten, entscheiden sich für eine rot-weisse Kappe oder eine Fahne, in die sie sich wickeln wollen. Inmitten von Euro-Pokalen im Miniformat und Euro-Jasskartensets wird gescherzt, zuweilen aber auch angestrengt diskutiert. «Schweizer Nationalmannschaft»

sagt hier niemand, nur «unsere Nati». ‹Unserem› Schweizer Angriff mit Alex Frei aus Biel-Benken und Marco Streller aus Aesch traut man Grosses zu. Ob Köbi Kuhn, der Trainer der Nati, sich voll auf seine Aufgabe konzentrieren könne, jetzt, da seine Frau Alice schwer krank im Spital liege, wird bezweifelt. Und so weiter.

7. Juni 2008, Schweiz – Tschechien

Der lange ersehnte Samstag, der Tag des Eröffnungsspiels der Euro 2008 in Basel. Basel ist bereit. Basel gibt alles. Die Party kann beginnen. Die Monsterleinwände auf der Mittleren Brücke und auf dem Kasernenareal laden ein zum Public Viewing. Über der Steinenvorstadt wölben sich Littmanns Kunsthimmel. Und auf Erden wird wacker gefestet. Ich verabschiede mich von den Kollegen, die fast alles gäben für ein Ticket. Im Bus werde ich spontan von einer mir unbekannten Supporterin geschminkt. Gegenwehr ist zwecklos. Sie malt mir ein Schweizerkreuz auf rotem Grund auf die Wange. Ich werde mitgetragen im rot-weissen Strom von Supportern, der sich vom Dreispitz hinunter zum St. Jakob-Park ergiesst. Die Kontrollen sind, wie im Voraus angekündigt, rigoros. Und es gibt gleich mehrere. Vor mir wird eine junge Frau zur Seite gebeten. Ein Halstuch mit dem Aufdruck einer Konkurrenzbiermarke erweist sich als Problem, welches das Unternehmen Matchbesuch gefährdet. Sie verspricht, die unerwünschte Werbung nachhaltig zu verbergen.

Mein Platz im Stand green – G, Level Galerie, Block G3, Row 09 Seat 214. Das Kribbeln beginnt. Vier junge Männer haben sich von Kopf bis Fuss mit Schweizer Rot bemalt, tragen nur Shorts und Flipflops. Weibliche Fans lassen sich gerne mit ihnen fotografieren. Neben mir nehmen drei Innerschweizer Platz. Wir verbrüdern uns für eine gute Sache. Aschi, Mani und René tragen seltsam verzierte Schweizer Militärhelme. Heute sei Grenadierwetter, kühl und feucht, sagt Aschi. Er habe, was die Chancen der Schweizer angehe, ein gutes Gefühl, und Mani stimmt zu. Die Tschechen hätten doch unheimlichen Respekt vor diesem Eröffnungsspiel gegen die Gastgeber. Das müssten wir ausnützen. Eine Kamera surrt an Drähten übers Spielfeld. Die Fanblocks werden in tschechischer Sprache und auf Deutsch von Animatoren eingestimmt und angefeuert. Eine bunte Eröffnungsshow. Und endlich laufen die beiden Mannschaften ein. Mir wird bewusst, dass in diesen Minuten die halbe Welt nach Basel blickt. Die militärischen Mitstreiter stehen auf. Den Schweizerpsalm singen sie auswendig und laut. Andere Fans behelfen sich mit einem Internetausdruck. Ihre Gefühlslage dürfte ähnlich diffus wie die meinige sein, angesiedelt irgendwo zwischen Hoffnung und Realitätssinn.

Der Anpfiff. Die Schweizer Spieler laufen, kämpfen. Keine vorgetäuschten Feinheiten und Schönheiten. Die Mannschaft tritt geschlossen auf, müht sich. Sie wird sich mit einem Unentschieden nicht zufriedengeben. Die 44. Minute bringt Unheil. Der Captain Alex Frei bleibt nach einem Foulspiel seines Gegenspielers liegen, schlägt mit der flachen Hand wiederholt auf den Rasen. Die Zeichen sind eindeutig. Die Schweiz hat ihren

Hoffnungsträger für dieses Spiel und wohl für die gesamte Europameisterschaft verloren. Die Verletzung muss erheblich sein. Frei weint hemmungslos, als er vom Platz humpelt. Der Schweizer Anhang auf den Rängen ist geschockt. Die Fans bekunden Mitleid. In der Pause ist Frei das einzige Thema. René, der ein Handy mit Fernsehbild-Übertragungsrecht besitzt, winkt resigniert. «Ein Band ist gerissen», klagt er. Euro-Aus für Frei. «Jetzt erst recht», sagen manche. Das Publikum feuert die Spieler an. Ohne Alex Frei, das grosse Vorbild, den einzigen Spieler, dem Fachleute Weltklasse bescheinigen, kann das Schweizer Team aber keinen Vorteil aus seiner Überlegenheit ziehen. Das Spiel der Tschechen ist nicht gut, aber ganz auf Effizienz ausgerichtet. Sie gehen in Führung und verteidigen ihren Vorsprung bis zum Schluss. Etliche Fans hadern mit dem Schicksal. Aus ihrer Sicht hätte der italienische Schiedsrichter zwei Mal einen Handspenalty für die Schweiz pfeifen müssen. Mani bleibt zuversichtlich. «Wir haben das Auftaktspiel verloren, na und? Gegen die Türkei holen wir drei Punkte.»

11. Juni 2008, Schweiz – Türkei

Karli Odermatt, Basler Fussball-Legende, erläutert den Mitarbeitenden und Gästen einer Bank, was er anders gemacht hätte als Köbi Kuhn. Und wie er heute gegen die Türkei spielen lassen würde. Die Aussichten der Schweiz auf ein Weiterkommen nach den Gruppenspielen sind getrübt. Sie passen zu den Kapriolen des Himmels, der sich von seiner garstigen Seite zeigt. Ich muss das Corporate Public Viewing vorzeitig verlassen. Kaum bin ich im Stadion, beginnt es fürchterlich zu regnen. Aschi bleibt zuversichtlich. «Bei Infanteriewetter gewinnen wir», lacht er unter seinem Helm hervor. Mani flucht leise über das Bier, das nur in der alkoholfreien Version verkauft wird. Der verletzte Alex Frei humpelt auf Krücken zur Spielerbank. Als Teamleader will er seine Kollegen gegen die Türken aufmuntern und unterstützen. René konsultiert die Bilder seines Handys. Man sieht's auch so: Es giesst wie aus Kübeln, und auf dem Spielfeld bilden sich kleine Pfützen, in denen der Ball immer wieder unvermittelt liegen bleibt. Das Schweizer Team schlägt sich bravourös, trotz der schwerwiegenden Absenz der verletzten Stürmer Frei und Streller. «Unsere Infanterie kauft den Türken den Schneid ab», freut sich Aschi. Dann die Erlösung. Ein Helm knallt gegen meinen Kopf. Wir jubeln, liegen uns in den Armen. Hakan Yakin hat zum 1:0 für die Schweiz getroffen. Aschi sieht sich in seinen optimistischen Prognosen bestätigt. «Unser Terrain ist das», wiederholt er.

Während der Platz sich bräunlich färbt nimmt die Zuversicht auf den Rängen zu. Die Pausenpizza schmeckt unvergleichlich besser als auch schon. Den Schweizern will das 2:0 nicht gelingen. Dafür gleichen die Türken unvermittelt aus. Der Schweizer Anhang gibt alles. Um mich herum ist die Hölle los. Die Innerschweizer rufen zum Angriff auf. Wir hoffen weiter, wären aber mit dem Unentschieden zufrieden. Immerhin liesse dieses Resultat weiter hoffen. Als ein Schweizer Vorstoss abgefangen wird und Arda Turan in der Nachspielzeit das 2:1 für die Türkei erzielt, ist die Enttäuschung grenzenlos. Zwei Spiele, null Punkte. Die Schweiz ist ausgeschieden. Sie kann den Viertelfinal nicht mehr erreichen. Meine Vouchers sind wertlos geworden.

15. Juni 2008, Schweiz – Portugal

Die Schweizer sind faire Verlierer. In ihrem letzten Spiel an der Euro 2008 geht es nur noch darum, nicht ohne ein einziges Pünktchen auszuscheiden. Gleichwohl pilgern die treuen Schweizer Fans in Scharen in den St. Jakob-Park. Das Weiterkommen Portugals im Turnier steht schon vor dem Match fest. Cristiano Ronaldo, Portugals Superstar, wird leider nicht spielen. Er soll für spätere, wichtigere Aufgaben geschont werden. Ich freue mich stattdessen auf Mani, Aschi und René – allerdings vergeblich. Die Plätze der Innerschweizer Artillerie und Infanterie sind durch Portugiesen besetzt, die aus vollem Herzen ihre Nationalhymne mitsingen. Mani hat die Tickets verkauft. Die Schweiz gewinnt 2:0 dank Toren von Hakan Yakin. Ein versöhnlicher Schluss, ein Sieg zum Abschied des Nationaltrainers und ein Plakat, das die Spieler auf den Platz tragen. «Merci Köbi», ist da zu lesen. Fast hätten wir ja Fussballgeschichte geschrieben. Eigentlich hat wenig gefehlt. Ich treffe meine Freunde bei der Kaserne. Von nun an geben wir ausschliesslich die Gastgeber. Und sind stolz auf unsere Euro 2008 in Basel.

PS: Das schönste Euro-Fest habe ich in der Folge auf dem Marktplatz mit den Holländern feiern dürfen, trotz deren Niederlage und Ausscheiden gegen die Russen. Die Begeisterung und der Einfallsreichtum in Orange waren unbeschreiblich – und ansteckend.

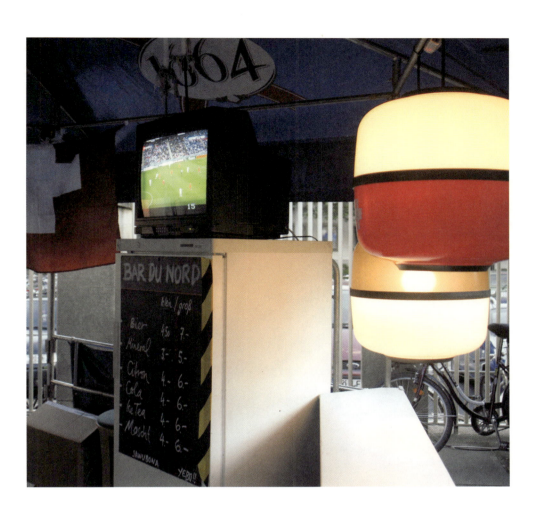

Die Fanzone

Meine Euro 2008

Guy Krneta

Fazit: Sieger und Verlierer. So oder ähnlich hiess es am Ende der Euro 2008 auf der Titelseite einer Basler Gratiszeitung. Und in der Tat gab es auch diesmal wieder mehr Verlierer als Sieger. Mit jeder Runde wurde dezimiert, wurde Misserfolg, der strukturell vorgesehen ist, individuell schöngeredet. Hatte am Vortag nur der Sieg gezählt, wurde auf einmal die ehrenvolle Niederlage gelobt, als handele es sich dabei um höhere Gewalt. Bis am Schluss nur ein Einziger übrig blieb, anerkannt verdientermassen diesmal und nicht zu vergleichen mit dem Bild, das sich Meret Oppenheim einst vom Sieger gemacht hatte: Ein einsamer Reiter, über ein Feld von Leichen trottend. So unspektakulär deprimierend kann der Sieg gelegentlich sein.

    Wenn mich meine Kinder vor den Spielen gefragt haben, für wen ich sei, habe ich geantwortet: für die, die gewinnen. Das sagen oder denken vielleicht alle, die sich nicht sonderlich für Fussball interessieren. Und so durfte ich mich auch diesmal zu den Siegern zählen. Ich war in zeitlicher Reihenfolge für die Schweizer, die Portugiesen, die Holländer, die Deutschen und am Schluss mit Überzeugung für die Spanier. Wenn mich meine Kinder gefragt haben, wie ich auf einmal für die Spanier sein könne, wo ich doch bisher mit den Deutschen gejubelt hätte, behauptete ich einfach, dass es den Spielern auch nicht besser ginge. Welcher Deutsche hat denn die Tore gegen Polen geschossen? Und welcher Schweizer das Tor gegen die Türkei?

    Diesmal gab es kein Entrinnen. Schon Wochen vor dem ersten Anpfiff kamen die Kinder mit ihren Panini-Heften nach Hause, die zu füllen sie sich vorgenommen hatten. Am Frühstückstisch und am Mittagstisch bei Nachbarn lagen gelegentlich rote Tütchen mit abgepackten Männerköpfen. Ein Vater rechnete mir vor, dass ihn der Spass mindestens 140 Franken kosten würde, nicht eingerechnet jene Bilder, welche die Kinder doppelt und dreifach besitzen würden. Umso mehr überraschten mich die Bilder-Beigen, welche andere Kinder, nach den Schilderungen meines Sohnes, in den Kindergarten trugen. Ich tröstete uns damit, dass es ein Leben nach dem Fussball gibt und die Karten noch einige Male neu gemischt werden. Als die Schwester aufhörte zu sammeln, füllte sich das Heft meines Sohnes mit doppeltem Tempo. Und ich wunderte mich, welch kreative Energie das Ganze auszulösen imstande war: Wie die Männerköpfe auf einmal kopiert, abgezeichnet, handkoloriert wurden und wie mein Sohn zur Euro-Halbzeit bereits sämtliche Europa-Flaggen kannte, wenigstens jene der teilnehmenden Länder.

Ich meinerseits schaute mir nachts die Drei-Minuten-Zusammenfassungen der Spiele im Internet an. Verständlich dass ich mir die Tore nicht merken konnte, auch wenn ich sie mehrmals in der Wiederholung sah. Ein Freund meinte, dass auf diese Weise die Faszination des Fussballs nicht zu begreifen sei. Und ich musste auf einmal an meine Klassenkameraden denken, die vor der Matura statt die Originalwerke der Weltliteratur zu lesen die Königs-Erläuterungen durchblätterten und problemlos durch die Prüfungen kamen. Eine Prüfung zur Euro 2008 würde ich vermutlich nicht bestehen, aber ich war in der Lage, dem öffentlichen Diskurs zu folgen und die Kolumnen meiner Schriftsteller-Kollegen zu verstehen.

Es gab kein Entrinnen. Da sehe man mal, wie medienorientiert wir alle seien, sagte ein anderer Freund, der im Gegensatz zu mir kein Spiel ausliess. Ich pflichtete ihm bei, um im nächsten Augenblick einzusehen, dass dies der Preis ist für das Glück dazuzugehören. Gemeinsame Themen machen uns zur Öffentlichkeit und mir bewusst, unter Nachbarn zu wohnen. Gäbe es die Themen nicht, würden sich die Nachbarn und ich vielleicht nichts zu sagen haben, würden wir auf der Strasse verlegen nebeneinanderstehen und immer wieder von Neuem das Wetter loben.

Das einzige Spiel, das ich mir ganz ansah, zusammen mit meinem Sohn, weil ich es ihm versprochen hatte, war der Final. Ein langweiliges Spiel, wie ich fand, das der österreichische Kommentator auf ORF albernerweise mit einem Stierkampf verglich. Oder war einfach der Bildschirm zu klein, auf dem wir uns das Spiel ansahen? Eine Fliege jedenfalls griff empfindlich ins Spiel ein und liess die Spieler reihenweise straucheln. In den Grossaufnahmen konnte man sehen, mit welchen Kampfmaschinen man es da zu tun hatte. Kein Vergleich mit den Jüngelchen des FC Aarau, denen ich früher manchmal im einzigen Aarauer Nachtlokal begegnete.

Ich habe versucht, eine Parabel zu finden. Die Geschichte eines Vermieters beispielsweise, der im Dachstock eine Fanzone einrichtet, indem er die Mansarden zu einem Loft verbindet, eine Grossleinwand aufspannt und mitten im Raum eine Bar installiert. Ich habe mir ein ‹Ich› vorgestellt, das abends mit einem Brot nach Hause kommt und am Eingang vom Angestellten einer privaten Bewachungsfirma aufgefordert wird, das Brot abzugeben, da es verboten sei, während der Euro Lebensmittel, die nicht an der Bar des Vermieters erworben wurden, ins Haus einzuführen. Das von mir erfundene ‹Ich› würde sein Brot abgeben und in den Dachstock hochsteigen, wo es aufgefordert würde, für den Eintritt in die Fanzone 20 Franken zu bezahlen, was mein ‹Ich› einigermassen befremden würde. Man könnte sich vorstellen, mein ‹Ich› würde diese weitere Unannehmlichkeit hinnehmen und dann eine praktisch menschenleere Loft betreten. Hinter der Bar stünde die Frau des Vermieters, an der Bar der Vermieter mit einem Kumpel beim Bier. Auf der Grossleinwand liefe ein Fussballspiel, das die drei wenig interessiert verfolgten. Mein Eintreten würde sie überraschen, sie hätten sich bereits darauf eingestellt, den Abend unter sich zu bleiben. An der Bar würde mein ‹Ich› ein Brot verlangen, was die Frau des Vermieters in Verlegenheit bringen würde, da sie nur gefrorenes Toastbrot im Angebot hätte. Mein ‹Ich› nähme das in Kauf, da es Hunger hätte. Später würden wir es dann in seiner Wohnung sitzen und das gefrorene Brot essen sehen.

Auch weitere Wendungen meiner möglichen Geschichte habe ich der Wirklichkeit entlehnt: Eines Tages würde mein ‹Ich› vor einem wichtigen Spiel am Betreten des Hauses gehindert, da man von seiner Wohnung aus gratis den Ton mitlauschen könnte. Und ein andermal steckte im Briefkasten die Meldung, dass für Hausbewohner die Eintrittspreise für die Fanzone halbiert würden, angeblich um deren Attraktivität zu steigern. Schliesslich würden Jugendliche aus dem Quartier den Dachstock besetzen, da sie ihn für unbewohnt hielten. Der Vermieter würde augenblicklich die Polizei rufen. Mein ‹Ich›, vom Lärm aufgeschreckt vor die Wohnungstür tretend, würde von einer Sondereinheit, welche auf Überfälle, Geiselnahmen und Terrorabwehr spezialisiert ist, im Treppenhaus irrtümlich verprügelt. Die Schlusspointe meiner Geschichte wäre, dass mein ‹Ich› wenige Wochen nach der Euro einen Brief erhalten würde, in welchem Mieterhöhungen von fünf Prozent angekündigt würden wegen Verbesserungen im Haus, insbesondere im Bereich Dachstock.

Die ersten Gesichter Basels

Unterwegs mit den Euro-Volunteers

Renato Beck

Es waren Wochen der Erregung. Die Fussball-Europameisterschaft hatte sich über Basel gelegt wie eine gigantische Kuppel und, ob gewünscht oder nicht, die Stadt vereinnahmt und die Sinne ihrer Bewohner betört. Es dauerte eine Weile, dann begann es in den Strassen zu brodeln. Als die Holländer eintrafen, schaukelte das Fest auf seinen Höhepunkt zu. Im Sog ihrer Mannschaft, die im St. Jakob-Park den Viertelfinal gegen Russland austragen sollte, waren Abertausende Fans angereist.

Inmitten der orangefarbenen Flut ein himmelblauer Tupfer. Lazlo Kiss, 49 Jahre alt, stellte sich in den Strom, der sich vom Bahnhof her in die Innenstadt ergoss, und verteilte Fanguides. Kiss ist von Beruf Informatiker, stand in jenen Tagen aber als freiwilliger Helfer in Diensten der Euro. Es war der ereignisreichste und zugleich der leichteste Tag seines Einsatzes. «Jeder Holländer folgte wie in einer Ameisenstrasse dem Vordermann», erinnert sich Kiss. So fanden sie automatisch den Weg hinunter zur Heuwaage und dann weiter in die Fanzonen am Rheinufer, auf dem Münsterplatz und auf dem Kasernenareal. «Dieser Tag war für mich das Highlight dieser EM», sagt Kiss, der für die Euro seine Ferien verwendete.

Nicht immer ging es so heiss her. Zu Beginn des Turniers, als das Wetter schlecht und die Schweizer Elf noch schlechter war, standen die freiwilligen Helfer in ihren himmelblauen Uniformen an jeder Strassenecke mit der Absicht, Gutes zu tun. Nur wem? Die erwartete Masse an Fans war ausgeblieben. Also boten sie denen ihre Hilfe an, die sich gerade in ihrer Nähe befanden. Manch ein Basler hat nun einen neuen Stadtplan zu Hause, manche, die Mitleid hatten, auch mehrere.

Die Helfer, die niemanden hatten, dem sie helfen konnten, das war das Bild der ersten Euro-Woche. Passend zu den Fanzonen, die niemand besuchte, und den Ständen, an denen nichts verkauft wurde.

Die Freiwilligen dieser Euro, denen man die englische Bezeichnung Volunteers verliehen hatte, waren das erste Gesicht Basels, das die ausländischen Besucher sahen, wenn sie aus dem Zug stiegen. Waren sie freundlich, fühlte sich der Fan aus der Fremde willkommen. Sie arbeiteten aber auch im Hintergrund emsig. Als Kabelleger im Medienzentrum beispielsweise oder als Servicepersonal in den VIP-Boxen. Sie waren unentbehrlich, das dokumentieren schon die Zahlen: 650 Helfer waren alleine in Basel im Einsatz, und gesamthaft sorgten 5000 kleine Zahnrädchen dafür, dass die Euro-Maschinerie von Wien bis Genf reibungslos lief. Ausgewählt wurden die Volunteers in einem aufwendigen Selektionsverfahren, das im Licht ihres späteren Auftrags nicht immer nachvollziehbar erscheint.

Peter Horat war dem Container der Rückgabestelle für Flaschen und Mehrwegbecher an der Schifflände zugeteilt. Es ist der brütend heisse Tag des Halbfinals zwischen Deutschland und der Türkei, und weil die Leute besonders viel Flüssiges konsumieren, hat Horat reichlich Arbeit. Sein kleines Reich besteht aus Sammeltonnen für PET-Flaschen und einem kleinen Vorrat an Getränken für den Eigenbedarf, die längst warm geworden sind. Vom Wertvollsten in diesem Container muss er indes die Finger lassen. Unter dem Tresen wird das Pfandgeld aufbewahrt, Rollen von Zweifränklern lagern dort. Diese hat man nicht der Obhut der Volunteers anvertraut, sondern einer privaten Security-Truppe aus Deutschland. Die freiwilligen Helfer nehmen die Flaschen und die Pfandmarken entgegen, die bezahlten händigen das Geldstück aus. Ein Vertrauensbeweis seitens der Host City ist das nicht gerade, aber Horat vermutet, das man sich absichern wolle, falls etwas wegkäme.

Die Tage im Container können recht lang werden, und um die Langeweile zu vertreiben, sucht der 64-Jährige gerne das Gespräch mit den Fans, die Flaschen zurückbringen. Viel Zeit bleibt dafür nicht, aber für den einen oder anderen Spruch reicht es allemal. Was ihn hin und wieder störe, sei die Zusammenarbeit mit dem Personal vom Sicherheitsdienst. «Die da zum Beispiel ist staubtrocken», sagt Horat und deutet mit einer Kopfbewegung in Richtung der Security-Frau, die wahrscheinlich der Hitze wegen regungslos hinter der Kasse steht. Von den Spielen bekommt er kaum etwas mit. Guckt er aus dem Container, sieht er die nächste Bar. Das ist ihm aber gleichgültig, denn er macht sich, anders als seine Frau, nicht viel aus Fussball. Verkehrte Welt bei den Horats: «Wenn sie zu Hause Fussball schaut, will ich auf einen anderen Sender schalten.»

Käme nochmals eine Europameisterschaft nach Basel, der pensionierte Aussendienstler Horat würde sich sofort wieder melden. Er hilft gerne. «Nächstes Mal aber bestimmt mit einer Tätigkeit, bei der ich einen engeren Kontakt zu den Menschen hätte», sagt der lebensfrohe und vife Aescher. Die Schar der Fans, die hinter der Rückgabestelle vorbeizieht, schwillt stetig an, je näher der Abend rückt.

Inmitten des Trubels sucht sich ein ungleiches Gespann seinen Weg. Euro-Helfer Laszlo Kiss läuft mit Jacqueline Blumer (42), seiner Einsatzpartnerin für diesen Tag, die Freie Strasse ab. Kiss blickt zu Blumer und gibt ein knappes Kommando: «Los geht's!» Die beiden setzen ein Lächeln auf und versuchen, ihre Broschüren an den Fan zu bringen. Gar nicht so einfach. Sprechen diese türkischen Fans da vorne nun Englisch? Kiss versucht es mal, spricht sie leise an. Die Türken antworten auf Deutsch. «Ihr sprecht ja Deutsch, habt ihr nicht die falschen Trikots an?» Kiss erntet für die als Scherz gedachte Bemerkung verwirrte Blicke. Fussballanhänger und Humor sind einander manchmal fremd. Aber für die Helfer gilt es, in allen Situationen freundlich zu bleiben und den Mut nicht zu verlieren. So manchem verirrten Fan konnten Kiss, Horat und Blumer den rechten Pfad weisen oder wenigstens die leere Flasche abnehmen. Grün, so sagt man, sei die Farbe der Hoffnung. An dieser Euro war es Himmelblau.

Fussballmarketing auf Englisch

Basel empfiehlt sich für weitere internationale Grossanlässe

Sabine Horvath

Nicht erst seit der Uefa Euro 2008 sind Anglizismen in unserer Alltagssprache präsent. Erst recht in der Sprache des Marketings, wo englische Begriffe schon lange ihren festen Platz haben. Hier in der Region gänzlich unbekannt waren aber bislang einige Wortkreationen, die sich der europäische Fussballverband Uefa anlässlich der Ausrichtung der Euro 2008 einfallen liess. Unter die teils glücklich gewählten Anglizismen mischten sich Ausdrücke, die bis heute aufgesetzt wirken. So etwa der Sammelbegriff ‹Host City Basel›, der nicht erkennen lässt, dass sich die Aktivitäten des Austragungsorts Basel im Zusammenhang mit der Euro offiziell auch bis in den Kanton Basel-Landschaft erstreckten. Es spricht für das Selbstbewusstsein unseres Nachbarkantons, dass er über diese unzulängliche Bezeichnung hinwegsehen konnte. Einen eigenartigen Nachgeschmack hinterliess auch der Begriff ‹Host City Dressing›. Damit ist nicht etwa eine besondere Salatsosse des Gastgebers gemeint, sondern die dekorative Ausstattung der Region Basel mit Fahnen und Transparenten der Uefa. Dieser dominante optische Auftritt des Veranstalters wurde zwar eher kritisch beurteilt, war aber aus Sicht der Uefa nachvollziehbar für das Gesamterscheinungsbild in den zwei Euro-Austragungsländern Österreich und Schweiz mit ihren acht Austragungsorten.

Zu Irritationen kann der Begriff ‹Public Viewing› wohl nur noch im englischen Sprachraum führen: Dort bezeichnet er die ‹öffentliche Aufbahrung›. Hierzulande hat sich der Begriff inzwischen mit der Bedeutung ‹gemeinsames Verfolgen eines Fussballspiels auf Grossleinwand im öffentlichen Raum› etabliert. Spätestens in zwei Jahren, wenn in Südafrika die WM 2010 angepfiffen wird, dürfte das ‹Public Viewing› erneut in aller Munde sein. Die Organisatoren solcher Veranstaltungen in der Region werden dann von den Erfahrungen profitieren, die während der Euro in den Fanzonen gesammelt wurden.

Neben irreführenden Anglizismen sind auch jene zu erwähnen, die die Dinge besonders treffend bezeichnen, so etwa die ‹Countdown Clock›. Die Kantone Basel-Stadt und Basel-Landschaft erhielten je eine dieser Uhren. Das Basler Exemplar wurde am

7. Juni 2007 auf dem Centralbahnplatz eingeweiht und zeigte fortan die verbleibenden Tage, Stunden und Minuten bis zum Anpfiff des Eröffnungsspiels am 7. Juni 2008 um 18 Uhr an. Die Countdown Clock wird Basel über die Uefa Euro 2008 hinaus als einzigartiges Erinnerungsstück erhalten bleiben – sie ging in den Besitz des Schweizer Sportmuseums über.

Auch die Host City Basel lancierte selbstbewusst Anglizismen. Insbesondere die Werbebotschaft ‹Basel. Beyond the 90 Minutes.› – ‹Basel. Mehr als 90 Minuten.› – sorgte international für Schlagzeilen. So beurteilte die Frankfurter Allgemeine Zeitung diesen Slogan als den besten aller acht Austragungsorte. Gleichzeitig sorgten die sportlichen Resultate im St. Jakob-Park dafür, dass die Botschaft mehrfach in den internationalen Medien zitiert wurde, weil um ein Haar die Hälfte aller Basler Spiele erst nach der regulären Spielzeit von 90 Minuten entschieden wurde. Zu diesen gehört leider auch die schmerzliche Niederlage der Schweizer Nationalmannschaft im Spiel gegen die Türkei, die durch ein Tor in der 93. Minute das Ausscheiden der Schweiz besiegelte. Das Viertelfinalspiel zwischen Russland und den Niederlanden wurde gar erst in der Verlängerung entschieden, nachdem es nach 90 Minuten 1:1 gestanden hatte. Fast hätte sich der Basler Slogan noch ein drittes Mal auf dem Spielfeld bewahrheitet, hätte Philipp Lahm das Siegtor für die Deutschen im Halbfinale gegen die Türkei nur eine Minute später erzielt. Jedenfalls schienen einige der nach Basel gereisten Spitzenfussballer die Werbebotschaft der Region verinnerlicht zu haben.

Auch die über 6000 angereisten Medienschaffenden, welche sich im Basler Medienzentrum in der St. Jakobshalle hatten akkreditieren lassen, sorgten entsprechend dem Slogan für die Bekanntheit Basels über den Fussball hinaus. Bereits im Vorfeld der Euro hatten mehrere hundert Medienschaffende aus aller Welt Basel besucht, um über den Schweizer Hauptaustragungsort zu berichten. Darunter waren Medien aus den Ländern der Hauptzielmärkte des Standort-Marketings. Viele der dadurch entstandenen wertvollen Medienkontakte werden der Region erhalten bleiben und auch in Zukunft für die Standortvermarktung von Nutzen sein.

Weil Standort-Marketing-Aktivitäten international ausgerichtet sind, kam für die Standortvermarktung Basels die englische Sprache noch in einem weiteren Slogan zum Einsatz: ‹Basel. Best place to…› stand über dem Eingang zum ‹Zendome›, einem attraktiv gestalteten Pavillon, der während der Euro 2008 unmittelbar am Kleinbasler Brückenkopf der Mittleren Brücke auf der Wohlterrasse stand. Dort präsentierte sich Basel als Stadt, die Ausserordentliches zu bieten hat: als Wirtschafts- und Forschungsplatz, als Kulturmetropole sowie als Lebens- und Arbeitsort mit überdurchschnittlicher Lebensqualität – ganz im Sinne der Werbebotschaft: ‹Basel. Best place to live, to work, to study, to enjoy!›

Auch eines der beliebtesten Bildmotive der Uefa Euro 2008 in Basel hat einen englischen Namen: Fotos des orange eingekleideten ‹Hammering Man› des amerikanischen Künstlers Jonathan Borofsky gingen um die Welt und generierten grosse Aufmerksamkeit. In Erinnerung werden auch die Impressionen vom Oranje-Boulevard bleiben, der eigens für die rund 180 000 angereisten niederländischen Fans mit viel Orange versehen wurde. Und natürlich waren auch die Fanzonen in schönster Lage – auf dem Münsterplatz und am Rheinufer mit den imposanten Grossleinwänden auf der Mittleren Brücke – ausserordentlich begehrte Bildsujets. Letztlich sind es solche Bilder, die das primäre Ziel des Standort-Marketings – die Steigerung des Bekanntheitsgrades der Marke ‹Basel› – unterstützen und einen Grossanlass wie die Euro 2008 zu einer wirkungsvollen Marketingplattform machen.

Die Bekanntheitssteigerung, der Imagegewinn sowie die generierte Wertschöpfung sind die Faktoren, welche Grossveranstaltungen wie die Uefa Euro 2008 aus Marketing-Sicht wertvoll machen. Dass das Ziel der Ausstrahlung in alle Welt eine international verständliche Sprache erfordert, erklärt auch, warum Grossveranstaltungen auf Anglizismen setzen. Die Euro 2008 brachte einige neue englische Begriffe mit sich. Viele solcher Anglizismen sind aber bereits fest in unserem Sprachgebrauch verankert, darunter viele Bezeichnungen von regelmässig stattfindenden Grossveranstaltungen. Namen wie ‹Art Basel›, ‹Baselworld›, ‹AVO Session›, ‹SwissIndoors Basel› oder ‹Basel Tattoo› zeigen, dass bei Anlässen mit überregionaler Ausstrahlung die Verwendung der internationalen Sprache Englisch für eine effektive und effiziente Vermarktung unabdingbar ist – nicht zuletzt einer international verständlichen Internet-Adresse wegen.

Effektiver wird das Marketing, weil Anglizismen dazu beitragen, Basel international bekannter zu machen. Effizienter, weil sie die wichtigste Botschaft in einer Weltsprache vermitteln und damit hohe Übersetzungs- und Adaptionskosten überflüssig machen. Events gewinnen bei der Standortvermarktung an Bedeutung. Als einer der Austragungsorte des drittgrössten Sportanlasses der Welt hat sich Basel für weitere Grossveranstaltungen empfohlen. Die Akquisition solcher Grossanlässe von internationalem Format bleibt damit auch weiterhin eine wichtige Aufgabe des Basler Standort-Marketings.

Mehr als 90 Minuten!

Was hat die Euro 2008 der Host City und dem Gewerbe gebracht?

Peter Malama

«Ist das nicht die Stadt, wo die Holländer gegen die Russen verloren haben?» So quittierte ein englisches Ehepaar im Juli 2008 auf Sardinien meine Antwort auf die ferienübliche Herkunftsfrage. ‹Put Basel on the map›, also die Stadt am Rheinknie auf die Europa- oder noch besser auf die Weltkarte zu setzen, war ein wichtiges Euro-2008-Ziel unserer Tourismusfachleute und Standortmarketing-Experten gewesen. Im geschilderten Fall hat Basel also tatsächlich die 90 Minuten überdauert, wie es der Host-City-Slogan proklamiert hat. Und erfreulicherweise ist es in unseren Sommerferien im Süden Europas nicht bei diesem einen Wiedererkennungseffekt geblieben.

Einzigartige Chance

Der Gewerbeverband des Kantons Basel-Stadt stand der Austragung der Fussball-Europameisterschaft 2008 in der Schweiz und Österreich und ihrer Basler Trägerschaft ‹Host City Basel› von Anfang an positiv gegenüber. Nicht nur, weil die Austragung von sechs Partien im St. Jakob-Park die Investitionen in den Stadionausbau auch in den Augen der Skeptiker definitiv rechtfertige. Wir sahen die drei Turnierwochen auch als einzigartige Möglichkeit, einem Millionenpublikum in der ganzen Welt und Hunderttausenden von Besucherinnen und Besuchern vor Ort die Attraktivität unserer Stadt vor Augen zu führen. Gleichzeitig waren wir uns aber auch der grossen Verantwortung bewusst, die mit dieser Chance verbunden war.

Höchste Qualitätsstandards

Intern definierten wir bereits in einem frühen Stadium die Grundsätze, mit denen sich das Basler Gewerbe der Herausforderung des drittgrössten Sportanlasses der Welt stellen wollte. Unsere Mitglieder aus Gastronomie, Hotellerie und Detailhandel wurden zum Beispiel dazu aufgerufen, höchste Qualitätsansprüche an ihre Dienstleistungen zu stellen, den Gästen aus dem In- und Ausland ein positives Basel-Erlebnis zu ermöglichen und deren Anregungen ernst zu nehmen. Um diese hochgesteckten Ziele zu erreichen, lancierten wir auch eine Mitmach-Kampagne, in deren Rahmen sich Ladengeschäfte, Gastronomiebetriebe und Hotels als ‹Your Expert› auszeichnen lassen konnten.

Beschränkter Einfluss

In ein disziplinenübergreifendes ‹Gastgeber-Team› der Host City brachte sich neben Basel Tourismus, dem Standortmarketing, den Verkehrsbetrieben BVB und BLT, der Basler Personenschifffahrt, dem Taxigewerbe, den Kantonspolizeikorps Basel-Stadt und Basel-Landschaft und weiteren Akteuren auch der Gewerbeverband mit seiner Leitung und Exponenten des Wirte- und des Hotelierverbands sowie des Detailhandels ein. In diesem Gremium war man sich einig, dass der Erfolg der Host City Basel hauptsächlich von drei Faktoren abhängen würde: Vom Turniererfolg der Schweizer Fussball-Nationalmannschaft, von der Attraktivität des Spielplans im St. Jakob-Park und vom Wetter. Das Problem bestand darin, dass man auf alle drei keinen Einfluss nehmen konnte …

Schwierige Planung

Entsprechend schwierig gestaltete sich in den meisten Bereichen die Planung. Würden – mit den Schweizern, den Deutschen, den Holländern und den Portugiesen in der Basler Vorrundengruppe, einem Weiterkommen von Köbi Kuhns Mannschaft und drei Wochen Sonnenschein – täglich Hunderttausende die Region überfluten? Oder würde sich – bei unattraktiven Vorrundenspielen, frühem Schweizer Ausscheiden und Meteopech – der Publikumsaufmarsch in engen Grenzen halten? Alle Beteiligten mussten sich bei ihren Berechnungen irgendwo in der Mitte zwischen diesen beiden Extremen einpendeln. Als einigermassen verlässliche Richtlinie galten dabei Frequenzprognosen der Schweizer Euro-08-Projektleitung, die auf Beobachtungen in den Fanzonen der Fussball-Weltmeisterschaft 2006 in Deutschland basierten. Diese bestätigten sich jedoch, übertragen auf eine EM mit weniger Mannschaften in der kleineren Schweiz, nicht.

Durchzogene Bilanz

Entsprechend durchzogen fiel denn auch eine erste kommerzielle Bilanz vieler Gewerbler nach geschlagener Fussballschlacht aus. Vor allem die Erwartungen der etablierten Gastronomie und einiger Caterer, die aufgrund der erwähnten Prognosen zu viel Kapazitäten und Personal bereitgestellt hatten, wurden enttäuscht. Es zeigte sich auch, dass das prognostizierte Bedürfnis nach verlängerten Öffnungszeiten im Detailhandel, vor allem an Sonntagen, nur begrenzt bestand. Eine verlässliche Aussage darüber, was die Euro 2008 dem Basler Gewerbe, seiner Gastronomie, der Hotellerie und dem Detailhandel gebracht hat, war bei Redaktionsschluss dieses Stadtbuchs allerdings noch nicht möglich. Für eine solide Bilanz sind neben den Zahlen zum Geschäftsverlauf in den drei Euro-Wochen zusätzliche kommerzielle Eckdaten aus den Folgemonaten nötig. Erst wenn wir

Klarheit darüber haben, ob beispielsweise im Juni Luxusgüter-Käufe wegen des erwarteten Ausnahmezustands in der Innerstadt aufgeschoben und im Sommer nachgeholt wurden, können wir abschliessend beurteilen, was der Status Basels als Host City dem einzelnen Betrieb gebracht hat und was nicht. Zu diesem Zweck beabsichtigen Basel Tourismus, das Standortmarketing und der Gewerbeverband, eine Studie in Auftrag zu geben, die im Herbst 2008 vorliegen wird.

Gefühlter Erfolg

Etwas stand allerdings schon kurz nach dem letzten Halbfinalspiel im St. Jakob-Park fest: ‹Gefühlt›, wie man heute sagen würde, war die Host City Basel ein voller Erfolg! Unabhängig von den definitiven Zahlen und Bilanzen hat die gemeinsam angenommene Herausforderung alle Beteiligten vom staatlichen Delegierten bis zum Volunteer zu aussergewöhnlichen Leistungen beflügelt und der Bevölkerung der Region zu einem Gemeinschaftserlebnis von seltener Intensität verholfen. Nach dem Wetterpech in der ersten Turnierhälfte und dem Dämpfer des frühen Ausscheidens von Yakin & Co verhalfen der Einzug des Sommers und der Oranje-Fans dem Mega-Event in Basels Innerstadt auch stimmungsmässig zu einem krönenden Hoch. Und das ist es, was den Baslerinnen und Baslern, den in- und ausländischen Medien sowie den Gästen und dem Fernsehpublikum in aller Welt von der Euro 2008, der Host City Basel und ihrer Dienstleistungskette in Erinnerung bleiben wird.

Vor dem Spiel ist nach dem Spiel, und nach dem Spiel ist vor dem Spiel!

Die Euro als Event

Thomas Dürr

Eine grosse Stadt lebt und definiert sich auch durch ihre Eventkultur. Woran erkennt man eine attraktive, lebendige Stadt? Natürlich an ihren Events. Diese sind genauso wichtig wie Flughafen, Parkhäuser und Shoppingangebote. Kein Eventangebot bedeutet Provinz.

Basel an der Schwelle zur Grossstadt. Was konnte man nicht alles lesen vor Beginn der Euro 2008. «Verbarrikadiert Eure Häuser!», «Schliesst die Geschäfte!» oder «Öffnet sie bis abends um 24.00 Uhr!», «… urinierende, betrunkene Fans und Schlägereien an allen Ecken und das pausenlos während 24 Tagen!», «Schützt die Kulturgüter!», «… ein Kondom über das Münster».

In wechselnden Kolumnen der Medien war zu lesen, dass im Sommer nichts laufe in Basel. Was heisst da, es würde nichts laufen? Art Basel, Floss auf dem Rhein, Openair-Kino auf dem Münsterplatz, Basel Tattoo im Hof der Kaserne, Stimmen-Festival in und um Basel und vieles mehr.

Dann kam 2008 die Fussball-Europameisterschaft hinzu. Der drittgrösste Sportanlass der Welt. Dieser einmalige Event bereicherte im Monat Juni enorm das öffentliche und kulturelle Leben unserer Stadt. Endlich erfuhr die Welt von Basel. Mehr Publicity gab es noch nie, und Basel spielte die erste Geige in der Schweiz: Hauptaustragungsort, Heimat der Schweizer Nationalmannschaft, ein Oranje-Tag, zwei Deutschlandspiele.

Das war toll! Auf einmal wussten alle meine deutschen Kollegen, wo Basel liegt, jeder war auf der Suche nach den begehrten Tickets und wollte Übernachtungstipps. Für kurze Zeit war Basel einmal der Nabel der Welt.

Nur hier in Basel sahen das nicht alle so. Die wenigen Nörgler setzten sich in Szene, was sehr schade ist, aber in der Natur der Sache liegt. Die fehlende korrigierende, positive Kommunikation der Uefa machte es den Kritikern sehr leicht, und so verkaufte man sich hier weit unter Wert. Anwälte und Medien nutzten dies, um sich selbst zu profilieren. Das Fussballturnier geriet in den Hintergrund.

Da konnte man lesen von drei Wirten, welche sich von der Uefa bedroht fühlten, ohne jemals mit ihr gesprochen zu haben. Von einem Zaun zur Abgrenzung, den sie zuerst wollten und dann zum medienwirksamen Symbol heraufstilisierten, um ihre David-Rolle auch in wirklich jedem wichtigen Medium auszubreiten. Grotesk! Immerhin sprechen diese drei Wirte nun miteinander und haben dank der Euro 2008 und der Uefa sehr viel Geld verdient.

Da gibt es eine Brauerei, deren cleveres Marketing uns davon überzeugen will, dass ihr Bier «Unser Bier» sei. Umsatzeinbussen wurden zuerst medienwirksam befürchtet, und zuletzt wurden enorme Umsatzzuwächse vermeldet – ein Widerspruch, ja klar, doch keiner hat's gemerkt. Diese kleine Brauerei, deren Bier zwar nicht durch Geschmack überzeugt, musste eben jede Chance nutzen, erwähnt zu werden. Aber wer den Namen grosser Brauereien noch nicht einmal schreiben kann…

Also, will man nun Events, oder will man keine? Will man in Ruhe sterben, oder will man eine attraktive Kulturstadt sein? Will man hü, oder will man hott? Ich bewundere die verantwortlichen Politiker in der Regierung, die die sehr mutige Entscheidung getragen haben, die Euro 2008 nach Basel zu bringen. Eine lebendige Stadt braucht Aktivitäten, diese ziehen Besucher an und sind meist nicht lautlos. In Basel fand im Juni ein einmaliger Event statt, mit 550 000 Besuchern in den Fanzonen, ohne grössere Probleme, allen Befürchtungen zum Trotz, sehr friedlich und sehr erfolgreich.

Als ich am 7. Juni aufwachte und es in Strömen regnete, das war schon gar nicht so, wie ich mir das vorgestellt hatte. Eine Euro im Regen, wer wünscht sich so etwas? Doch später, als dann die Trams nicht mehr fuhren und die Fans erwartungsvoll in Rot über die Mittlere Rheinbrücke kamen, da war ich bewegt. Das also war es, worauf wir nun ein Jahr hingearbeitet hatten. Es war sehr emotional. Die tiefen Temperaturen und der Regen an den folgenden Tagen haben dann aber nicht nur bei uns Ernüchterung folgen lassen.

Beim Spiel Niederlande – Frankreich in Bern musste ich den Holländern noch erklären, wie sie am besten nach Basel kommen. Die Manor rüstete auf mit orangefarbigen Utensilien, Perücken, T-Shirts. Wer hat da nicht mitgemacht? Dann kamen sie zu Tausenden, die Sonne begleitete sie. Schon am frühen Morgen sah man sie auf Verkehrsinseln, in Parks, rund um die Elisabethenkirche, einfach überall waren sie erwacht. Der Tag, an dem die Holländer in Basel einmarschierten, ganz friedlich in Orange und Partystimmung verbreitend, das war ein einmaliger, bewegender Moment, und es machte Lust auf mehr.

2010 werden wir mit dem Schweizer Kreuz in Südafrika einmarschieren und mit Kuhglocken und Trommeln das Land mit Swissness in Beschlag nehmen. ‹Top Secret›, aber friedlich feiernd. Klar fehlt noch die Qualifikation, aber der Trainer wird das schon richten. Und falls alle Stricke reissen, haben wir ja noch das orangefarbige Shirt im Schrank.

Eine Million Besucher in den Fanzonen, im Stadion und auf dem Fanboulevard machten die Euro 2008 zum besucherstärksten Ereignis, das es je in Basel gab. Mit einmaligen

Gratiskonzerten von Reamonn, Dieter Thomas Kuhn, BossHoss und von nationalen Helden wie Bo Katzmann und Baschi. Das war eine grandiose Inszenierung. Nun geht es weiter mit Normalbetrieb, klagende Anwohner und Medien sind verstummt. Zum Glück kommt bald der nächste Sommer, und der wird wieder ganz tolle Events nach Basel bringen, nur wird dann der Fussball nicht so sehr vom Kulturangebot ablenken.

Am Schluss sind wir stolz auf diesen einmaligen Event, aber es bleibt auch ein mulmiges Gefühl im Bauch. Schade.

Den Namen ‹Basel› in die Welt getragen

Die Euro 2008, ein Segen für die Tourismusdestination Basel

Daniel Egloff

Berichte dieser Art liest man als Vermarkter einer Reisedestination gerne: Dem ‹KulturSpiegel› legte der Direktor der Fondation Beyeler, Samuel Keller, überzeugend dar, warum sich die Reise nach Basel nicht nur fürs EM-Eröffnungsspiel lohne. Und die sonst so seriös-zurückhaltend auftretende ‹Frankfurter Allgemeine Zeitung› geriet schon beinahe ins Schwärmen, als sie in einem Vorschaubericht über die Host City Basel von «paradiesischen Umständen» im Kulturwesen, von «toller Architektur» und von der «wunderschönen Altstadt» berichtete. In der Zeitschrift ‹Today› konnte sich Basel sogar als «kulturelle Weltstadt» feiern lassen.

Zu den Aufgaben von Basel Tourismus in der Projektleitung Euro 08 gehörte neben der Koordination des Informations- und Gästemanagements auch die Destinationswerbung. Dem Millionenpublikum vor den TV-Bildschirmen sollte klargemacht werden, dass Basel ‹Mehr als 90 Minuten› Fussballspielzeit zu bieten hat. Obige Beispiele für die vielen positiven Medienberichte über die Host City Basel zeigen, dass unsere Bemühungen Früchte getragen haben.

Basel Tourismus konnte bereits im Vorfeld des Grossanlasses über 200 Journalistinnen und Journalisten ausländischer Medien betreuen. Alles in allem reisten über 1000 Medienschaffende nach Basel, die allermeisten von ihnen vermittelten ausgesprochen positive Bilder der Stadt. Ein solcher Erfolg ist enorm wichtig für die Prosperität der Tourismusdestination Basel, denn eine im Vorfeld der Euro 2008 durchgeführte Umfrage in Deutschland hat gezeigt, dass wir in Sachen Ausstrahlung gegenüber Zürich, Genf und Bern einiges aufzuholen haben. Schön, dass der ‹KulturSpiegel› nun zu dem Fazit kommt: «Nein, Basel ist nicht langweilig.»

Als Schweizer Hauptaustragungsort der Euro 2008 landete Basel nicht nur in Bezug auf einen langfristigen Imagegewinn auf dem Siegerpodest. Im Gegensatz zu den anderen Schweizer Host Citys konnte Basel auch die Zahl der Hotelübernachtungen im Euro-Monat Juni gegenüber dem Vorjahreswert steigern. Ein Plus von 4,3 Prozent mag, oberflächlich betrachtet, zwar relativ bescheiden erscheinen, zumal im Juni mit der Art Basel und der Euro gleich zwei Grossveranstaltungen in Basel stattfanden. Als Erfolg ist aber zu werten, dass sich die beiden Anlässe nicht in die Quere kamen – nicht zuletzt dank der frühzeitigen Intervention von Basel Tourismus. So konnte der Verdrängungs- oder Crowding-Out-Effekt, unter dem andere Schweizer Host Citys zu leiden hatten, in einem moderaten Rahmen gehalten werden.

Für eine Gesamtbeurteilung der Übernachtungszahlen ist allerdings entscheidend, ob Touristen oder Geschäftsreisende, die wegen des Megaanlasses im Juni nicht hierher kamen, ganz auf eine Reise nach Basel verzichteten oder diese bereits vorgezogen hatten bzw. später nachholen wollten. Die ausgesprochen erfreulichen Übernachtungszahlen im Mai und Juli (beide plus 12 Prozent) lassen Letzteres vermuten. Ein auffälliges Detail ist, dass im Juli, also im Monat nach der Euro 2008, markant mehr Holländerinnen und Holländer an den Ort reisten, wo ihr so ausgiebig gefeiertes Fussballteam im Viertelfinalspiel eine Niederlage hinnehmen musste.

Die offizielle Logiernächtestatistik gibt allerdings nicht das ganze Ausmass des Erfolgs wieder. Weil die Uefa im Juni mehr Hotelzimmer buchte (und bezahlte) als tatsächlich belegt wurden, liegt die Anzahl verkaufter Betten höher als in der Statistik ausgewiesen. Würde man nun noch die Logiernächte bei Gastfamilien und auf Hotelschiffen dazuzählen, so würde das Plus von 4,3 auf 7,3 Prozent steigen. Ausserdem konnten die Hotels die Erträge pro Zimmer um über 50 Prozent steigern.

Nicht ganz so positiv fällt die Bilanz bei den Basler Gastrobetrieben aus, die je nach Lage zum Teil auch gesunkene Gästezahlen hinnehmen mussten. Längerfristig dürften aber nicht zuletzt auch diese Betriebe vom Imagegewinn der Stadt Basel profitieren.

Der reibungslose Ablauf der Euro 2008 in Basel war kein Zufall: Die Host City Basel hatte sich auf den Grossanlass optimal vorbereitet und konnte den Ansturm der Fussballfans vor allem während der Viertel- und Halbfinalspiele bestens bewältigen. Rund eine Million Gäste haben Basel im Juni 2008 besucht. Positive Rückmeldungen lassen darauf schliessen, dass die gut 6000 Mitarbeitenden aus den unterschiedlichsten Branchen, die durch Basel Tourismus speziell auf den Anlass hin vorbereitet worden waren, ihren Einsatz motiviert und engagiert geleistet haben.

Dass die Euro 2008 in Basel positive Eindrücke hinterlassen hat, ist nicht zuletzt auch den Volunteers zu verdanken. Rund 650 freiwillige Helferinnen und Helfer haben im Juni 2008 entscheidend zum Gelingen der Euro beigetragen. Insgesamt haben die Volunteers, die aus allen Altersklassen und Berufsfeldern stammten, ein beachtliches Pensum von rund 30 000 Arbeitsstunden absolviert.

Die Helferinnen und Helfer, die während der Vorrundenspiele vielleicht ab und zu etwas unterbeschäftigt waren, am Oranje-Tag dafür aber Höchstleistungen erbringen mussten, zeigten sich flexibel und waren bereit, auch kurzfristig andere Aufgaben wahrzunehmen oder sich auf geänderte Einsatzzeiten einzulassen.

Basel hat seine Aufgabe bravourös gemeistert und sich vor einem Millionenpublikum als souveräne Gastgeberstadt präsentiert, die auch Megaanlässe zur Zufriedenheit aller zu bewältigen vermag. Das ist für die Messe- und Kongressstadt ein wichtiges Zeichen – nach aussen, aber auch nach innen. Alle Beteiligten, vom Tourismusgewerbe über die Polizei und die Verkehrsbetriebe bis zu den Marketingverantwortlichen, haben dabei ausgesprochen wichtige Erfahrungen sammeln können. Der Einsatz hat sich gelohnt.

Euro 2008

Ein Foto-Essay

Rebecca Sulista

Kleine Chronik der Basler Ereignisse

Euro 2008

Zusammengestellt von Matthias Buschle

Eröffnungsfeier für einen Monat der Superlative

Juni

6 ‹Basel. Best place to …› — Die **Vorbereitungen** für die Uefa Euro 2008 laufen auf Hochtouren. Auf der Kleinbasler Seite der Mittleren Brücke wird unter dem genannten Motto von Regierungsrätin Barbara Schneider ein fussballförmiger Pavillon eröffnet. Dort können sich Besucher informieren, auch darüber, warum es heisst: ‹Basel. Mehr als 90 Minuten.›
Auf dem Kasernenareal findet ein **Euro-Fest** statt. Es gibt Wettbewerbe wie Torwandschiessen, Fussballparcours und Modellautorennen. Stündlich werden Euro-Tickets für eines der Spiele im St. Jakob-Park verlost. Am Abend treten der Sänger Baschi und die Gruppe Reamonn auf — die Euro-Maskottchen Trix und Flix sind auch zu sehen. Krönender Abschluss ist ein Feuerwerk.
Bis zum 8. Juni findet gleichzeitig die internationale Kunstmesse ‹**Art Basel**› statt.

7 Mit dem Spiel **Schweiz–Tschechien** wird im St. Jakob-Park die Euro 2008 eröffnet. Bereits am Nachmittag ist die Innenstadt gut gefüllt. Kurzfristig wird entschieden, die Begegnung auch auf dem Marktplatz auf Grossleinwand zu übertragen. Tschechien gewinnt das Spiel mit 1 : 0.
In Genf spielen **Portugal–Türkei** 2 : 0.

8 Aus Anlass der Euro 2008 gibt es einen **Sonntagsverkauf**. Jedoch sind die Fussballfans nicht in Kauflaune, einige der geöffneten Geschäfte in der Innenstadt schliessen vorzeitig.
In Wien spielen **Österreich–Kroatien** 0 : 1.
In Klagenfurt spielen **Deutschland–Polen** 2 : 0.

9 Aufgrund der Erfahrungen der ersten zwei Euro-Tage werden **Veränderungen** vorgenommen. So gibt es im Stadion mehr Pufferzonen beim Einlass, und die Beschilderung des öffentlichen Verkehrs wird verbessert.
In der Nacht des zweiten Schweizer Euro-Spieltags hat die Basler Polizei **vierzig Einsätze**. An der Greifengasse muss sie bei einer Schlägerei zwischen rund zehn italienischen und niederländischen Fans eingreifen.
In Zürich spielen **Rumänien–Frankreich** 0 : 0.
In Bern spielen **Niederlande–Italien** 3 : 0.

10 Der Wiener Bürgermeister Michael Häuptl weiht in Wien einen **Basiliskenbrunnen** ein – ein Geschenk der Stadt Basel an die österreichische Euro-Hauptstadt.
In Innsbruck spielen **Spanien–Russland** 4 : 1.

Fankultur

In Salzburg spielen **Griechenland–Schweden** 0:2.

11 Während des Spiels **Schweiz–Türkei** regnet es in Strömen, zeitweise gleicht der Rasen im St. Jakob-Park einer riesigen Pfütze. Die Schweiz verliert mit 1:2 in der Nachspielzeit und kann sich damit nicht für die K.-o.-Runde qualifizieren. Trotz der Regengüsse sind die Fanzonen gut besucht.

In Genf spielen **Tschechien–Portugal** 1:3.

12 Das **Wetter** ist bisher durchzogen bis schlecht, die Schweiz ist ausgeschieden – trotzdem herrscht kein Euro-Frust, es gibt allerdings noch Steigerungspotenzial.

Im Merian Park laden die Regierungen von Basel-Stadt und Basel-Landschaft aus Anlass der Euro 2008 zu einem **gemeinsamen Apéro**.

In Klagenfurt spielen **Kroatien–Deutschland** 2:1.
In Wien spielen **Österreich–Polen** 1:1.

13 Sechs in einer polizeilichen Datenbank als ‹Gewalttäter Sport› geführten Deutschen wird am französisch-schweizerischen Autobahnzoll von der Schweizer Grenzwache die **Einreise** verweigert. Im Fahrzeug der Hooligans finden sich verbotene bzw. auffällige Gegenstände wie Messer und gepolsterte Handschuhe.

Der Wetterdienst sagt **besseres Wetter** vorher. Die Temperaturen sollen bis auf 30 °C steigen.
In Zürich spielen **Italien–Rumänien** 1:1.
In Bern spielen **Niederlande–Frankreich** 4:1.

14 In Innsbruck spielen **Schweden–Spanien** 1:2.
In Salzburg spielen **Griechenland–Russland** 0:1.

15 Die Schweiz verabschiedet sich im Basler St. Jakob-Park mit einem **2:0-Sieg** über Portugal – dem ersten Schweizer Sieg bei einer Europameisterschaft überhaupt.

Das **Wetter** ist immer noch schlecht, die Stimmung beim letzten Schweiz-Spiel dieser Euro nicht überschwänglich. Nun hofft die Stadt auf die orangefarbene Flut der Niederländer – bis jetzt sind diese in Bern stationiert. Bis zum ersten Viertelfinalspiel in Basel soll der **Rasen** im St. Jakob-Park erneuert werden. Er ist durch die Nässe überstrapaziert worden.
In Genf spielen **Türkei–Tschechien** 3:2.

16 Bei einem **Treffen der Umweltminister** der vier deutschsprachigen Länder in Basel kritisiert Moritz Leuenberger die Uefa: Das Versprechen von CO_2-neutralen Spielen sei nicht eingehalten worden.

Der **Kaiser** hält Hof: Franz Beckenbauer spricht in der Basler Musikbar ‹Redrocks› an der

Der ‹Hammering Man› auch in orange

Heuwaage. Vor geladenen Gästen einer Münchner Brauerei wird der ehemalige Fussballspieler und heutige einflussreiche Sportfunktionär Presseberichten zufolge «zum fussballerischen Allerlei dieser Euro befragt». In Klagenfurt spielen **Polen–Kroatien** 0 : 1. In Wien spielen **Österreich–Deutschland** 0 : 1.

17 «Was die Fanmassen angeht, fängt die Euro für Basel jetzt erst richtig an», so die Host City Basel. Die Stadt bereitet sich auf das **Viertelfinalspiel** der Niederlande am kommenden Samstag vor.
In Bern spielen **Niederlande–Rumänien** 2 : 0.
In Zürich spielen **Frankreich–Italien** 0 : 2.

18 In Salzburg spielen **Griechenland–Spanien** 1 : 2.
In Innsbruck spielen **Russland–Schweden** 2 : 0.

19 Ab der **Viertelfinalrunde** finden die Schweizer Spiele alle im St. Jakob-Park statt, die österreichischen alle in Wien. Das Basler Stadion ist für alle Euro-Spiele ausverkauft.
Fast 50 000 deutsche Fans sind für das Spiel **Portugal–Deutschland** (2 : 3) in der Stadt – es wird ausgiebig gefeiert.

20 Die Stadt füllt sich langsam mit niederländischen Fans – **die Farbe Orange** dominiert. Zum ersten Mal sind auch die Fancamps ausgebucht. Hingegen ist von den russischen Fans, erwartet werden 10 000, noch nichts zu spüren. Es wird angenommen, dass sie in Basel die exquisiten Hotels vermissen und darum nach Luzern und Zürich ausweichen.
In Wien spielen im Viertelfinale **Kroatien– Türkei** 1 : 3 (nach Penaltyschiessen).

21 Die **grösste Party**, die Basel je erlebt hat: Bis zu 180 000 niederländische Fans sind in der Region. Sie feiern bereits frühmorgens. Das Fest gipfelt im Oranje-Marsch von der Kaserne zum Stadion. Die Niederländer machen Party – trotz der Niederlage der eigenen Mannschaft. Im Laufe des Abends werden in der Stadt eine halbe Million Liter Bier getrunken, 800 Personen sind in medizinischer Behandlung, 50 werden festgenommen. Die Stadtreinigung sammelt 40 Tonnen Abfall ein. Laut Baudepartement fällt an einem Fasnachtstag doppelt so viel Strassenmüll an. Es sind rund hundert Reinigungskräfte im Einsatz – natürlich in ihrer orangefarbenen Strassenkehrerkleidung.
In Basel spielen im Viertelfinale **Niederlande– Russland** 1 : 3 (nach Verlängerung).

22 In Wien spielen im Viertelfinale **Spanien– Italien** 4 : 2 (nach Penaltyschiessen).

Die grösste Party, die Basel je erlebt hat

23 Vor ihrer Abreise zum Halbfinale in Wien verabschiedet sich die russische Mannschaft mit einem **lockeren anderthalbstündigen Training** im Rankhof vor etwa 500 Journalisten als Zaungästen.

24 Die **türkische Nationalmannschaft** trainiert im St. Jakob-Park für das Halbfinalspiel am nächsten Tag.

Auf dem EuroAirport landet abends das Flugzeug mit der **deutschen Nationalmannschaft**. Der deutsche Stürmer Lukas Podolski lässt sich zu der Aussage hinreissen, dass von ihm aus sogar das Endspiel in Basel hätte stattfinden können.

25 An die 50 000 Menschen feiern in Basel das **Halbfinale** bei Temperaturen um 26 °C. Seit der K.-o.-Runde ist das Wetter gut bis sehr gut. Die Stimmung am letzten Schweizer Euro-Abend ist friedlich und ausgelassen; es wird bis in die Morgenstunden gefeiert.

In Basel spielen im Halbfinale **Deutschland – Türkei** 3 : 2.

26 Der bikantonale Lenkungsausschuss zieht nach den Basler Euro-2008-Tagen **Bilanz**. Nach der Schlechtwetterphase zu Beginn (Tagestemperaturen von 11 °C) und dem frühen Ausscheiden der Schweiz steigerte sich die Stimmung doch noch bis hin zum Oranje-Tag. Man geht von mehr als einer Million Euro-Gästen aus.

In Wien spielen im Halbfinale **Russland – Spanien** 0 : 3.

28 Damit der Oranje-Tag nicht in Vergessenheit gerät und als **Dankeschön** an die Niederlande schaltet Basel Tourismus in den dortigen Medien Inserate mit der Überschrift «Bedankt!».

29 Nochmals ist in den Basler Fanzonen **Festtagsstimmung**. 40 000 Menschen, vor allem deutsche Fans, schauen sich das Endspiel in der Stadt an.

In Wien spielen im Finale **Deutschland – Spanien** 0 : 1. **Spanien ist Europameister**.

Wirtschaft und Region

127 Benjamin Herzog
Markt-Forschung in und um Basel
Gemüse, Früchte und Surprisen

130 Balz Stückelberger
Basler Arbeitgeber machen sich fit für die Folgen der demografischen Entwicklung
Mit einer Altersstrategie und familienfreundlichen Massnahmen will man den Folgen der alternden Bevölkerung begegnen

133 Esther Jundt
Die erste grenzüberschreitende Tramverbindung in Europa seit 50 Jahren
Nach zähem Ringen und Feilschen wird die Tramlinie 8 nach Weil am Rhein verlängert

137 Christian J. Haefliger
Das Babuschka-Prinzip am Oberrhein
Wie die Regio-Strukturen übersichtlicher werden

142 Georg Kreis
Radio X feiert Geburtstag
Festansprache am 12. September 2008

145 Andreas Möckli
Ciba – ein Traditionsunternehmen verschwindet
Mit der Übernahme durch den deutschen Chemieriesen BASF geht ein Kapitel Basler Wirtschaftsgeschichte zu Ende

147 Ivo Bachmann
Das ‹Internetcafé› am Münsterplatz
In einem alten Haus entstehen die News von OnlineReports

151 Antonia Bertschinger
Waaien, Holzofen, Hagelzucker
Die Bäckerei an der Riehentorstrasse

Basel, Matthäus

Lörrach

Lörrach

Markt-Forschung in und um Basel

Gemüse, Früchte und Surprisen

Benjamin Herzog

Um zu leben, muss der Mensch essen. Schön, wenn ein Markt den Einkauf zum Vergnügen macht und diese Notwendigkeit dabei mit Lust und Fülle überlistet.

So zum Beispiel auf dem Pariser Marché Bastille: gelbrot leuchtende Peperoni-Berge, duftende Pfefferminze, bündelweise aufgeschichtet, Erdbeeren, von schwieligen Händen in Papiertüten geschaufelt, Geschrei und Gedränge. Oder Rom: Dem frisch gerüsteten Gemüse auf dem Campo de' Fiori sieht man die Minestrone bereits an. Wer in die Souks von Marrakesch eintaucht, verfällt dem Anblick der aufgehäuften Gewürze: Die edle Mischung ‹Raz el Hanout›, Safran und Kreuzkümmel duften zu Hause noch lange – nach Markt, nach Sinnlichkeit und Genuss.

Auf dem Markt erfährt man, wie die kulinarischen Energiequellen einer Stadt sprudeln. Das ist interessant. Gehen wir auf den Basler Marktplatz. Die Vielfalt an Früchten und Gemüsen ist gross, die Produkte sehen appetitlich aus, die Auslagen sind wohlgeordnet. Es ist Spätsommer, und wir möchten Bohnen haben. Eine gelbe Sorte kostet 5 Franken das Pfund. Die Verkäuferin sagt, sie handle nur, kaufe ihr Gemüse in der Region. Telefonisch gibt sie ihre Bestellung durch, der Gemüseproduzent fährt vor und bringt ihr die gewünschte Ware. Ihr und anderen Verkäufern. Manchmal beliefert er auch die Lebensmittelabteilungen der grossen Warenhäuser. Markt- und Warenhausgemüse vom gleichen Acker? Das überrascht. Aber die Bohnen schmecken tatsächlich gut.

Die Kunden bekommen auf dem Basler Markt auch Spezialitäten wie etwa Ochsenherztomaten. Über einen Zwischenhändler gelangt die Sorte aus Sizilien nach Basel und wird hier als Edelgemüse zu einem pfundigen Preis abgesetzt. Zum regionalen tritt der internationale Gemüsehandel. Dazwischen findet sich Selbstgezogenes. Ja, es gibt hier auch Marktfahrer, meistens Bauern aus dem grenznahen Ausland, die ihre eigenen Produkte verkaufen. Wer sicher sein will, bei einem Produzenten gelandet zu sein, sollte besser fragen.

Was noch? Wir finden ein selbst gemachtes Kirsch-Chutney aus dem Fricktal (4 Franken/125 Gramm). Bei einem Verkäufer mit Kölner Akzent erstehen wir Alpkäse aus der Region Sarnen (3 Franken/100 Gramm): Spitzenklasse. Am Pilzstand liegen Semmelstoppel und Austernseitling. Die Pfifferlinge (5 Franken/100 Gramm) werden von Franzosen und Deutschen in Grenznähe gesammelt und von den Standbetreibern weiterverkauft. Vor dem Karren mit den Topfpflanzen entwickelt sich ein interessantes Gespräch über winterharte Balkonpflanzen. Die Verkäuferin verweist freimütig auf das Sortiment eines Kollegen, dafür kaufen wir ihr ein hübsches Glas mit selbst eingelegten Pastinaken (7 Franken) ab.

Täglich ist hier Markt. Am Samstag herrscht Gedränge. Doch auch dann wahrt man in Basel Haltung. In gepflegter Atmosphäre werden Spezialitäten verkauft, Ware mit leichtem Luxusglanz. Wer hier seine Kartoffeln kauft, bezahlt ein – wenn auch ‹pasteurisiertes› – Marktgefühl mit.

Konkurrenz hat der Basler Wochenmarkt durch zwei kleine Samstagsmärkte bekommen. Sie sind von Privatleuten initiiert, organisiert als Verein und werden von Sponsoren unterstützt. Im September 2007 entstand der St. Johannsmarkt. Ursprünglich vor der Voltahalle, ist er seit März 2008 beim Johannitertor zu finden, wo er sich noch richtig etablieren muss. Und seit August 2006 gibt es den Matthäusmarkt mit etwa einem Dutzend Ständen. Die Initianten haben bestimmt, dass drei Viertel der angebotenen Produkte aus eigenem Anbau, aus eigener Produktion kommen sollen. Wir entdecken roten, gelben und weissen Mangold, knackige Rettiche, Salat, Beeren, Eier, Blumen, Brot und Badischen Wein. Paradiesische Vielfalt aus dem Markgräflerland zu überraschend moderaten Preisen. Hier macht das Einkaufen Freude. An einem anderen Stand lagert in einer Kühlbox abgepacktes Rindfleisch vom Biohof. Zwei Entrecôtes kosten happige 18 Franken, schmecken zu Hause dann aber hervorragend. Solches Fleisch gibt's weder beim Metzger noch im Lebensmittelmarkt. Das lokale Angebot wird hier vor der Matthäuskirche erweitert um südfranzösische Oliven, italienische Antipasti und Tofuprodukte. Und schliesslich findet man noch liebevoll eingemachte und verpackte Konfitüren, selbst gebackenen Kuchen, ein Süppchen zur Stärkung. Hier wird der Markt zum Mama-Ersatz.

Ihr Vorbild, so die Initianten des Matthäusmarkts, seien die Märkte in Lörrach und St-Louis gewesen. Der samstags abgehaltene Marché St-Louis ist mit über fünfzig Ständen der grösste der Region. Im Gedränge wird die Ware lautstark angeboten. Händler und Produzenten halten sich die Waage. Auffällig viel Fleisch steht hier zum Verkauf: Auf einer gigantischen Poulet-Rôtisserie braten Hühner. Schinken, Würste und weitere Herrlichkeiten französischer Charcuterie-Kunst gibt's nebenan. Gross ist die Auswahl an Lamm- und Rindfleisch beim arabischen Halal-Metzger. Hunger? In einer Riesenpfanne schmort eine Paella, es gibt Couscous zum Mitnehmen und scharfe Teigtaschen, wie man sie auf der Insel La Réunion zubereitet. Ein Markt mit guter Verpflegungsmöglichkeit. Im hinteren Teil werden zudem Kleider verkauft, Schmuck, Plastikblumen und Heino-CDs. Hier sind vielerlei Bedürfnisse abgedeckt.

Werfen wir zuletzt einen Blick auf den Lörracher Markt. Er ist der bodenständigste, der unaufgeregteste der regionalen Märkte. Dienstags, donnerstags und samstags wird verkauft. Hier füllt man schnell sein Körbchen. Qualität und Preis sind attraktiv. Die meisten Marktleute an den rund dreissig Ständen bieten selbst produzierte Waren an. Eine Familie aus Fischingen ist bereits in der dritten Generation auf dem Markt. Beim Enkel kaufen wir ein Schälchen Himbeeren (2,50 Euro) und wuchtige Zucchini (30 Cent / Stück). Die Frau am Stand nebenan ist seit vierzig Jahren vor Ort. Die Kinder aber wollen nicht nachfolgen, sagt sie. Schnell wandert eine Flasche Birnenschnaps (8,50 Euro) aus ihrer Produktion in unseren Korb.

Nicht widerstehen können wir einem wunderschönen Blumensträusschen (4 Euro). Es hält sich über zehn Tage. Die bunten Blüten stimmen uns seltsamerweise nostalgisch. Sie stammen vom letzten grossen Bauernmarkt der Region. Möge er noch lange existieren.

Basler Arbeitgeber machen sich fit für die Folgen der demografischen Entwicklung

Mit einer Altersstrategie und familienfreundlichen Massnahmen will man den Folgen der alternden Bevölkerung begegnen

Balz Stückelberger

Die Region Basel altert schnell – schneller als alle andern Regionen der Schweiz. Schon heute sind in Basel 18 Prozent der Wohnbevölkerung über 65 Jahre alt. Und das Zahlenverhältnis von Jungen (bis 20 Jahre) und Alten (über 65 Jahre) wird sich weiter verschieben: Im Jahr 2040 wird es fast doppelt so viele alte Baslerinnen und Basler geben wie junge.

Die gravierende Veränderung der Altersstruktur hat ihren Ursprung in der doppelten Alterung: Die durchschnittliche Lebenserwartung hat sich seit den 70er Jahren jährlich um rund 60 Tage erhöht, und es werden immer weniger Kinder geboren: Mit 1,2 Kindern pro Frau weist Basel die tiefste Geburtenquote der Schweiz auf. Für den Generationenerhalt müssten 2,1 Kinder pro Frau geboren werden.

Alternde Belegschaften

Eine alternde Gesellschaft stellt nicht nur die sozialen Sicherungssysteme vor grosse Herausforderungen, sondern bringt auch nachhaltige Veränderungen für die Arbeitswelt. Zunächst müssen sich die Unternehmen darauf einstellen, dass ihre Belegschaft immer älter wird. Verglichen mit der Zahl aus dem Jahr 2000 wird der Anteil der 50- bis 64-jährigen Arbeitskräfte bis 2030 um ein Drittel zunehmen.

An einer Schwerpunktveranstaltung des Arbeitgeberverbandes Basel im Mai 2008 zu den Herausforderungen der demografischen Entwicklung wurde deutlich, dass diese Verschiebungen in der Altersstruktur zu Anpassungen der Personalstrategien führen müssen. Während heute noch viele Unternehmen auf Jugendlichkeit setzen und ihre Mitarbeitenden mit 50 Jahren in einen virtuellen Warteraum für die Pensionierung schicken, verbessert ein modernes Personalmanagement die Stellung der älteren Mitarbeitenden und erhöht damit auch deren Nutzen für das Unternehmen.

Gemäss Peter Degen, dem CEO des Basler Handelsunternehmens Doetsch Grether & Cie., müssen Mitarbeitende ab 50 Jahren wieder vermehrt motiviert werden, es muss ihnen eine Perspektive für die nächsten 15 Jahre gegeben werden, damit sie die Lust an der Arbeit nicht verlieren und weiterhin produktiv bleiben.

Die konkreten Massnahmen einer zeitgemässen Altersstrategie hängen von der Betriebsgrösse und der Branche ab. Für Coop-Personalchef Peter Keller ist die Motivation zur Weiterbildung ein wichtiges Element zur Erhaltung und Erweiterung von Wissen und Können. Daneben sei es aber auch von Bedeutung, die Gesundheit und damit die Leistungsfähigkeit der Mitarbeitenden zu erhalten. Zu diesem Bereich gehören bei Coop die Arbeitsplatzgestaltung oder eine zusätzliche Ferienwoche für über 63-Jährige.

Fachkräftemangel zeichnet sich ab

Für die Entwicklung des Arbeitsmarktes ist neben der Verschiebung der Altersstruktur auch der Rückgang der Erwerbsbevölkerung von Bedeutung: In Basel ist der Bevölkerungsteil der Menschen im Alter zwischen 20 und 64 Jahren seit 1990 bereits um 6 Prozent geschrumpft, und er wird weiter zurückgehen. Entgegen diesem Trend hat sich die Nachfrage nach qualifizierten Arbeitskräften aufgrund der guten Konjunkturlage in den vergangenen Jahren verstärkt.

Als Folge dieser gegenläufigen Entwicklung von Angebot und Nachfrage auf dem Arbeitsmarkt macht sich ein Fachkräftemangel bemerkbar. Eine schweizweite Studie ergab, dass mehr als ein Drittel der befragten Unternehmen Mühe haben, die benötigten Fachkräfte zu rekrutieren. Dieser Trend wird auch von einer möglicherweise bevorstehenden Konjunkturabflachung nicht gebrochen. Am begehrtesten sind Fachleute in den Bereichen Elektronik, Mechanik, Ingenieurwesen, in der Verwaltung/Geschäftsführung, IT und Aussendienst. Die Personalsuche wird in diesen Bereichen immer aufwendiger. Der Basler Headhunter Helmut Zimmerli-Menzi plädiert deshalb für ein radikales Umdenken bei der Rekrutierungspolitik: «Viele Unternehmen sehen in der Personalsuche eine reine Administrationsaufgabe oder suchen auf dem lokalen Arbeitsmarkt nach Profilen, die es in der geforderten Anzahl oder Qualität nicht gibt.» Stattdessen müsse die Personalsuche vermehrt als Marketingaufgabe verstanden werden.

Diese Mentalität scheint sich aber erst langsam durchzusetzen. Offensichtlich ist der Leidensdruck bei den Basler Unternehmen noch nicht sehr gross, was vor allem darauf zurückzuführen ist, dass sie zumindest einen Teil ihres Bedarfs an qualifizierten Arbeitskräften derzeit noch durch die Zuwanderung aus dem Ausland decken können. Basel hat hier als Arbeitsort mit einer hohen Internationalität einen Vorteil gegenüber anderen Regionen in der Schweiz.

Frauen als ‹Erwerbsreserve›

Auch mit der Aktivierung von Erwerbsreserven, also der Steigerung der Erwerbstätigkeit von bestimmten Bevölkerungsgruppen, lässt sich der drohenden Austrocknung des Pools an Arbeitskräften entgegenwirken. Eine solche Erwerbsreserve wird vor allem bei den

Frauen gesehen. Zwar liegt die Erwerbsquote bei den Frauen in der Schweiz mit 74 Prozent deutlich über dem europäischen Durchschnitt, doch sind die Arbeitspensen von Müttern hierzulande eher niedrig: Die meisten Frauen mit Kindern unter 7 Jahren arbeiten weniger als halbtags. Um das Arbeitsvolumen dieser Frauen zu erhöhen und damit ihr Know-how besser zu nutzen, sind nicht nur traditionelle Rollenbilder zu überwinden, sondern auch konkrete Massnahmen zu ergreifen, die den Frauen eine vermehrte Erwerbstätigkeit ermöglichen.

Mit flexiblen Arbeitsformen und Teilzeitmodellen auf Kaderstufe, betrieblichen Angeboten im Bereich der Kinderbetreuung und einer familiengerechten Laufbahnplanung lässt sich verhindern, dass Frauen und ihr Know-how mit der Babypause vom Arbeitsmarkt verschwinden. So kehren etwa bei der Basler Versicherungsgruppe Sympany dank familienfreundlicher Massnahmen 90 Prozent der Frauen nach der Geburt eines Kindes wieder an ihren Arbeitsplatz zurück, wodurch das Unternehmen Kosten für die Personalsuche und die Einarbeitung von neuen Mitarbeitenden spart.

Dass sich Investitionen in Familienfreundlichkeit lohnen, zeigt auch eine vom Basler Gleichstellungsbüro initiierte Studie der Prognos aus dem Jahr 2005: Insgesamt liegt demnach der Return on Invest einer familienorientierten Personalpolitik bei 8 Prozent.

Familienfreundliche Massnahmen zielen aber nicht nur auf Frauen. Immer mehr Männer wollen einen Teil der Familienarbeit übernehmen, weshalb sie vom Arbeitgeber Angebote zur Vereinbarkeit von Beruf und Familie erwarten. Eine Studie der ETH Zürich zur Situation der Beschäftigten in der Schweiz (HR-Barometer 2008) zeigt, dass die Arbeitnehmenden das Arbeitsumfeld wie zum Beispiel flexible Arbeitszeiten sogar stärker gewichten als die Höhe des Lohns.

Familienfreundlichkeit hat sich damit nicht nur zu einem Konkurrenzvorteil der einzelnen Unternehmen, sondern zu einem Standortvorteil einer ganzen Wirtschaftsregion entwickelt. Deshalb haben Vertreterinnen und Vertreter der regionalen Wirtschaftsverbände, Unternehmen und Verwaltungsstellen den ‹Round Table Familienfreundliche Wirtschaftsregion Basel› ins Leben gerufen (www.familienfreundliches-basel.ch).

Der ‹Round Table› will die Wirtschaftsregion Basel zu einer Vorreiterin bei der Familienfreundlichkeit machen. Unternehmen sollen von den Vorzügen einer familienfreundlichen Unternehmenspolitik überzeugt werden, und der Staat soll die notwendigen gesetzlichen Rahmenbedingungen dafür schaffen. Basel will also attraktiv für berufstätige Eltern werden, um damit einen immer wichtiger werdenden Trumpf bei der Bewältigung der demografischen Herausforderungen spielen zu können.

Die erste grenzüberschreitende Tramverbindung in Europa seit 50 Jahren

Nach zähem Ringen und Feilschen wird die Tramlinie 8 nach Weil am Rhein verlängert

Esther Jundt

In der trinationalen Region Basel hat die grenzüberschreitende Zusammenarbeit eine lange Tradition. Politische, wirtschaftliche, wissenschaftliche und kulturelle Institutionen arbeiten seit dem Ende des Zweiten Weltkriegs über die Landesgrenzen hinweg zusammen. Unzählige Gremien sind an Projekten und Studien beteiligt. Bei aktuellen Problemen oder der Realisierung grosser Projekte können jedoch weder die Oberrheinkonferenz noch der Districtrat des Trinationalen Eurodistricts Basel aktiv eingreifen. Hier kommt es auf das Engagement von Einzelkämpfern an, solche Vorhaben durchzuboxen. Ein Beispiel für ein solches Projekt ist die Verlängerung von Tramlinien in benachbarte südbadische und elsässische Gemeinden. Mit der Buslinie 55 und den Linien S1 und S6 der Regio-S-Bahn existierten erst drei Angebote, die den Passagieren eine Fahrt über die Grenze ohne Umsteigen ermöglichen. Grenzüberschreitende Tramlinien nach Lörrach und St-Louis hatte es im letzten Jahrhundert gegeben. Sie waren jedoch stillgelegt worden, weil sich die Kommunen nicht hatten einigen können, wer für die Erneuerung zuständig war.

Die Initialzündung für den Ausbau des grenzüberschreitenden Tramverkehrs kam im Jahr 2006 aus Bern. Der National- und der Ständerat stimmten damals einem ‹Infrastrukturfonds für den Agglomerationsverkehr und das Nationalstrassennetz› zu, mit dem auch Beiträge für grenzüberschreitende Projekte freigegeben wurden. Der Bundesbeitrag lag bei höchstens 50 Prozent der Baukosten. Bedingung für diese Beteiligung war allerdings, dass mit dem Bau dieser Projekte noch im Jahr 2008 begonnen würde.

In Basel wurden drei Vorhaben diskutiert: eine Tramverlängerung nach Weil am Rhein (D) und zwei weitere nach St-Louis (F). Seit Anfang 2006 führten Vertreter des Kantons Basel-Stadt mit der Stadt Weil am Rhein und der Communauté des Communes des Trois Frontières intensive Gespräche über diese Vorhaben.

Die Experten waren der Meinung, dass die Verlängerung der Linie 8 von der bisherigen Endhaltestelle in Kleinhüningen bis zum Weiler Bahnhof am Europaplatz am schnellsten realisiert werden könne. Das Projekt sollte zu einem «Symbol der grenzüberschreitenden Zusammenarbeit» werden, so Regierungsrat Ralph Lewin. Die Initianten konnten wohl kaum ahnen, dass sie hohe Hürden zu überwinden hätten, unter grösstem Zeitdruck wichtige Entscheide treffen müssten und der Spatenstich erst kurz vor dem Jahresende erfolgen würde.

Die geplante Neubaustrecke der Linie 8 soll 2,8 Kilometer lang werden; vorgesehen sind drei neue Haltestellen in Weil. Basel und Weil übernehmen die Planungsverantwortung für ihren Streckenabschnitt gemäss dem Territorialprinzip. Das ganze Vorhaben wurde von einem gemeinsamen Projektleiter koordiniert.

Die Kostenschätzung für das Gesamtprojekt lag bei 104 Millionen Franken. Allein für die Baukosten wurden 86 Millionen Franken veranschlagt; eine Erhöhung oder Verringerung um bis zu 15 Prozent schlossen die Fachleute nicht aus. Aus dem Infrastrukturfonds war von der Eidgenossenschaft bis zur Hälfte der Baukosten zu erwarten; es wurde mit höchstens 43 Millionen Franken gerechnet. An die Planungskosten sollte aus diesem Fonds nichts bezahlt werden. Basel-Stadt zeigte sich bereit, von den Planungs- und Baukosten für die Tramverlängerung 42 Millionen Franken zu übernehmen. Der Grosse Rat stimmte im Januar 2008 einem entsprechenden Kredit zu. Darin eingeschlossen waren auch Unterstützungsbeiträge an die Stadt Weil am Rhein für Planungs- und Projektierungsarbeiten in Höhe von rund 4,5 Millionen Franken. Weil am Rhein signalisierte schon in der frühen Planungsphase, dass es die finanziellen Lasten nicht tragen könne. Deshalb übernahm Basel-Stadt zusätzlich 50 Prozent der Weiler Planungs- und Projektierungskosten.

Die Planer mussten nicht nur die neuen Schienen und Haltestellen in die vorhandenen Strassen integrieren, sondern auch eine neue Trambrücke projektieren, da die bestehende Friedensbrücke die Last eines Tramzuges nicht tragen konnte. Zudem sollte die Zollanlage Weil-Friedlingen in einem Neubau untergebracht werden.

Auf Schweizer Seite lief nicht alles reibungslos: Weil die Quartierbevölkerung dagegen protestiert hatte, dass das Tram durch die bereits mit Schwerverkehr belastete Kleinhüningeranlage fahren sollte, wurden zwei neue Rampen in die Planung aufgenommen. Über diese sollen nun die Lastwagen von der Hiltalingerbrücke in die Südquaistrasse im Hafenareal fahren.

Sobald die Streckenführung im Verlauf des Sommers 2007 feststand, ging das Feilschen um die Finanzen los. Während auf Schweizer Seite alles geklärt war, wand sich Weil am Rhein wegen der knappen Finanzen. Für den deutschen Anteil an den Kosten für die Bauarbeiten in Weil am Rhein in Höhe von 23 Millionen Franken mussten Lösungen gesucht werden. In diesen Kosten eingeschlossen waren auch die Ausgaben in Höhe von rund 4 Millionen Franken für den durch die Tramverlängerung notwendig gewordenen Neubau der Zollanlage Weil-Friedlingen.

In dieser Situation erwies sich der Basler Wirtschafts- und Sozialminister Ralph Lewin als treibende Kraft des Projekts. Unermüdlich suchte er nach Auswegen, wenn das Vorhaben zu scheitern drohte, und lotete Finanzierungsmöglichkeiten aus, wo es eigentlich keine mehr gab. Er versicherte den Deutschen immer wieder, dass dieses Projekt auch für die Weiler Wirtschaft und Bevölkerung positive Auswirkungen haben werde.

Anfang 2008 wollte der Weiler Oberbürgermeister Wolfgang Dietz höchstens 1,6 Millionen Franken aus der Gemeindekasse in die Tramverlängerung investieren. Dies war zu wenig. Die Basler Regierung erklärte sich bereit, allfällige Kostenüberschreitungen beim Bau des deutschen Abschnitts bis zur Hälfte mitzutragen. Mit diesem Angebot gehe sie «an die Grenze des politisch Machbaren», schrieb die Basler Regierung. Sollten Weil, der Landkreis Lörrach und das Land Baden-Württemberg die Restfinanzierung nicht übernehmen, werde das Projekt sistiert.

Schliesslich steuerten auch die BVB noch 1,6 Millionen Franken an die deutschen Baukosten bei, und dann kam endlich grünes Licht aus Stuttgart: 16 Millionen Franken sagte das Land Baden-Württemberg zu. Vom Landkreis Lörrach wurden 1,6 Millionen Franken zugesichert. Nun fehlte noch das Geld aus Weil. Im Februar 2008 genehmigte das Weiler Stadtparlament deutlicher als erwartet die Tramverlängerung und stimmte einem Beitrag an die Baukosten und die damit verbundene Erneuerung der Zollanlage in Höhe von 5 Millionen Franken zu.

Die Rahmenvereinbarung wurde Mitte Juni 2008 unterzeichnet. Darin verpflichtet sich der Kanton Basel-Stadt, die Fahrleistungen der Linie 8 bis an den Europaplatz in Weil zu finanzieren. Im Gegenzug übernimmt die Stadt Weil die alleinige Verantwortung für die Buslinie 55, die zwischen dem Claraplatz und Haltingen verkehrt. Die Inbetriebnahme der verlängerten Tramlinie ist für 2012 vorgesehen. Aus einem Fonds, der vom Kanton Basel-Stadt und der Stadt Weil jährlich zu gleichen Teilen gespeist wird, soll später die Erneuerung der Infrastruktur bezahlt werden.

Nicht so rasch vorwärts ging es mit dem zweiten Vorhaben, der Verlängerung der Linie 3 vom Burgfelder Zoll bis zum Bahnhof in St-Louis. Hier werden erst Studien erarbeitet. Die Verlängerung der Linie 11 wird auf Wunsch von St-Louis vorläufig nicht weiterverfolgt.

Kleinhüningen, Siloterrasse

Das Babuschka-Prinzip am Oberrhein

Wie die Regio-Strukturen übersichtlicher werden

Christian J. Haefliger

Immer wieder hört man, hier in der Regio gebe es zu viele Kooperationsgremien. Der Überblick fehle. Mithilfe des Bildes von den ineinander geschachtelten russischen Babuschka-Puppen (eigentlich: Matroschka-Puppen) kann hier Klarheit geschaffen werden. Aus dem Dschungel der Gremien und Instanzen, die heute ein dichtes Kooperationsnetz von den Schweizer Jurahöhen bis in den Raum Strasbourg/Karlsruhe bilden, soll am Ende des Textes eine Übersicht herausführen. Doch zunächst gilt es, die verwirrende Begriffsvielfalt auch geografisch-historisch zu klären.

Alle reden von der Regio, aber niemand weiss, was das wirklich ist

Heute trifft man nicht nur in unserem Dreiländereck auf eine Vielfalt von alltäglichen Regio-Bezeichnungen wie Regio-Velokuriere, einen Regio-Chor, eine Regio-Kleiderreinigung, eine Regio-Pizzeria, sondern es gibt auch einen Regio-Fahrplan im Engadin oder Regio-Züge in Berlin. Mit anderen Worten: ‹Regio› ist mittlerweile eine modische Verkürzung für alles Regionale geworden, hier und anderswo.

Der Begriff ‹Regio› war in den 60er Jahren als Bezeichnung für den Dreiländerraum um die Städte Basel, Freiburg, Colmar und Mulhouse eingeführt worden, eine Begriffsschöpfung aus dem Lateinischen von Geografen der Uni Basel und des 1963 gegründeten Basler Vereins ‹Regio Basiliensis›. Schon fünf Jahre zuvor hatten Initianten im deutsch-niederländischen Grenzgebiet für die gleiche Vision einer Grenzregion den Begriff ‹Euregio› geprägt. Heute gibt es europaweit viele Regios und vor allem Euregios.

Von der ‹Regio› zur ‹RegioTriRhena›

Diese Grenzregionen, oder präziser gefasst: diese grenzübergreifenden Regionen, haben jeweils längst einen Namenszusatz erhalten, sonst könnte man sie nicht voneinander unterscheiden. Und so musste es schon früh zu dem Missverständnis kommen, dass ‹Regio Basiliensis› eine Gebietsbezeichnung sei und nicht der Name der schweizerischen

Partnerinstanz für die Zusammenarbeit im trinationalen Regio-Gebiet. Denn die Partner in Freiburg und Mulhouse hätte man sicher nicht für einen gemeinsamen Namen mit einseitigem Basel-Bezug begeistern können. So war es nur folgerichtig, die ursprüngliche Bezeichnung ‹Regio› in den 90er Jahren zu ‹RegioTriRhena› zu erweitern. Etwa zur gleichen Zeit konstituierte sich im Gebiet zwischen Karlsruhe, der Südpfalz und dem Nordelsass das kommunale Netzwerk der ‹Regio Pamina›, die aber ihren Namen jüngst wieder in ‹Eurodistrict› verändert hat.

Dazu die Überlagerung mit der ‹Euroregion Oberrhein›

Die 1963 von Basel ausgegangenen grenzüberschreitenden Aktivitäten am südlichen Oberrhein wurden ab 1975 entscheidend nach Norden ausgedehnt: Wegen des zunehmenden Interesses der staatlichen Ebene wurde mit Gründung der Deutsch-französisch-schweizerischen Oberrheinkonferenz der bisherige Wirkungsperimeter der ‹Regio› (bzw. der ‹RegioTriRhena›) sozusagen nach Norden verdoppelt. Jetzt waren nicht nur das Oberelsass, sondern auch das Unterelsass mit Strasbourg, nicht nur Südbaden, sondern auch Nordbaden mit Karlsruhe und die Südpfalz ins Kooperationsgeschäft einbezogen – ein neuer Massstab, eine neue Gebietskulisse, mehr als 5 Millionen Einwohner umfassend, und dies nun unter dem Gebiets-Sammelbegriff ‹Euroregion Oberrhein›. Mit ihren rund zehn ständigen Arbeitsgruppen hat die Konferenz etwa 500 Zuständige aus den Behörden der drei Länder vernetzt.

Zurück ans Dreiländereck im Süden: der Eurodistrict Basel

Während die grossräumige staatliche Zusammenarbeit in den 90er Jahren durch das EU-Förderprogramm INTERREG noch eine deutliche Intensivierung erfuhr, entstanden parallel dazu kommunale Netzwerke in kleineren Teilräumen. So postulierten im Süden die Städte und Gemeinden der Dreiländer-Agglomeration Basel im Jahr 1995 eine ‹Zukunft zu dritt› für eine halbe Million Menschen. Dies ermöglichte in der Folge eine gemeinsame Raum- und Stadtplanung für diese ‹vergrenzte› De-facto-Stadt mit ihrem BS-Kern sowie den badischen, elsässischen und nordwestschweizerischen Mantelsektoren. Dazu kam, sozusagen als ‹Parlament›, die Nachbarschaftskonferenz der (vom Volk) Gewählten aus den drei Ländern. Solche Aktivitäten führten im Januar 2007 zur Gründung des ‹Trinationalen Eurodistricts Basel› für ein erweitertes Gebiet mit nunmehr über 800 000 Menschen. Unsere Babuschka-Grafik deutet auch die drei anderen seit 2005 konstituierten Eurodistricte an (von Süd nach Nord: ‹Eurodistrict Region Freiburg/Centre et Sud Alsace›, ‹Eurodistrict Strasbourg-Ortenau›, ‹Eurodistrict Pamina›).

Die räumliche Zuordnung der Gremien – das Babuschka-Prinzip

Hat man sich erst einmal mit den beschriebenen räumlichen Gegebenheiten vertraut gemacht, so fällt es leicht, jeder Gebietskulisse das zugehörige Kooperationsgremium zuzuordnen. Jede Babuschka-Puppe erlangt damit sozusagen ihre Daseinsberechtigung. Wissenschaftlich nennt man dies ein ‹Mehrebenen-Netzwerk›, weil eben auf den verschiedenen räumlich definierten Ebenen unterschiedliche Akteure im Spiel sind, zum Beispiel staatliche, kommunale, gemischtwirtschaftliche oder private.

Fazit I: Das Verwirrungspotenzial durch die vielen beteiligten Instanzen
Mit der Frage nach den Akteuren sind wir bei den jeweils aus den drei Ländern heraus agierenden Instanzen angelangt. Sie ‹speisen› die gemeinsamen grenzüberschreitenden Gremien. Die Gremien setzen sich somit aus den Instanzen zusammen. Die Zahl der Gremien ist überschaubar. Die Zahl der beteiligten Instanzen ist hingegen schier endlos, zum Beispiel die drei beteiligten Zentralstaaten, deutsche Bundesländer, deutsche Regionalverbände und Landkreise, französische Regionen, französische Departements, schweizerische Kantone, schweizerische Wirtschaftsverbände, die Städte und Gemeinden sowie die Universitäten in allen drei Ländern. Zudem muss wie bei den inländischen Binnenverhältnissen auch trinational zwischen legislativen und exekutiven Gewählten unterschieden werden, die dann wiederum ihre spezifischen Plattformen verlangen. So ergibt sich die verwirrende Dichte an grenzüberschreitenden Kooperationsformen aus der verwirrenden Dichte an Institutionen in den drei Ländern.

Fazit II: Trotzdem auch Verschlankungspotenzial bei den Gremien
Viele Akteure – das ist ja eigentlich wünschenswert, wenn man das Cross-Border-Business als wichtig erachtet. Doch dort, wo die Akteure zusammenwirken, in den trinationalen Gremien, haben sich inzwischen Überschneidungen und Doppelspurigkeiten ergeben, die nun nach einer klaren Arbeitsteilung und nach einer gemeinsamen und kohärenteren Kommunikation über Ziele, Mittel und Resultate der Zusammenarbeit nach innen und aussen rufen.

Gebiete, Gremien und Instanzen am Oberrhein

Gebiet	Trinationales Gremium	Beteiligte Instanzen
Euroregion Oberrhein	• D-F-CH-Regierungskommission (seit 1975, Plenum alle 3–5 Jahre)	• Aussenministerien Berlin, Paris, Bern • D-F-CH-Delegationen der Oberrheinkonferenz
	• D-F-CH-Oberrheinkonferenz (ORK) (seit 1975, Plenum 2x jährlich, seit 1996 mit gemeinsamem Sekretariat)	• D: Regierungspräsidien, Landkreise und Regionalverbände der Bundesländer Baden-Württemberg und Rheinland-Pfalz • F: Präfekturen des Elsass (Etat), Région Alsace, Départements Haut-Rhin und Bas-Rhin • CH: Kantonsregierungen Basel-Stadt, Basel-Landschaft, Aargau, Jura und Solothurn sowie ‹Regio Basiliensis› (Koordinationsstelle der Kantone)
	• Oberrheinrat (ORR) (seit 1998, Plenum 1x jährlich)	• D: Landtagsabgeordnete Baden-Württemberg und Rheinland-Pfalz • F: Regionalräte Region Elsass, Generalräte der Départements Haut-Rhin und Bas-Rhin • CH: Kantonsparlamentarier Basel-Stadt, Basel-Landschaft, Aargau, Jura und Solothurn
	• Dreiländer-Kongresse (seit 1988, alle 2–3 Jahre zu einem Schwerpunktthema)	• D-F-CH-Instanzen der Oberrheinkonferenz, des Oberrheinrats und Fachpublikum
	• INTERREG Oberrhein (EU-Förderprogramm seit 1990, Begleitausschuss 2x jährlich)	• Im Begleitausschuss grosso modo die D-F-CH-Instanzen der Oberrheinkonferenz • Für jedes Projekt eine eigene Projektorganisation
	• EUCOR (Europäische Konföderation der Oberrhein-Universitäten, Zweckverband seit 1989)	• D: Uni Freiburg, Uni Karlsruhe • F: Uni Strasbourg I, II, III und Uni Mulhouse • CH: Uni Basel
RegioTriRhena	• RegioTriRhena e.V. (von 1995 bis 2007 ‹RegioTriRhena-Rat› mit Plenum 2x jährlich, jetzt nur noch Dachverein mit Konferenz 1x jährlich)	• D: Regio-Gesellschaft Schwarzwald-Oberrhein • F: ‹Regio du Haut-Rhin› • CH: ‹Regio Basiliensis› (Verein)

Gebiet	Trinationales Gremium	Beteiligte Instanzen
		• Zudem Städte und Gemeinden, kommunale Gebietskörperschaften, Wirtschaftsverbände und Universitäten aus den D-F-CH-Teilgebieten
Eurodistrict Basel	• Trinationaler Eurodistrict Basel e.V. (TEB) (seit 2007, Mitgliederversammlung 1 x jährlich, Vorstand, Districtsrat nach Bedarf)	• 62 öffentlich-rechtliche Mitglieder: Städte und Gemeinden, Gebietskörperschaften und Verbände • Im Districtsrat 20 nordwestschweizerische, 15 badische und 15 elsässische ‹Gewählte›
	• ‹metrobasel› e.V. (seit 2005 ‹Plattform für Politik, Wirtschaft und Zivilgesellschaft›, 1 x jährlich ‹Forum›)	• Gebietskörperschaften, Firmen und Einzelmitglieder aus den D-F-CH-Teilgebieten

Weiterführende Informationen unter www.regbas.ch (mit Links zu allen hier erwähnten Institutionen).

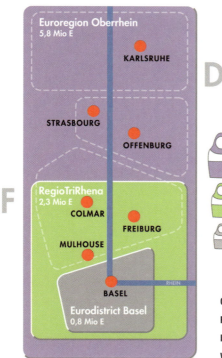

Oberrheinische Kooperationsräume nach dem Babuschka-Prinzip: Im Mehrebenen-Netzwerk verlangen die unterschiedlichen Akteure der verschiedenen Ebenen jeweils ihren eigenen Wirkungsperimeter. (E = Einwohner)

Radio X feiert Geburtstag

Festansprache am 12. September 2008

Georg Kreis

Radio X ist der gefeierte Jungstar dieses Wochenendes. Es feiert seinen 10. Geburtstag – ein schon langes Leben für jemanden, der täglich neu zur Welt kommen will. Ein derart langes Leben, dass man sogar einen Historiker aufgeboten hat, damit er die grosse Zeitspanne auch gebührend würdigt. Als Historiker kann man die Welt manchmal besser begreifen, als sie sich selbst versteht. Radio X weiss nicht, warum es den 12. September als Festtermin gewählt hat. Es mag ja äusserliche Gründe gegeben haben. Zum Beispiel weil beim Fussball gerade nicht viel los ist und auch Madonna nicht auf dem Floss singt. Warum der 12. September? Der Historiker kennt den wirklichen Grund, er weiss von der List der Geschichte, die den Daten jeweils Sinn verleiht.

Der 12. September ist der 1. August der modernen Schweiz. An einem 12. September wurde die Bundesverfassung des Bundesstaats in Kraft gesetzt. Radio X legt damit unbewusst ein doppeltes Bekenntnis ab: zur Schweiz und zur Modernität, das heisst zu einem aufgeschlossenen, kosmopolitischen Patriotismus, der die ganze Welt einschliesst und sich in rund zwanzig Sprachen ausdrückt. Ganze Welt und zwanzig Sprachen muss allerdings etwas relativiert werden: die ganze Welt, sofern sie in der Region Basel lebt, und zwanzig Sprachen, sofern nicht gerade alternative Klangmusik gesendet wird.

Wenn also das Jahr 1998 das Geburtsjahr von Radio X ist, so war es doch auch das Jahr des 150. Geburtstags der neuen Schweiz. Und eine der ersten Aktivitäten des damals gerade geborenen Radios bestand in der Unterstützung jenes Bundesfests mit dem Motto ‹Zämme läbe, zämme feschte›.

Wir können noch einen Moment bei der Gemeinsamkeit der 48er Verfassung und des 98er Radios bleiben. Wie die Verfassung eine damals supermoderne Staatsordnung schuf, so wurde mit Radio X ein supermoderner Sender geschaffen. Was heisst in diesem Fall supermodern? Nicht alles, was modern ist, ist super, cool oder tight. Das gemeinsame Super besteht darin, dass es variantenreich auf die wirklichen Bedürfnisse der real lebenden Menschen ausgerichtet ist.

Die Bundesverfassung ist nun bereits 160 Jahre alt, und sie musste schon mehrfach revidiert werden. Wahrscheinlich hat man sich beim letzten Gesamtumbau, der 1999 stattfand, auch von dem bereits seit einem Jahr im Äther präsenten Radio X inspirieren lassen. Denn da wurde in den Artikeln 7 und 8 festgehalten: «Alle Menschen sind vor dem Gesetze gleich.» Und: «Die Würde des Menschen ist zu achten und zu schützen.» In der früheren Verfassung war noch nicht von Menschen, sondern nur von Schweizern die Rede gewesen. Einigen war diese Umwandlung von Schweizern zu Menschen unheimlich, zu internationalistisch, zu kosmopolitisch – und sie haben sich darüber geärgert. Wir können dazu nur bemerken, dass diese Schweizer einfach noch zu wenig Radio X gehört hatten.

Was ist nun mit der Geschichte dieses famosen Radios? Da gibt es eine erste Phase des Kämpfens und Ringens um Freiheit, das heisst um einen kleinen Platz im grossen Äther. Der Wilhelm Tell der ersten Stunde im Kampf gegen die Basler und Berner Vögte ist auch noch der Wilhelm Tell von heute: Thomas Jenny. Bekanntlich steht aber hinter jedem erfolgreichen Mann, vor und neben ihm, eine Gruppe starker Frauen in verschiedenen Funktionen. In alphabetischer Reihenfolge seien hier nur gerade vier genannt: Natalie Berger, Nicole Bertherin, Linda Muscheidt, Nadine Rohner.

Jedenfalls: Aus nichts entsteht nichts. Was wir heute feiern, ist das momentane Resultat eines anhaltenden und nachhaltigen – *sustainable* – Engagements, auch von vielen freiwilligen Mitarbeiterinnen und Mitarbeitern und einer stets wachsenden Radiogemeinde.

Radio X muss das Jubiläumsjahr mit anderen teilen. Nicht nur mit dem liberalen Bundesstaat von 48, sondern zum Beispiel auch mit 68. Es schmälert das Verdienst von Radio X nicht, es legitimiert den Supersender vielmehr, wenn festgehalten wird, dass es Radio X ohne 68 nicht gäbe und umgekehrt 68 sozusagen umsonst gewesen wäre, wenn es Radio X nicht gäbe.

Radio X führt mit dem programmatischen Kontrastprogramm unter anderem auch 68 fort – 68, das nicht vor vierzig Jahren war, sondern seit vierzig Jahren ist und in den letzten zehn Jahren auch dank Radio X. Das historische 68 hat nicht das Monopol auf das Alternative. Nach ihm gab es durchaus eigenständige Gegenmomente. Diesen stehen die nun auch schon älteren Radio-X-Pioniere als ehemalige 80er oder 81er, als AJZ- und Stadtgärtnerei-Aktivisten wohl näher. Und dann kamen die vielen Migrationsmenschen hinzu, die das Leben in Basel bunter machen und mit Radio X ihre Stimmen haben.

Wenn Radio X nur 10 Jahre feiert, ist es eigentlich bescheiden. Im Blätterwald der Printmedien taucht es als Projekt und virtuelles Wesen nämlich bereits vor 14, 15 Jahren auf. Mit anderen Worten: Nach dem 10. Geburtstag in diesem Jahr könnte es im nächsten Jahr schon seinen 15. Geburtstag feiern. Denn bereits im Jahr 1994 gab es eine kleine Volksbewegung für Radio X mit 1001 Unterschriften für Medienminister Dölf Ogi, fast ein orientalisches Märchen von Tausendundeiner Nacht.

Wann etwas entstanden ist, ist oft schwer zu sagen. Wenn 1993 das Entstehungsjahr wäre, dann ist es das Jahr, in dem auch das Basler Europainstitut seinen Betrieb aufgenommen hat und gleichsam auf Sendung gegangen ist. Und wenn 1994 das Entstehungsjahr wäre, dann ist es das Jahr, in dem der Schweizer Souverän die Anti-Rassismus-Konvention angenommen hat. Das waren die guten, offenen 90er Jahre, deren 10- bis 15-jährigen Kindern jetzt ein wenig der inzwischen rauere Wind des engen und miefigen Zeitgeists ins Gesicht bläst.

Die 15-jährige Geschichte von Radio X ist auf ein paar Kilogramm Papier dokumentiert. Ein grosses Geheimnis bleibt dabei aber der Name von Radio X. Wenn etwas gut ist, fragt man sich nicht, warum es so heisst. Es ist einfach. Auf Nachfrage lautet die Auskunft: Das X stand lange für ein Provisorium (hatte man doch fünf Jahre lang um die Konzession gekämpft), ein provisorisches X also, bis man sich einen richtigen und definitiven Namen geben kann … und dann blieb es einfach dabei. In der ‹Programmzeitung› findet sich eine Deutung und passende Erklärung von Dagmar Brunner, die ihren Artikel mit einem Titel überschreibt, in dem gleich vier X auftauchen: ‹Extra xenophil und x-fach exzellent›. Der Name rechtfertigt sich auch damit, dass das Radio den Zuhörerinnen und Zuhörern keine Plastiksendungen zumutet und ihnen kein U für ein X vorzumachen versucht.

Winston Churchill soll einmal gesagt haben: «Je weiter man zurückblicken kann, desto weiter wird man vorausschauen.» Es müssen ja nicht immer Hunderte von Jahren sein. Ich will damit eigentlich nur sagen: Wenn Radio X heute Rückschau hält, tut es dies nicht in kitschiger Retro-Mentalität. Es steht einfach zu seiner Vergangenheit, man kann diese Revue passieren lassen, prüfen und dabei stolz feststellen, dass sich Radio X stets entwickelt hat, aber seinem Konzept stets treu geblieben ist. Radio X feiert 10 Jahre historische Existenz energiestark mit kreativem Blick in eine verheissungsvolle Zukunft. Wir gratulieren ihm – und uns – aus vollem Herzen.

Ciba – ein Traditionsunternehmen verschwindet

Mit der Übernahme durch den deutschen Chemieriesen BASF geht ein Kapitel Basler Wirtschaftsgeschichte zu Ende

Andreas Möckli

Die Überraschung war gross, als der deutsche Chemieriese BASF im September 2008 bekannt gab, Ciba übernehmen zu wollen. Der Basler Spezialitätenchemiekonzern war zwar schon seit Jahren in Schwierigkeiten: Trotz zahlreicher Restrukturierungsprogramme – oft mit Stellenabbau verbunden – war der Konzern unter Führung von Armin Meyer aber nie wirklich auf einen grünen Zweig gekommen, und Branchenbeobachter hatten deshalb bereits vermutet, Ciba werde mittelfristig kaum alleine überleben können. Dass das Unternehmen aber so schnell verschwinden würde, damit haben viele dann doch nicht gerechnet.

Der Name Ciba – Chemische Industrie Basel – ist untrennbar mit der Geschichte des Industriestandorts Basel verbunden. Mit Geigy, Sandoz und Roche gehörte Ciba jahrzehntelang zu den vier grossen Basler Chemie- und Pharmakonzernen. Ciba und Geigy waren die ersten beiden Firmen, die ihre Eigenständigkeit aufgaben. Ihre Fusion zur Ciba-Geigy im Jahr 1970 ging als ‹Basler Heirat› in die Industriegeschichte ein. Der neue Gigant verwies mit einem Umsatz von knapp sieben Milliarden Franken Roche und Sandoz klar auf ihre Plätze. Die Verbundenheit mit ihrer jeweiligen Vorgängerfirma war bei vielen Mitarbeitern aber so stark, dass sie ihr Unternehmen auch Jahre nach der Fusion zur Ciba-Geigy immer noch Geigy beziehungsweise Ciba nannten.

Verständlich also, dass das Verschwinden eines solchen Traditionsunternehmens Enttäuschung, Trauer und zuweilen auch Wut auslöst. Angesprochen auf die Übernahme durch BASF sprachen Ciba-Mitarbeiter von einer Schande, dass ihr Unternehmen so enden müsse. Auch ausserhalb des Chemiekonzerns wurde der Verlust «eines Stücks von Basel» bedauert. In Kommentaren im Internet und in Leserbriefen waren sich viele einig, dass der Niedergang des Unternehmens das Resultat von Managementfehlern sei. Einige Mitarbeiter gewannen der Übernahme durch BASF aber auch Positives ab, da man jetzt endlich wisse, woran man sei, und die Unsicherheit über die Zukunft der Ciba ein Ende nehme. An der ausserordentlichen Generalversammlung vom 2. Dezember 2008, bei der

der Weg zur Übernahme durch den deutschen Chemieriesen geebnet wurde, war von diesen Emotionen aber bereits nicht mehr viel zu spüren. Eine fast schon gespenstische Ruhe machte sich unter den siebenhundert Aktionären im Kongresszentrum der Messe Basel breit.

Letztlich muss man sich in Basel an den Gedanken gewöhnen, dass die hiesige Chemieproduktion nur noch eine untergeordnete Rolle spielen wird. Basis-Chemikalien können in Fernost weitaus billiger hergestellt werden als hier. Für spezialisierte, hochwertige chemische Produkte wird Basel aber weiterhin eine Rolle spielen. Schliesslich hat der Riese BASF angekündigt, den Sitz eines Unternehmensbereichs hier anzusiedeln.

Der Konzentrationsprozess in der Chemiebranche wird unaufhaltsam weitergehen. Wie Ciba hat auch die Konkurrentin Clariant seit Jahren mit dem harten Wettbewerb in der Industrie zu kämpfen. Die beiden Firmen konnten in den vergangenen Jahren die steigenden Rohstoff- und Energiekosten nur selten über höhere Preise weitergeben. Die bereits erwähnte Konkurrenz aus Asien verschärfte die Situation noch.

So gelang es weder Ciba noch Clariant, konstant zu wachsen und fortlaufend Gewinne zu schreiben. Kaum war ein Restrukturierungsprogramm abgeschlossen, zwang ein neuerlicher Verlust die Unternehmen zu weiteren einschneidenden Massnahmen. Zudem erschwerte sich das Management beider Firmen die Arbeit durch die Übernahme teilweise viel zu teurer ausländischer Firmen. Clariant – 1995 von Sandoz ausgegliedert – dürfte nur mit Mühe seinen eigenständigen Weg weiterverfolgen können.

Trotz des Verschwindens der Ciba befindet sich der Industriestandort Basel in einer starken Verfassung. Die sogenannte Life-Sciences-Branche, zu der neben der Pharma- und Chemieindustrie auch Biotech, Agrochemie und Medizinaltechnik gehören, hat sich in den vergangenen Jahren in der Region prächtig entwickelt. Neben den Pharmagiganten Novartis und Roche sowie dem Agrochemiekonzern Syngenta sind viele kleine Firmen, etwa im Biotechnologiebereich, entstanden. Einige dieser kleinen Biotechfirmen haben es bereits an die Börse geschafft, oder sie sind, wie im Falle des Allschwiler Pharmaunternehmens Actelion, ‹erwachsen› geworden. Mittlerweile hat die Region Basel im Bereich Life Sciences – was die Beschäftigtenzahl anbelangt – Paris und Mailand überholt und sich europaweit an die Spitze gesetzt. Weltweit befindet sich Basel an fünfter Stelle.

So bedauerlich der Verlust ihres Arbeitsplatzes für einen Teil der Ciba-Mitarbeiter und das Verschwinden eines Traditionsunternehmens auch ist, der Industriestandort Basel wird weiter gedeihen – trotz Finanz- und Wirtschaftskrise.

Das ‹Internetcafé› am Münsterplatz

In einem alten Haus entstehen die News von OnlineReports

Ivo Bachmann

Der Arbeitsort könnte nicht lauschiger, seine Adresse nicht interessanter sein: Im Herzen der Stadt Basel, am Münsterplatz 8, im zweiten Stock eines ehemaligen Domherrenhauses, befindet sich der Sitz von OnlineReports, das im Jahr 2008 sein zehnjähriges Bestehen feierte. Eine glückliche Fügung des Schicksals. Wer hier arbeiten darf, hat nicht nur einen herrlichen Ausblick auf Rhein, Pfalz und Münster; wer hier eintritt, taucht ein in Geschichte.

Das alte Haus gehört der altehrwürdigen, 1787 gegründeten Allgemeinen Lesegesellschaft Basel. Ihr erster Statthalter war Peter Ochs, Ratsschreiber, später auch Oberzunftmeister in Basel, ein Kämpfer für die Ideen der Aufklärung, ein Revolutionär. Ochs proklamierte 1798 die Helvetische Republik. Sie hatte ein kurzes Leben. Umso nachhaltiger wirkt der Geist der Aufklärung am Münsterplatz.

Hier unterhält die belesene Gesellschaft eine Bibliothek mit über 75 000 Bänden, und in den Lesesälen liegen 160 Zeitungen und Zeitschriften auf. Die Gründer der Gesellschaft wollten vor zwei Jahrhunderten «mit wenigen Kosten sich die Einsicht und Lesung der interessanten Journale, Zeitungen und anderer Neuigkeiten verschaffen»[1] – der Lesezirkel war sozusagen eine Art Internetcafé der Aufklärung. Und diesem Grundgedanken blieb man treu, bis heute. Die stilecht erhaltenen Räume am Münsterplatz sind eine Oase der stillen Konzentration und geistigen Weltverbundenheit.

Ausgerechnet in diesem Haus also, in einem geräumigen Büro, arbeitet seit 2004 auch Peter Knechtli, 59 Jahre alt, Journalist und Herausgeber von OnlineReports. Was zunächst befremdend wirkt, ist irgendwie ganz treffend. Da ist nichts auszumachen von der Garagenatmosphäre eines Start-up-Unternehmens und nichts von der Hängemattenkultur der Google-Welt. Man erreicht Knechtlis News-Fabrik über eine knarrende Holztreppe im Haus der Freunde gedruckter Werke.

Angefangen hat diese digitale Basler Form der Aufklärung vor rund zehn Jahren. Peter Knechtli war damals als freier Journalist vor allem für überregionale Zeitungen und

Zeitschriften tätig. Über ein elektronisches Archiv wollte er seine Texte auch den Menschen in der Region zugänglich machen, und dafür schien ihm das junge Medium Internet das geeignete technische Vehikel. Als Vorbild diente der amerikanische Online-Verleger Matt Drudge – ein «journalistischer Abstauber» (so das deutsche Magazin ‹Focus›). Drudge füllte seine Website mit Nachrichtenschnipseln, vielen Links zu Zeitungsberichten, allerlei Kommentaren und Gerüchten. Den grossen Scoop landete der Amerikaner mit einer Meldung über die Seitensprünge des damaligen US-Präsidenten Bill Clinton. Es war der Beginn der Lewinsky-Affäre und für den ‹Drudge Report› der Durchbruch zum Erfolg.

Peter Knechtli war mit seinem Online-Archiv weniger erfolgreich. Einerseits schien die Zeit noch nicht reif; erst eine Minderheit der Schweizerinnen und Schweizer nutzte das Internet regelmässig als Informations- und Kommunikationskanal. Andererseits stiess das Archivangebot auf wenig Interesse: Wer will schon nachlesen oder gar nachdrucken, was anderswo bereits veröffentlicht ist?

Knechtli verlagerte den Schwerpunkt seiner Online-Tätgikeit. Statt das Internet als Plattform für die Transmission seiner Zeitungsartikel zu nutzen, begann er, gut recherchierte Beiträge und interessante News ausschliesslich im Web zu publizieren. Im Zentrum stand das regionale Geschehen, im Fokus ein breiteres, politisch interessiertes Publikum. Das war der Schlüssel zum Erfolg. Peter Knechtli, eigentlich ein Journalist der alten Schule, hatte als einer der ersten Schweizer Medienschaffenden die neuen Möglichkeiten der digitalen Informationsvermittlung erkannt und genutzt.

Worin liegt der tief greifende Wandel durch die multimediale Welt? Was hat das Internet, nicht zuletzt im Redaktionsalltag, entscheidend verändert? Zunächst: Die Informationsvermittlung, die ‹Verlagstätigkeit›, hat sich demokratisiert, globalisiert und beschleunigt. Wer gedruckte Medien verlegen, wer Fernsehen oder Radio machen will, muss über finanzielle Mittel in Millionenhöhe verfügen. Wer eine Website einrichtet, kann mit einem Bruchteil der Kosten alles gleichzeitig tun: Texte verbreiten, Tonbeiträge zugänglich machen, Filme anbieten. Und er kann damit theoretisch jeden Nutzer zu jeder Zeit an jedem Punkt der Erde erreichen.

Zum Zweiten: Die Internetöffentlichkeit gestaltet sich interaktiv und dialogisch. Aus der reinen Informationsvermittlung ist ein Informationsaustausch geworden. Jeder, der Zugang zum Internet hat, kann dort Fakten recherchieren und überprüfen; er kann selbst Informationen verbreiten und zu jedem beliebigen Thema im Online-Forum einer Website seine Meinung bekunden. Die klassischen Massenmedien funktionierten lange Zeit viel monologischer: Die Redaktorinnen und Redaktoren arbeiteten primär quellen-, nicht kundenorientiert; sie wählten und gewichteten aus der Fülle täglicher Information jene paar Themen, von denen sie annahmen, dass sie auch für ihre Leserschaft von Relevanz und Interesse seien. Ein ernsthafter Austausch mit Lesern und Nutzern fand selten statt.

In der heutigen digitalisierten Welt entsteht Beachtliches – zum Beispiel die freie Enzyklopädie Wikipedia, die das Fachwissen von Usern auf der ganzen Welt versammelt. Es verbreitet sich aber auch viel Nonsens, viel heisse Luft. Dazu zählen manche Blogs (oder Weblogs), in denen häufig anonyme Schreiber über Gott und die Welt und den Brustumfang von Paris Hilton sinnieren. Sie finden aber oft nur ein kleines Publikum und werden in ihrer Bedeutung gerne überschätzt. Klar ist jedoch, wohin der weltweite Trend bei der Mediennutzung führt: weg von den klassischen Massenmedien wie der gedruckten Tageszeitung, soweit sich diese auf das Nachbeten der Nachrichten von gestern konzentriert. Hin zum interaktiven Informationsaustausch und zur selektiven Informationsbeschaffung über Online-Medien.

Für die 160 Zeitungen und Zeitschriften in den Sälen der Allgemeinen Lesegesellschaft Basel verheisst das vordergründig nichts Gutes. Die meisten werden Leser verlieren, manche werden sogar verschwinden. Für den Geist der Aufklärung sieht es besser aus. Denn die verbleibenden traditionellen Medien werden sich wegbewegen von der Masse zur Klasse; Hintergrund, Einordnung, Service, exklusive Leistungen sind gefragt. Gleichzeitig hat jeder neue Peter Ochs, jeder kleine oder grosse Revolutionär die Möglichkeit, seine Ideen von heute auf morgen online zu schalten. Er braucht keinen Verleger zu fragen, er muss keine Druckmaschinen kaufen. Er benötigt geistiges Format und technisches Geschick.

Peter Knechtli ist zwar kein Peter Ochs. Revolutionäres ist ihm fremd. Auch der Begriff ‹Internetpionier› wird ihm nicht wirklich gerecht. Knechtli wollte und will ganz einfach guten, spannenden, redlichen Journalismus machen. Früher in der Zeitung, heute im Internet. Das ist seine Stärke: die verlässlich recherchierte, schnell publizierte, zuweilen auch exklusive Information über das Geschehen in der Nordwestschweiz. Er erreicht damit rund 50 000 Nutzerinnen und Nutzer pro Monat, darunter manche Meinungsmacher der Region.

Eine Nische, gewiss. Wie klein, wie gross? Umsatzzahlen gibt Peter Knechtli nicht bekannt. Allein die Personalkosten sind überschaubar: Auf der Lohnliste steht nur der Herausgeber, auf der Honorarliste befinden sich die Namen von zehn regelmässigen freien Mitarbeiterinnen und Mitarbeitern. Einige Kolumnisten verzichten auf ein Honorar oder verlangen nur eine symbolische Entschädigung. Finanziert wird alles durch Werbeeinnahmen und über die Spendenerträge eines Recherchier- und eines Projektfonds. Das reicht aus, um ein wirtschaftlich funktionierendes, von der politischen Klasse respektiertes und als publizistische Alternative wichtiges kleines Medienunternehmen zu begründen. Eines mit knarrendem Aufgang. Aber ganz im Geist der Aufklärung.

Anmerkung

1   http://www.lesegesellschaft-basel.ch/ueber/geschichte.htm

Waaien, Holzofen, Hagelzucker

Die Bäckerei an der Riehentorstrasse

Antonia Bertschinger

Näherin, Buchbindergehilfe, Schuhmachermeister, Magazinknecht, Glätterin, Maurergeselle, Winderin, Kommis, Farbarbeiter, Scherenschleifer, Pflästerergeselle, Taglöhnerin, Magd, Gemüsehändlerin, Fabrikarbeiter, Sattlermeister, Bandweberin, Student, Maler, Büchsenleger: Dies sind einige Berufe von Menschen, die zwischen 1880 und 1940 an der Riehentorstrasse 18 als Mieterinnen und Mieter gelebt haben. Von 1726, als der Weissbeck Christoph Knöpf-Eglin im Erdgeschoss einen Backofen einbauen liess, bis heute gehörte auch immer ein Bäckermeister dazu: An der Riehentorstrasse 18 steht die älteste Bäckerei der Nordwestschweiz.

Diese wird seit nunmehr vierzig Jahren von Ruth und Hugo Brülhart geführt, die sich in dieser Zeit nicht nur wegen ihrer Nussgipfel, ihres selbst kreierten Malzbrotes und der En-gros-Produktion von handgemachten Ziibele- und Kääswaaien an der Fasnacht einen Namen gemacht haben – beide verfügen auch über einen unerschöpflichen Vorrat an Geschichten und Anekdoten über ihr altehrwürdiges Haus. Die meisten davon erzählen sie aus dem Gedächtnis, einige aber, wie etwa die Aufzählung der Berufe der ehemaligen Mieterinnen und Mieter, stammen aus einem Ordner voller kleiner Fichen, die im Laufe der Jahre von den Vorgängern des Bäckermeisters und verschiedenen Lokalforschern zusammengetragen worden sind.

Mit den Ziibelewaaien hat es im Übrigen eine besondere Bewandtnis: Als in einem Jahr die Waaien schon lange vor der Fasnacht ausverkauft waren, scherzte Bäcker Brülhart mit den enttäuschten Fasnächtlern: «Wenn ihr mehr Ziibelewaaien wollt, müsst ihr schälen helfen.» Und siehe da, 51 Wochen später meldete sich eine ganze Wagenclique zum Küchendienst. Seither werden jedes Jahr am Dienstag vor der Fasnacht in der Bäckerei 100 bis 120 kg Zwiebeln geschält, in der Küche des Waisenhauses gedämpft, wieder an der Riehentorstrasse 18 zu Waaien verarbeitet, gebacken – und gegessen. Backstube und Laden verwandeln sich während der Fasnacht in eine zum Platzen gefüllte Baiz.

Das Haus wird die alljährliche Invasion durch Larven, Trommeln und die dazugehörigen Menschen nicht aus der Ruhe bringen können; seit es 1411 erstmals urkundlich erwähnt wurde, hat es schon ganz anderen Stürmen standhalten müssen. So war 1784 «unter der Witwe des Bäckermeisters Studer-Stöcklin» ein Feuer ausgebrochen, und auch in den 50er Jahren des 20. Jahrhunderts wäre das Haus um ein Haar ein Raub der Flammen geworden. Es war damals üblich, in Bäckereiöfen Holz aus Abbruchliegenschaften zu verbrennen, und so brachte ein findiger Chauffeur eine Ladung altes Parkett statt in die Kehrichtverbrennungsanlage an die Riehentorstrasse 18 – zum Vater des heutigen Bäckermeisters Brülhart. Was Chauffeur und Bäcker nicht bedacht hatten: Das Parkett war auf einer Asphaltschicht aufgebracht gewesen und befand sich nach jahrzehntelanger Pflege mit Bohnerwachs in einem äusserst brennfreudigen Zustand. Kaum war es angezündet, entwickelten sich höllenartige Temperaturen, und der Ofen begann zu glühen. Die Familie musste evakuiert werden, eine Brandwache wurde abkommandiert, das letzte Stündlein des Hauses schien geschlagen zu haben. Der Ofen kühlte zwar langsam wieder ab, doch seine Tage waren gezählt: 1957 musste er dem elektrischen Backofen weichen, der bis heute seine Arbeit tut.

Von ganz anderer Seite drohte dem Haus Ungemach, als die Brülharts es Anfang der 90er Jahre umbauen und renovieren liessen. Ein besonders strenger Lebensmittelinspektor forderte damals unter anderem, die Kassettendecke im Laden solle durch eine Kunststoffplatte ersetzt werden, und in der Backstube müsse entweder die Decke erhöht oder der Boden abgesenkt werden – eine Backstube müsse, damit man darin arbeiten könne, mindestens 2,50 m hoch sein. Zum Glück konnte man den Inspektor, vielleicht unter Verweis auf die lange Reihe verblichener Bäckermeister, die ohne nennenswerte Probleme in der Backstube gearbeitet hatten, von seiner Meinung abbringen: Die Backstube ist heute in ihrer ganzen Kleinheit erhalten, und die Kassettendecke verbreitet im Laden die Atmosphäre einer Bürgerstube aus vergangenen Zeiten.

Ganz und gar nicht aus vergangenen Zeiten sind die Freuden und Leiden, mit denen Ruth Brülhart bei ihrer Arbeit im Laden in Berührung kommt. Die Kundschaft stammt zwar grösstenteils aus dem Quartier, ist jedoch – wie im Kleinbasel des 21. Jahrhunderts nicht anders zu erwarten – internationaler Herkunft. Schweizer Brot ist offensichtlich bei Menschen aller Nationalitäten beliebt, wobei Kundinnen und Kunden afrikanischer Abstammung eine erstaunliche Vorliebe für Parisette an den Tag legen; wahrscheinlich, so vermutet Ruth Brülhart, kommen sie aus Ländern, die einst unter französischer Kolonialherrschaft standen. Traurig stimmen sie – neben den immer wieder vorkommenden Diebstählen – die in letzter Zeit vermehrt auftauchenden organisierten Bettlerbanden, deren Mitglieder auch im Laden betteln kämen, und die Alkoholikerinnen, die frühmorgens gleich nach der Ladenöffnung ihr Frühstücksbier bei ihr kaufen möchten.

Bier aus der Bäckerei? Als ausgebildete Schuhverkäuferin fühlt sich Ruth Brülhart offenbar nicht an das klassische Bäckereisortiment gebunden und führt neben Brot,

Gipfeli und Gemüsewaaien auch allerlei Getränke, Konfitüren, Konserven und andere Artikel des täglichen Bedarfs. Doch im Zentrum stehen die Produkte aus der eigenen Backstube. «Gleicher Preis wie bei Migros, aber handgemacht», scherzt Ruth Brülhart. Handgemacht, das ist hier wörtlich zu nehmen, denn Hugo Brülhart bereitet nicht nur die Teige für die verschiedenen Brote und Backwaren selbst zu, sondern er mischt auch eigenhändig das Brät für die Wurstweggen und die Füllung für die berühmten Nussgipfel.

Individualität sei denn auch die beste – und einzige – Chance für einen unabhängigen Kleinbetrieb, um sich gegen die Konkurrenz der Bäckereiketten zu behaupten, die schon fast alle Kleinbasler Bäckereien geschluckt hätten, meinen die Brülharts. Sie suchen deshalb einen Nachfolger, der das Geschäft in ihrem Sinne weiterführen würde – beziehungsweise ein Nachfolgerpaar, denn wie ein Bauernhof wird auch eine kleine Bäckerei am besten von einem Ehepaar geführt, das in eine gemeinschaftliche Kasse wirtschaftet.

Das Ehepaar Brülhart ist zweifellos ein gut eingespieltes und erfolgreiches Geschäftsteam. Doch in einem wichtigen Punkt herrscht Uneinigkeit an der Riehentorstrasse 18: Wie schmeckt und wie heisst der perfekte Grättimaa? Ruth Brülhart hat auch hier über den eigenen Tellerrand hinausgeschaut und in der ganzen Schweiz sechzehn verschiedene Namen gefunden. Am besten gefällt ihr ausgerechnet der Zürcher Griitibänz, den sie obendrein am liebsten aus einem salzigen Zopfteig gebacken hätte, wie es in ihrer bernischen Heimat üblich ist. Ein salziger Griitibänz? Hugo Brülhart winkt ab: «Er heisst Grättimaa, und das Beste an ihm ist der Hagelzucker auf dem Bauch!»

Stadt und Gesellschaft

161 Martin R. Schütz
Parlamentarische Befindlichkeit
*Ein E-Mail-Austausch mit der Sozialwissenschaftlerin
und Politikerin Brigitta Gerber*

165 Marion Tarrach
beraber: Engagement für Verständigung und Toleranz
Sechs Jahre nach der Verleihung des Basler Preises für Integration

169 Maya Brändli, Beat von Wartburg
Von Tuvalu nach Kleinhüningen
Zum Gedenken an die Ethnologin Barbara Lüem

173 Rudolf Grüninger
Franz Heini – ein Leben im Dienste des Gemeinwohls
Mit seinem Tod hat die Stadt Basel einen ihrer treuesten Diener verloren

Parlamentarische Befindlichkeit

Ein E-Mail-Austausch mit der Sozialwissenschaftlerin und Politikerin Brigitta Gerber

Martin R. Schütz

Seit Aristoteles wissen wir, dass der Mensch ein zōon politikon ist – also ein von Natur aus auf die Polis bezogenes, eben ‹politisches› Lebewesen. Nach der Überzeugung des griechischen Philosophen kann der Mensch nur in der Stadt menschlich leben. Verneint er die Gemeinschaft, dann fällt er ins Tierische zurück. Wenn ich mir unsere postmoderne Mediengesellschaft anschaue, dann beschleicht mich zuweilen schon das Gefühl, dass wir Menschen mit diesem Rückfall zumindest sympathisieren. Wir drängen das ursprünglich Politische zunehmend aus der öffentlichen Wahrnehmung und schliessen dafür die Türe zu unserer Privatsphäre auf. Du, Brigitta, machst seit vielen Jahren Politik. Fühlst Du Dich mit diesem Engagement für die Gemeinschaft nicht zuweilen als Exotin?

Schön gesagt. Ich bemerke tatsächlich, dass das Interesse an Politik teilweise exotisch anmutet. Im privaten Umfeld beobachte ich interessanterweise zwei Reaktionen. Die einen fragen, warum ich mir das überhaupt antue und vermuten irgendwelche masochistischen Abgründe. Andere wiederum wenden sich an mich, wenn sie ein konkretes Anliegen haben oder ihre Ansichten zu Missständen deponieren wollen, was für unsere Arbeit als gewählte Politikerinnen und Politiker sehr wichtig ist. Die Reaktion der ersteren zeigt jedoch, dass es nicht mehr selbstverständlich ist und viele sich auch nicht mehr dessen bewusst sind, dass sie über politische Teilhabe unsere Gesellschaft demokratisch mitbestimmen könnten. Das ist erschreckend und nicht nur mit mangelndem staatskundlichem Wissen zu erklären. Wir alle hören täglich Negativ-Storys über politische Entscheide, Klüngeleien, Skandale und Fehler – weltweit, ungefiltert und stark emotionalisiert. Oftmals unterscheiden wir kaum noch zwischen den Ländern, den unterschiedlichen Parteien oder zwischen Politik und Privatperson. Politik hat einen unreinen, unehrlichen Beiklang bekommen. Da helfen auch milizparlamentarische Strukturen und die Beteiligung möglichst vieler Bürgerinnen und Bürger am System nicht.

Wenn denn überhaupt noch «möglichst viele Bürgerinnen und Bürger» am politischen Leben teilnehmen. In der politischen Philosophie, namentlich in der Diskussion zwischen Liberalen und Kommunitaristen, geht es ja nicht umsonst auch um die Frage, wie die Einzelnen wieder stärker in die res publica einzubinden sind. Ich beobachte, dass das Wissen um die traditionelle liberale Trennung zwischen Öffentlichem und Privatem schwindet. Die Medien tragen mit ihren Skandalisierungen oder Schattengefechten gewiss mit dazu bei. Ein weiteres Stichwort ist die Personalisierung auch der politischen Berichterstattung. Die Institutionen – Parlament, Regierung – werden weniger wahrgenommen, und damit nimmt auch ihre Wertschätzung ab. Die klassische Politikberichterstattung scheinen viele Journalistinnen und Journalisten heute als langweilig zu empfinden. Auf Teufel komm raus wird polarisiert, wobei die Gegenüberstellung von These und Antithese selten zu einer Synthese führt. Die Wirkung einer solchen Berichterstattung ist für den Meinungsbildungsprozess nicht wirklich nützlich: Haften bleibt oft, dass Du als Politikerin einen anderen Standpunkt einnimmst als dieser oder jener Parlamentarier. Deine Gründe und Argumente nimmt das öffentliche Bewusstsein nicht mehr auf.

An dieser Art der Wiedergabe unserer Arbeit in den Medien empfinde ich vor allem eines als problematisch: Als Politikerin kann ich Anliegen und Sachverhalte nicht mehr differenziert darstellen – mangels Differenziertheit entleeren sich jedoch die Inhalte. Inhalte lassen sich vielleicht vereinfacht wiedergeben, oftmals bedingen sie aber einen gewissen Grad an Komplexität der Darstellung. Für die Bevölkerung wird es dann immer schwieriger zu erkennen, weshalb etwas für sie wichtig ist – oder eben nicht. Ich will aber nicht einfach die Journalistinnen und Journalisten kritisieren. Denn natürlich sehe ich, dass der Raum für politische Berichterstattung zunehmend beschränkt wird. Ich frage mich aber, ob diese mittels marktwirtschaftlichen Argumenten dauernd nach unten nivelliert werden darf.

Mich beunruhigt weniger, dass der Raum für Politikberichterstattung schwindet – denn das stimmt nur bedingt. Die Art, wie über Politik berichtet und im Übrigen auch wie Politik betrieben wird, löst bei mir Fragen aus. Beides folgt immer häufiger den Gesetzen der Produktwerbung. Die Bürgerin als Leserin, der Bürger als Zuschauer: Sie wandeln sich sowohl als mediale Zielgruppe als auch in ihrem Verhalten zur Konsumentin und zum Konsumenten. Freilich, der Druck auf die Medien ist aus vielerlei Gründen stark gewachsen. Gehen wir also einfach einmal davon aus, dass Dein Einfluss auf einen differenzierten Meinungsbildungsprozess in der Bevölkerung, zumindest über die Medien, beschränkt ist. Wo stösst Du als Parlamentarierin sonst noch an Grenzen?

Der Einfluss von uns kantonalen Parlamentarierinnen und Parlamentariern ist zunehmend beschränkt – namentlich dort, wo übergeordnete Vorgaben, Regelwerke oder Staatsverträge gelten. Für einen Halbkanton wie Basel-Stadt trifft dies ganz besonders zu. Wir arbeiten viel stärker über Grenzen hinweg als andere Kantone. Nehmen wir zum Beispiel die gemeinsame Trägerschaft der Universität. Dort sind Gelder konkret gebunden; unser Einfluss als Parlament ist praktisch ausgehebelt. Eine weitere Beschränkung sehe ich darin, dass es oft sehr lange dauert, bis wir zu den Entscheiden kommen. Der schwierigste Aspekt ist allerdings, wie eingangs im Zusammenhang mit den Medien bereits angesprochen, dass in einer globalisierten Welt mit globalen Problemen unser Einfluss als Kantonsparlament beschränkt ist. Wichtig ist mir deshalb auch, mich in überregionalen oder weltweit tätigen Organisationen zu engagieren. So bin ich zum Beispiel Präsidentin von terre des hommes Schweiz. Viele machen es so. Ich kann mir auch vorstellen, dass sich nach den weltweiten Bankencrashs das Verhältnis zu den staatlichen Institutionen verändert.

Mein liberales Herz wünscht sich das, hat aber Zweifel. Mit einer gewissen Sorge erfüllt mich der Umstand, dass einzelne Parteien und Teile der Bevölkerung – verstärkt durch Medien – sehr abschätzige Töne gegenüber den demokratischen Institutionen in unserer liberalen Gesellschaft anschlagen. Die Wertschätzung, nicht im Sinne einer unkritischen Unterwürfigkeit, sondern verstanden als ein diesen Staat konstituierender Respekt, schwindet. Wie erlebst Du das, auch mit Blick auf Dein Jahr als Grossratspräsidentin, als ‹höchste Baslerin›?

Gerade als Grossratspräsidentin habe ich diesen Respekt vor dem Amt durchaus gespürt – weniger in den Medien, aber in der Bevölkerung. Die Berichterstattung über Person oder Auftritt einer Grossratspräsidentin wird meiner Erfahrung nach aufmerksam verfolgt. Wenn der mangelnde Respekt vor dem Amt im Empfinden des Publikums den guten Geschmack verletzt, dann setzt eine breite Solidarisierung ein. Etwas anders empfinde ich es als ‹normales› Parlamentsmitglied.

Aus meiner Sicht verhält sich das Publikum zu passiv. Eine Forderung der Medienethik betrifft die Herausbildung einer Publikumsethik, also von Werten und Regeln an denen sich Mediennutzerinnen und -nutzer in ihrem Konsumverhalten orientieren können. Denn nicht nur die Verleger und Verlegerinnen sowie die Journalistinnen und Journalisten stehen in der Pflicht, sondern auch die Rezipientinnen und Rezipienten. Mit der Medienethik verhält es sich aber leider wie mit der Wirtschaftsethik: Wir lehren sie an Universitäten und anderen Ausbildungsstätten; im Berufsalltag ist sie den Handelnden dann aber zu wenig bewusst. Du wirst als Politikerin also, nüchtern betrachtet, akzeptieren müssen, im Schaufenster zu sitzen. Du lebst ja auch von diesem Platz ... Was hat Dich dorthin getrieben?

Zu Beginn eines politischen Engagements ist man sich dessen wenig bewusst. Das Bewusstsein entsteht erst dann, wenn du plötzlich despektierliche Mails erhältst, weil du eine Meinung vertreten hast, die andere nicht teilen. Sehr belastend kann es sein, wenn diese Rückmeldungen bedrohlich sind und anonym erfolgen. Dass ich trotzdem im Schaufenster bleiben will – um Dein Bild aufzugreifen –, hängt mit den Gründen dafür zusammen, dass ich mich überhaupt ins Schaufenster gesetzt habe: Ich will etwas beitragen zu dieser Gesellschaft, in der ich lebe und die mir wichtig ist. Dabei fühle ich mich ja auch getragen – sei es von der Familie, von Freunden, Bekannten, meiner Partei ... Für mich ist es auch wichtig, dass möglichst jede Einwohnerin und jeder Einwohner dieser Stadt zumindest ein Parlamentsmitglied persönlich kennt und sich ermutigt fühlt, selber mitzugestalten. Umgekehrt ist es auch sehr bereichernd, dass wir als Parlamentarierinnen und Parlamentarier ganz unterschiedliche Menschen und ihre Standpunkte kennenlernen: die sogenannten kleinen Leute genauso wie Menschen aus den Chefetagen. Das ist interessant und herausfordernd.

> *Materiell bereichernd ist ein kantonales Parlamentsmandat nun allerdings nicht, wie ich höre ...*

Tatsächlich, die Arbeit ist recht zeitaufwendig. Allein für die parlamentarische Arbeit im Plenum und die Vorbereitung der Kommissionssitzungen muss man schon mit einem guten 20-Prozent-Pensum rechnen. Dazu kommen Sitzungen der Fraktion und der Partei. Finanziell entschädigt wird nur die Arbeit in den Sitzungen des Plenums und der Kommissionen, nicht die Vorarbeiten. Je nach Partei sind von dieser Entschädigung mehr oder weniger hohe Mandatsabgaben zuhanden der Parteikasse fällig. Wir geben beispielsweise 50 Prozent ab. Anders könnten die Parteien ihre Arbeit nicht machen, keine Abstimmungskämpfe führen – und von diesen gibt es gerade in der Schweiz nicht wenige.

beraber: Engagement für Verständigung und Toleranz

Sechs Jahre nach der Verleihung des Basler Preises für Integration

Marion Tarrach

Ein blaues Salzfässchen steht auf einem Regal im Büro von beraber an der Florastrasse 12 in Basel, eine Urkunde hängt an der Wand. Beides wurde zusammen mit dem Preisgeld des Basler Preises für Integration überreicht, den der Verein 2002 erhielt. Er brachte noch mehr Schwung in ein studentisches Projekt, das erst ein gutes Jahr zuvor gestartet war. Der Name ist auch heute noch Programm: ‹beraber› stammt aus dem Türkischen und heisst soviel wie ‹zusammen, gemeinsam›.

> *Der Basler Preis für Integration wurde 1999 von der Römisch-Katholischen und der Evangelisch-reformierten Kirche Basel-Stadt, von Novartis und der Christoph Merian Stiftung ins Leben gerufen. Er ist mit 15 000 Franken dotiert und wird für das Engagement für die Integration und das friedliche Zusammenleben unterschiedlicher Bevölkerungsgruppen in der Region Basel verliehen.*

Obwohl der aktuelle Vorstand von beraber keinen direkten Bezug zur Preisverleihung mehr hat, ist ein emotionaler Nachhall zu spüren. «Als ich zu beraber kam, wollte ich herausfinden, was es mit dem Salzfass auf sich hat», erzählt Vorstandsmitglied Nina Hobi. «Das Rätsel ist zwar ungelöst geblieben, aber ich sehe in diesem Preis ein ganz wichtiges Symbol für die Geschichte von beraber. Ein Studentenprojekt, das kurz nach seiner Gründung bereits eine solche Beachtung findet – das ist einfach toll.»

Wer Genaueres über beraber zur Zeit der Preisverleihung in Erfahrung bringen will, muss unter den Ehemaligen suchen. beraber funktioniert auf Vorstandsebene mit einer Mischung aus Kontinuität und Wandel. Alle zwei, drei Jahre erfolgt in der Regel ein Wechsel, wenn sich die Schwerpunkte innerhalb des Studiums der Vorstandsmitglieder verschieben. Toylan Senel ist einer von fünf Studierenden, die das Projekt im Jahr 2000 auf die Beine gestellt haben. «Wir wollten gemeinsam etwas schaffen, Hand bieten für Jugendliche und Kinder. Einige von uns hatten selber eine schwierige Schulkarriere hinter sich, mussten Umwege gehen bis zur Matur. Es gab Sprachprobleme, Schwierigkeiten, sich im Schulsystem, bei Ämtern und Behörden zurechtzufinden, die ganze Palette an Integrationshürden. Wir waren überzeugt davon, dass Bildung die Integration fördert, dass eine gute Ausbildung einem dabei hilft, dazuzugehören, einen Platz in der Gesellschaft einzunehmen. Diese eigene Erfahrung brachte uns auf die Idee, beraber zu initiieren.»

> *‹Lernen kann man erlernen› – unter diesem Motto unterstützt beraber Kinder und Jugendliche im Alter zwischen zehn und zwanzig Jahren bei ihren schulischen Problemen. Der Verein spricht vor allem Familien ausländischer Herkunft an, die sich anderen privaten Unterricht nicht leisten können. Den Förderunterricht erteilen Studierende mit dem Ziel, die individuellen Schwierigkeiten der Schülerinnen und Schüler anzugehen und gemeinsam mit ihnen an einer erfolgreichen Schullaufbahn zu arbeiten.*

Die Aufbauarbeit verlief für beraber nicht immer reibungslos. Ein Bedürfnis zu spüren, ist das eine. Alle Beteiligten von der Ernsthaftigkeit, Notwendigkeit und Qualität der eigenen Arbeit zu überzeugen, das andere. Senel erinnert sich, dass es seine Zeit brauchte, um bei Behörden, Schulen und in den Familien von beraber-Schülerinnen und -Schülern Vertrauen zu schaffen. «Das Umfeld musste uns als Organisation erst einmal kennenlernen und das Vertrauen gewinnen, dass wir nicht auf Profit aus sind. Wir führten viele Gespräche, bis sich die Türen zu öffnen begannen.»

> *Studierende, die Förderunterricht geben, erhalten für die Lektionen eine Entschädigung. Neben dem Unterricht leisten sie im Kontakt mit Eltern, Schulen und Behörden jedes Jahr viele Stunden ehrenamtliche Arbeit, die ganz im Zeichen der Integration steht.*

Der Integrationspreis kam für beraber genau zur richtigen Zeit. «Zuerst einmal war er eine Anerkennung für uns selber», meint Toylan Senel. «Es wurde uns von aussen bestätigt, dass wir auf dem richtigen Weg sind und unser Engagement wahrgenommen wird. Wir waren stolz und freuten uns riesig. Angesehene Institutionen haben uns Vertrauen entgegengebracht, was wir als Qualitätssiegel *par excellence* verstanden und ein grosses Medienecho auslöste. Diese Publizität stützte unsere Glaubwürdigkeit und trug dazu bei, dass der Verein wachsen konnte. Wenn Dritte auf einen zukommen und man nicht mehr selber jeden Kontakt herstellen muss, dann spürt man die Fortschritte. Rückwirkend betrachte ich diese Preisverleihung als Durchbruch und Etablierung unseres Projekts.»

> *Bei beraber Basel betreuen im Moment rund fünfzig Lehrkräfte – alles Studierende der Universität Basel und der Fachhochschule Nordwestschweiz – rund sechzig Schülerinnen und Schüler. In der Regel arbeitet man ein Mal pro Woche ein bis zwei Stunden miteinander.*

Drei Jahre nach der Verleihung des Basler Preises für Integration und viele Erfolgserlebnisse später konnte der beraber-Vorstand eine weitere Auszeichnung entgegennehmen: den Orange Award, mit dem Orange Schweiz und die Unicef Integrationsprojekte für Kinder würdigen. Damit verbunden war die Auflage, das Konzept zu multiplizieren und auf andere Städte auszudehnen. An zwei Orten ist dies bereits geglückt: Im Jahr 2006 fasste beraber in Zürich Fuss, Bern folgte 2008. Nina Hobi sieht noch weiteres Entwicklungspotenzial. «Im Moment rennen wir vor allem in Bern offene Türen ein. Wer weiss, vielleicht gibt es irgendwann ja sogar einen vierten beraber-Verein, denn die Schweiz verfügt ja noch über mehr Universitätsstädte.»

Diese Form der Expansion steht im Moment allerdings nicht im Vordergrund. Die Aufmerksamkeit gilt zum einen den internen Abläufen. Es sind Richtlinien erarbeitet worden, um die Aktivitäten aller drei organisatorisch unabhängigen beraber-Vereine aufeinander abzustimmen. Basel steht bei der weiteren Entwicklung von Bern und Zürich Pate, hat aber auch Energie in eigene Konzepte gesteckt, um noch mehr Nähe zu den Schulen und zu Treffpunkten von Ausländergruppierungen schaffen zu können. Nicht überall ist der Zugang gleich leicht, nicht alle lassen sich über Mund-zu-Mund-Propaganda erreichen.

Und wie lässt sich die Zielgruppe von beraber überhaupt beschreiben? Nina Hobi: «Wir haben so viele Klischees davon im Hinterkopf, was ein Migrationshintergrund ist. Die meisten unserer Schülerinnen und Schüler sind als Kinder von Ausländerfamilien in der Schweiz geboren. Sie haben es aber trotzdem mit Sprachbarrieren, Verständnis- und Verständigungsproblemen zu tun. In unserem Förderunterricht ist die Sprache immer ein Thema, obwohl wir allgemeinere, aber auch spezifischere Unterstützung bieten. Inzwischen sprechen wir als Lehrkräfte zum Beispiel Studentinnen und Studenten mit Fachwissen in Wirtschaft, Recht oder Buchhaltung an. Thematisiert werden auch soziale Probleme oder die Herausforderung eines Schulstufenwechsels und der Berufswahl.»

> *Lehrermangel braucht beraber nicht zu befürchten. Die meisten Lehrkräfte steigen mit grosser sozialer Motivation in den Förderunterricht ein, unabhängig von einem allfälligen eigenen Migrationshintergrund. Integration ist ein Miteinander – ein Zusammenwirken von jenen, die schon immer hier waren oder sich bereits integrieren konnten, und jenen, die neu hinzugekommen sind. Dank der Durchmischung der Lehrerschaft ist beraber selbst ein gelungenes Beispiel für interkulturelles Zusammenleben.*

Nina Hobi ist selbst als Lehrkraft im Einsatz. Es sind «die kleinen Geschichten, die mir am meisten Freude bereiten. Wenn ich zum Beispiel spüre, dass ich mit und für eine Schülerin wirklich etwas bewirken kann. Oder wenn ich erlebe, wie die Skepsis bei einem Schullehrer allmählich schwindet, ob einer seiner Schüler wirklich das Zeug hat, aufs Gymnasium zu gehen. Das sind Riesenschritte und tolle Erfahrungen.» Gespannt ist Nina Hobi darauf, ob in den nächsten Jahren ehemalige Schülerinnen und Schüler von beraber selbst zu Lehrkräften werden. Doch 2010 feiert der Verein in Basel erst einmal sein zehnjähriges Jubiläum. «Da haben wir einiges vor», meint Nina Hobi. Man glaubt es ihr.

Von Tuvalu nach Kleinhüningen

Zum Gedenken an die Ethnologin Barbara Lüem

Maya Brändli, Beat von Wartburg

Barbara Lüem konnte gar nicht anders, als die Welt um sich herum ethnologisch zu betrachten. Egal ob sie im Restaurant sass oder am Kiosk eine Zeitung kaufte: Stets beobachtete sie, fragte sich, wie dieser Kiosk genau funktioniere, welche Rolle die Kioskfrau einnehme, warum in ihrem Lieblingsrestaurant an diesem Tag ausgerechnet diese und nicht andere Leute zusammensitzen. Scheinbar banale Alltagsbetrachtungen verwob sie unablässig zu einem Ganzen, das sie dann ihren Freunden in Form genüsslich zerlegter, wunderbar humoristischer Geschichten mit zuweilen verblüffendem Ausgang präsentierte.

Im Januar 2008 ist die Basler Ethnologin und Autorin im Alter von 55 Jahren infolge eines Unfalls in ihrer Heimatstadt Basel gestorben.

Begonnen hat Barbara Lüem ihre Karriere am ethnologischen Seminar in Basel. Ihre erste grosse Feldforschung unternahm sie in Indonesien – ihr Spezialgebiet – und machte sie zur Grundlage ihrer Dissertation. Diese erschien 1987 unter dem Titel ‹‹Wir sind wie der Berg, lächelnd, aber stark». Eine Studie zur ethnischen Identität der Tenggeresen in Ostjava›. Anschliessend machte sie sich auf zu einer Weltreise. In der Südsee blieb sie buchstäblich hängen, im Ministaat Tuvalu, dem sie eigentlich nur einen zweitägigen Besuch abstatten wollte. Bei der Landung ramponierte ein Hund das Flugzeug; es dauerte drei Wochen, bis die Maschine wieder startklar war. So war Barbara Lüem in Funafuti gelandet, der Hauptinsel Tuvalus: ein winziges Atoll mit einem Hotel, einem kleinen Laden und 4000 Bewohnerinnen und Bewohnern, die sich freuten, dass die grosse, neugierige weisse Frau Ethnologin war.

Kurz vor ihrer Abreise fragte sie der tuvaluische Minister for education – ein studierter Soziologe –, ob sie zurückkommen wolle, um als Ethnologin für den Ministaat zu arbeiten. Denn eine Präambel in der Verfassung von Tuvalu, das 1978 von England in die Unabhängigkeit entlassen worden war, besagt, dass Entwicklung nur stattfinden dürfe, wenn sie tuvaluische Kultur und Werte nicht einenge. Geografisch ist Tuvalu ein

sonderbares Gebilde: acht Inseln, jede mindestens 100 Kilometer von der nächsten entfernt, dabei aber keine grösser als 2,5 Quadratkilometer, die höchste Erhebung 5 Meter hoch. Wenig Land, verteilt über ein riesiges Territorium, bevölkert von 12 000 Menschen, die zu jedem Fest ihre Baströcke tragen, um ihre Clanzugehörigkeit zu markieren. Ein Staat, der bereits im Jahre 2000 der UNO beigetreten ist, also zwei Jahre vor der Schweiz. 1988 kehrte Barbara Lüem als eine Art *cultural broker* nach Tuvalu zurück, beobachtete, wie der kleine Südseestaat geschickt uralte polynesische Traditionen aufleben liess, um mit den Anforderungen der Moderne zurechtzukommen. In den 1990er Jahren avancierte Tuvalu als *sinking paradise* zum Staropfer der Klimaerwärmung, dazu kam eine grassierende, aber absolut tabuisierte Aids-Epidemie, eine drohende Umweltkatastrophe wegen der Überbauung der Inseln und die massive finanzielle Abhängigkeit vom Ausland. Bis zu ihrem Tod engagierte sich die Ethnologin im vermeintlichen Südseeparadies, unterstützte ihre Freunde, ‹ihre Familien›.

Als sie 1993 von ihrer letzten Reise in den Inselstaat heimkehrte, traf sie im Basler Rheinhafen junge Tuvaluer, die traditionellerweise als Matrosen auf Hochseeschiffen anheuerten. Die Ethnologin entdeckte direkt vor der Haustür eine Welt, die scheinbar vertraut und doch so fremd war: Der Rheinhafen wurde zu ihrem nächsten grossen Forschungsprojekt. Jahrelang sammelte sie die Geschichten und Erinnerungen der Basler Rheinschiffer, Hochseematrosen, Schifferfrauen, tauchte immer mehr ein in diese erst ab 1930 entstandene Hafenkultur, die am äussersten Rand der Schweiz von der übrigen Nation kaum zur Kenntnis genommen worden war.

Dabei wurde sie auf das Archiv der Schweizerischen Reederei und Neptun AG aufmerksam, das im Hinblick auf die damals bevorstehende Übernahme durch die deutsche Rhenus AG aufgelöst werden sollte. Dank ihrem beherzten Eingreifen und mithilfe der Basler Christoph Merian Stiftung – mit der Stiftung und dem Christoph Merian Verlag arbeitete sie fortan immer wieder zusammen – gelang es, ein Stück (abgeschlossener) Schweizer Wirtschaftsgeschichte zu sichern. Nach einer Grobinventarisierung wurde das Bildarchiv ins Staatsarchiv Basel-Stadt und das Schriftgut ins Schweizerische Wirtschaftsarchiv Basel überführt. Barbara Lüem kommt das Verdienst zu, mit ihrer Überzeugungskraft und ihrer Hartnäckigkeit einen wesentlichen Teil der schriftlichen und ikonografischen Geschichte der Schweizer Rhein- und Hochseeschifffahrt gerettet und öffentlich zugänglich gemacht zu haben.

Am Ende ihrer Arbeit stand ein Film Barbara Lüems über die ‹Störtebekers›, den Basler Seemannschor, sowie die umfangreiche Publikation ‹Heimathafen Basel›[1]. Das Buch – heute ein Standardwerk zur schweizerischen Schifffahrt – ist nach allen Regeln der wissenschaftlichen Kunst verfasst, richtet sich aber an ein breites Publikum. Für die Schweizer Rhein- und Hochseeschiffer ist es zudem noch etwas ganz Besonderes, denn die Autorin hat ihnen damit nicht nur eine Geschichte, sondern auch eine Stimme verliehen und ein Stück Identität geschenkt.

Während ihrer Arbeit an diesem Buch hat Barbara Lüem den Fotografen Peter Moeschlin kennen- und schätzen gelernt. Sie erkannte, dass bei ihm ein wertvoller Bestand an Fotografien beziehungsweise historischen und ethnografischen Zeugnissen zu heben war. Der 77-jährige Moeschlin war bereits sehr krank und von Altersbeschwerden gezeichnet. Gemeinsam mit dem Fotografen Christian Baur, dem langjährigen Mitarbeiter und Freund Moeschlins, sichtete Barbara Lüem das Archiv und bewog Moeschlin im Jahr 2003 dazu, sein Werk der Christoph Merian Stiftung mit der Auflage zu vermachen, es für die Öffentlichkeit zu erschliessen. Sie befragte filmend den Fotografen, sicherte die wichtigsten Informationen über die Entstehung der Bilder und erstellte einen kommentierten Katalog. Zwei Monate nach Unterzeichnung des Schenkungsvertrags starb Moeschlin. Seit Oktober 2007 befinden sich die Bilder im Staatsarchiv und können nun von jedermann (auch über Internet) eingesehen werden.

Als freischaffende Ethnologin wandte sich Lüem seither einem neuen Themenkreis zu: den Gemüseproduzenten auf dem Basler Markt. Mit Umsicht stand sie fortan auf dem Marktplatz, um die Geschichte der aussterbenden elsässischen Gemüsebauern und Marktfahrer zu erforschen.

Gleichzeitig plante sie drei Basler Quartierporträts – von Kleinhüningen, Gundeldingen und St. Johann. Einem Reiseführer gleich sollten diese den Blick für quartiertypische Gebäude und Orte schärfen sowie deren Bedeutung für Geschichte und Gegenwart des Quartiers erhellen. Mit Sachkenntnis und Leidenschaft machte sie sich 2007 an die Arbeit für den ersten, Kleinhüningen gewidmeten Band. Sie traf sich mit Vereinsvertretern, Beizern, Seeleuten, Arbeitern, Historikern, Verkäuferinnen, Vertretern der Bürgerkorporation, Firmenchefs, Rheintaxifahrern und Künstlern. Aus den Gesprächen entstanden dichte Texte über das *global village* Kleinhüningen. Leider wurde die Autorin mitten in dieser Arbeit und viel zu früh aus ihrem Leben gerissen. Doch war das Manuskript bereits so weit fortgeschritten, dass das Buch erscheinen konnte.[2]

Mit Barbara Lüem verliert die Schweizer Ethnologie eine ebenso eigenwillige wie eigenständige Forscherpersönlichkeit, eine bemerkenswerte Frau, die es vortrefflich verstanden hat, zu den ‹Subjekten› ihrer Forschung – trotz Sympathie und Zuneigung – eine kritische Distanz zu wahren und ihre Resultate wissenschaftlich fundiert und allgemein verständlich zu vermitteln.

Anmerkungen

1   Lüem, Barbara: Heimathafen Basel. Die Schweizer Rhein- und Hochseeschifffahrt. Basel 2003.
2   Lüem, Barbara: Basel Kleinhüningen. Der Reiseführer. Hafen, Dorfidylle, Industriequartier. Basels Norden. Basel 2008.

Franz Heini – ein Leben im Dienste des Gemeinwohls

Mit seinem Tod hat die Stadt Basel einen ihrer treuesten Diener verloren

Rudolf Grüninger

‹Salus publica, suprema lex› (das öffentliche Wohlergehen ist oberstes Gesetz). Diesen Leitsatz an der Rückwand des Basler Grossratssaales hat keiner mehr verinnerlicht als Franz Heini. Er sass ihm 37 Jahre lang ohne Unterbruch am Arbeitsplatz seines parlamentarischen Wirkens gegenüber und hatte ihn so vom September 1968 bis Januar 2005 als Erster Sekretär des Grossen Rates und von Januar 2000 bis März 2005 auch als Sekretär des Verfassungsrates stets vor Augen. Drei Dutzend jährlich wechselnde Präsidentinnen und Präsidenten des Grossen Rates sowie sechs des Verfassungsrates durften dort fortwährend auf ihn und seine freundschaftliche Hilfsbereitschaft zählen, bei ihm Rat einholen und von seiner reichen Erfahrung profitieren. Er garantierte die Kontinuität in der Ratsarbeit und sorgte immer wieder für Ausgleich, wenn in heiklen, pragmatisch anzugehenden Fragen unnötige Auseinandersetzungen zu erwarten waren. Im Grunde genommen lenkte er, in der ihm eigenen Bescheidenheit sowie mit grosser Zurückhaltung, aber wirkungsvoll, die Geschicke der immer wieder neu zusammengesetzten Parlamente. Dabei ging es ihm immer um das rechtlich korrekte Ergebnis, aber auch um eine politisch praktikable Lösung. Unaufhörlich unterstrich er die demokratischen Rechte des Parlaments, stets hielt er den Entscheidungsträgern in absoluter Loyalität den ihnen zukommenden Spielraum frei. Auch für mich war es in meinem Präsidialjahr ein gutes Gefühl, diesen integren und freundschaftlichen Berater an meiner Seite zu wissen, der im Bedarfsfall für einen da war und darauf achtete, dass man nirgends unbedarft ‹in ein offenes Messer lief› oder ungeschickt agierte, der sich allerdings lediglich auf Wunsch einmischte.

Ich hatte indes schon früher Gelegenheit, von der fachlich kompetenten und äusserst angenehmen Zusammenarbeit mit Franz Heini zu profitieren. Anfang der 70er Jahre gab es zwischen der Vormundschaftsbehörde im Justizdepartement und dem Sozialpädagogischen Dienst der Schulen Basel-Stadt des Erziehungsdepartements, welches Franz Heini von 1972 an ein Vierteljahrhundert lang bis zu seiner Pensionierung im Sommer

1997 mit Umsicht und Tatkraft leitete, Schnittstellen und unklare Kompetenzabgrenzungen in Finanzierungsfragen. Diese führte Franz Heini eigenverantwortlich einer sachdienlichen Lösung zu, indem er mir, dem blutjungen Abteilungsleiter, vertrauensvoll finanzielle Mittel aus seinem Ressort zur Verfügung stellte, damit die Geschäfte in einer organisatorischen Grauzone zum Wohle der Schutzbefohlenen unbürokratisch abgewickelt werden konnten. Auch die Entstehung der regionalen Tagesschule für Sehbehinderte und Blinde ist seinem unentwegten Engagement zu verdanken, und zu einer Zeit, als es noch gang und gäbe war, geistig Behinderte abgesondert in der psychiatrischen Klinik unterzubringen, hatte er erfolgreich für Wohngemeinschaften plädiert, wie sie heute üblich sind.

Daneben setzte sich Franz Heini auch als Staatsbürger eifrig für öffentliche Belange ein. So amtete er mehrere Jahre als verdienstvoller Präsident des Neutralen Quartiervereins Bruderholz. Insbesondere aber war er ein weitsichtiges, treues Gründungsmitglied der Regio Basiliensis und dort 41 Jahre lang in verschiedenen wichtigen Funktionen im Vorstand und in der Begleitgruppe aktiv. Der E. Zunft zu Weinleuten stellte er seine allseits geschätzten Dienste von 1992 bis 2004 als Statthalter, Seckelmeister, Schreiber und Kellermeister zur Verfügung. Auch dort durfte ich einem sachkundigen, aber zurückhaltenden Vorgesetzten und liebenswürdigen Freund begegnen. Und er bewährte sich schliesslich, vor allem nachdem er all seine Ämter und Funktionen abgegeben hatte, freudig als ein zuverlässiger, liebevoller Grossvater.

Wo immer er dabei war, tat er dies mit unermüdlichem Einsatz (und fast immer erfolgreich). Aber er mochte es überhaupt nicht, im Mittelpunkt zu stehen; öffentliche Dankesbezeugungen waren ihm immer unangenehm. Umso mehr schätzte er die Stunden im Kreise seiner Familie, seiner Freunde und Weggefährten. Es musste schon etwas Aussergewöhnliches passiert sein, wenn an deren Geburtstag nicht das Telefon läutete und Franz Heini in seiner eher trockenen Art Glückwünsche übermittelte. Jedenfalls durfte bei dem versierten Weinliebhaber bei passender Gelegenheit – und deren gab es viele – ein wirklich guter Tropfen nicht fehlen. Er war ja auch ein richtiger Connaisseur der Weine und hatte schon als junger Mann zusammen mit Freunden guten Wein in Fässern gekauft und auf Flaschen gezogen.

In der für ihn typischen Stille ist Franz Heini am 12. August 2008 im Alter von 75 Jahren von uns gegangen. Mit seinem Tod hat Basel einen *homo politicus* im besten Sinne des Wortes – von denen es viel zu wenige gibt – verloren, aber auch einen liebenswerten Zeitgenossen, der vielen fehlen wird.

Kultur

183 Peter-Jakob Kelting
Spiegel in Scherben
Theater in Basel: Umbruch oder Kontinuität

187 Hannes Nüsseler
Eine Stadt sucht ihre Rolle
Balimage lanciert mit einer Studie zur Filmwirtschaft beider Basel die Diskussion um neue Fördermodelle

THEATER BASEL
CARMINA BURANA
6., 7., 9., 11., 12. und 14. September 2008
jeweils um 20.30 Uhr

Spiegel in Scherben

Theater in Basel: Umbruch oder Kontinuität

Peter-Jakob Kelting

Dieser Text ist eine Art Selbstversuch: Ist es möglich, über das Basler Theaterleben zu schreiben, ohne über Geld zu sprechen und dabei das leidige Dauerthema Sparen auszuklammern? Er stellt mithin die Art von Experiment dar, von denen die Wissenschaftler in den Labors der Chemiegiganten tunlichst die Finger lassen würden – weil die Erfolgschancen gen null tendieren. Zumindest der Versuch aber sei gestattet.

In ihrem Rückblick auf zehn Jahre Schindhelm-Ära konstatierte Christine Richard im Stadtbuch 2006 mit Blick auf die langfristige Zuschauerentwicklung eine «Zersplitterung des Publikums» und verwies auf das veränderte Freizeitverhalten und daraus resultierende (kulturpolitische) Folgen für die Theater nicht allein in Basel: «Das Bildungsbürgertum war anderweitig mit Freizeitaktivitäten und Business zu beschäftigt, um im grossen Stil für sein Stadttheater zu kämpfen.» Sie griff damit eine aktuelle soziologische Debatte über einen gesellschaftlichen Umbruch auf, der auch und gerade in Basel, dieser im Vergleich zu benachbarten Kommunen so ungemein vermögenden Region, voll durchschlägt. Die Segregation von Lebensstilen, so die übereinstimmende Erkenntnis der Gesellschaftswissenschaft, lässt die Erwartungen an urbane Lebensqualität und damit die kulturellen Vorlieben von in sich geschlossenen Publikumskreisen und ihrem jeweiligen ‹Geschmack› zunehmend auseinanderstreben.

Nicht (allein) die finanzielle Ausstattung ist das mittel- und langfristige Problem, sondern dass die Theater sich im Zuge dieser Entwicklung damit konfrontiert sehen, dass ihre gesellschaftliche Basis zu erodieren droht. Der Vorwurf, das öffentlich geförderte Theater repräsentiere selbst nur elitäre Partikularinteressen einer Minderheit, ist zwar einerseits haltlos, untersucht man die Publikumsbewegungen eingehender, etwa den hohen Anteil von jugendlichen Zuschauerinnen und Zuschauern, die die Angebote des Theaters wahrnehmen. Gleichwohl beschreibt diese ressentimentgeladene Denkfigur einen Riss zwischen Theater und Öffentlichkeit, der im gesamten deutschsprachigen Raum mit seiner weltweit einmaligen Theaterlandschaft in die Frage mündet: Für wen spielen wir eigentlich? Wer ist unser Publikum?

Das Theater verstand sich in seiner Geschichte immer auch als Spiegel der Gesellschaft und die Bühne als einen Ort, an dem das Publikum im Erkennen seiner selbst, seiner Leidenschaften und Triebe ebenso wie seiner gesellschaftlichen (Un-) Vernunft zur Selbst-Erkenntnis angestiftet wird. Die Entstehung von Stadttheatern verdankt sich der Überzeugung, dass die Unmittelbarkeit und Öffentlichkeit des Theaters den naturgemäss idealen Resonanzraum für die Formulierung öffentlicher Interessen darstellt. Als steingewordene Zeugen des bürgerlichen Emanzipationsprozesses sind Theater wie Bahnhöfe, Schulen, Krankenhäuser und Kirchen auf der inneren Landkarte einer Stadt, die den Namen verdient, neuralgische Schnittpunkte urbanen Selbstbewusstseins. (Dass dieser Status in Basel sogar ganz buchstäblich im Stadtplan nachzuvollziehen ist – der kürzeste Weg vom Bahnhof zum Barfüsserplatz führt schliesslich direkt durch das Foyer des Stadttheaters –, wirkt in diesem Zusammenhang wie eine beinahe pathetische stadtplanerische Geste.)

Die Idee eines ‹Theaters für die Stadt› (und mit Blick auf die besondere Basler Situation: für die Region) redet in keinster Weise populistischen Forderungen nach einem wie auch immer gearteten mehrheitsfähigen Theater das Wort. Dies ist ohnehin Fiktion, wenn man die empirischen Befunde über das Auseinanderfallen des Publikums in divergierende Publika bedenkt. Gemeint ist ein qualitativer Anspruch und damit verbunden der Appell an die Macherinnen und Macher ebenso wie die kulturpolitisch Verantwortlichen, diesen Anspruch selbstbewusst zu reformulieren.

Zurzeit lassen sich in Basel vier unterschiedliche Strategien erkennen, Theater als Ort des öffentlichen Diskurses zu behaupten. Die für eine Stadt wie Basel überaus reiche und vielfältige Privat- und Kleintheaterszene sichert ihre Existenz erfolgreich im programmatischen Schulterschluss mit den Bildungs- und Unterhaltungsbedürfnissen ihrer treuen Klientel zwischen Boulevardstücken und ‹werktreuen› Klassikerinszenierungen, Kabarett und Comedy, konfektionierten Musicalaufführungen, Mundart- und Märlitheater.

Ganz anders geht das Vorstadttheater zu Werke, das nach dem sympathisch geräuschlos vollzogenen Generationswechsel in der Leitung im engen Kontakt zu seinem jungen Publikum kontinuierlich einen eminent wichtigen Beitrag zur ästhetischen Bildung in ihrem ursprünglichsten Sinne leistet. Die Auszeichnung Uwe Heinrichs mit dem Kulturpreis der Stadt Basel für seine Verdienste um das Junge Theater und dessen nachhaltige Jugendarbeit belohnt zu Recht das Beharrungsvermögen eines Theatermachers, der das ‹Dicke-Bretter-Bohren› geradezu zu seinem persönlichen Credo erhoben hat und daraus immer neue künstlerische Funken zu schlagen vermag.

Gegenüber der Pflege der Kontinuität setzen sich das Theater Basel und die Kaserne schon allein aufgrund der personellen Revirements ab. Ersteres konnte sich nach der Unruhe um den Leitungswechsel unter der Direktion von Georges Delnon in der zweiten Spielzeit konsolidieren – künstlerisch wie in der Gunst des Publikums. Das Musiktheater punktete mit einem pluralistischen und zunehmend erfolgreichen Mix aus kräftigen

Regiehandschriften, hohem musikalischen Niveau und lustvollen Ausflügen in das Unterhaltungsgenre. Dass die durchaus verständliche Skepsis gegenüber einer allzu meinungsfreudigen Postulierung eigener Vorlieben und Geschmäcker mit dem Generalverdacht belegt wird, konzeptionell vage zu bleiben, kann Operndirektor Dietmar Schwarz gelassen in Kauf nehmen, zumal wenn die programmatische Vielfalt wie in diesen Tagen internationale Würdigung erfährt und Hans Neuenfels' aufsehenerregende ‹Penthesilea›-Regie zur Operninszenierung des Jahres gewählt wird. Und kulturpolitisch trägt ein Kraftakt wie ‹Carmina Burana› im Amphitheater von Augst wahrscheinlich mehr dazu bei, die starren Fronten zwischen Gegnern und Befürwortern einer kantonsübergreifenden Trägerschaft des Theaters aufzuweichen als jede martialische Politikerrede.

Beim Ballett zahlt sich die Kontinuität aus, mit der Richard Wherlock seine Compagnie mittlerweile in die achte Spielzeit führt. Die Verquickung traditioneller Tanzstile mit Elementen modernen Tanztheaters, die die Arbeit der Truppe ausmacht, findet jedenfalls zunehmend ihr Publikum.

Die deutlichste Signatur hat das Schauspiel unter Elias Perrig seinem Programm verpasst, indem er ausser auf ein Ensemble von bemerkenswerter Qualität auf die Pflege zeitgenössischer Dramatik setzt. Und es sind vor allem die Inszenierungen aktueller Stücke – wie etwa ‹Next Level Parzival› von Tim Staffel in der Regie von Sebastian Nübling, ‹Verbrennungen› von Wajdi Monawad auf der Kleinen Bühne und ‹Liebe und Geld› von Dennis Kelly –, die zu den eindrücklichsten Erlebnissen und zugleich erfolgreichsten Produktionen des letzten Theaterjahres zählen. Mit dem ‹Stück Labor Basel› macht sich das Theater Basel zudem um die Entwicklung aktueller Schweizer Dramatik verdient. Dass diese Profilbildung mehr als der Versuch ist, eine Marktnische zu besetzen, sondern von dem Bedürfnis getragen wird, die Herausforderungen der Gegenwart künstlerisch kreativ anzunehmen, hat sich in der kurzatmigen Wahrnehmung der veröffentlichten Meinung noch nicht durchgesetzt. Und so sympathisch die Abneigung dagegen ist, sich aus der geschützten Warte des Dramaturgenbüros als Zentralkomitee des Zeitgeistes aufzuplustern, so erkennbar ist aber auch, dass die Fokussierung auf aktuelle Dramatik ein deutliches Mehr an Vermittlungsarbeit und Vernetzung erfordert.

An diesem Punkt setzt die neue Leitung der Kaserne um Carena Schlewitt an, indem sie aus der Not eine künstlerische Tugend macht. Sie versucht, den verloren gegangenen Zusammenhang zwischen einem der schönsten Schweizer Veranstaltungsorte für freies Kultur- und Theaterschaffen und dem sozialen und kulturellen Umfeld Kleinbasels wiederherzustellen. Das Eröffnungswochenende unter dem Motto ‹Mit Nachbarn› füllte diesen Anspruch künstlerisch mit Leben, durch Recherche- und Performanceprojekte, die neben nationalen und internationalen Acts in der Reithalle das ganze Areal vom Boxclub bis zum Jungen Theater und dem Vorplatz einbezogen. Neben dieser Geste an das Publikum *und* die städtische Öffentlichkeit (auch wenn sie nicht gleich in Scharen auf das Kasernenareal strömt) wirkt die neue Kasernen-Leitung zugleich aktivierend in die

‹Szene›, für die das Haus nicht mehr lediglich Spielstätte, sondern Produktionsort und *melting pot* für Projekte und Ideen zu werden verspricht. Diese seismografisch sensible Durchlässigkeit in Richtung potenzieller Zuschauerinnen und Zuschauer ebenso wie in Richtung der Macherinnen und Macher verlangt auf allen Seiten einen langen Atem, da auch im freien Theater die Zeit der grossen konzeptionellen und ästhetisch-innovativen Würfe vorbei ist und es eher die intimen und offenen Theaterformen sind, mit denen das Feld tastend erkundet werden kann.

Es liegt in der Tradition des flexibleren freien Theaterschaffens, dass es gesellschaftliche Umbrüche sensibler aufspürt und in künstlerische Prozesse verwandelt, als es einem ‹Leuchtturm› wie dem Theater Basel mit seinem viel beschworenen Leistungsauftrag eines kulturellen Dienstleistungsbetriebes in KMU-Grösse möglich ist. Dennoch wird es interessant sein, zu beobachten, in welcher Weise die Signale zur künstlerischen Öffnung der Kaserne hin zur aktuellen Gemengelage, die der gesellschaftliche Umbruch mit sich bringt, auch auf das Selbstverständnis und das Programm des Traditionshauses ausstrahlen.

Eine Stadt sucht ihre Rolle

Balimage lanciert mit einer Studie zur Filmwirtschaft beider Basel die Diskussion um neue Fördermodelle

Hannes Nüsseler

Prägend für das Selbstverständnis und Selbstbild einer Region ist nicht zuletzt die achte Kunst – der Film. Dank erfolgreicher Stadtgeschichten wie ‹Happy New Year› von Christoph Schaub schafft es die ‹Downtown Switzerland› Zürich beispielsweise, ihren Ruf als Kreativplatz weit über die Kantonsgrenzen hinaus zu festigen. Umso erfreulicher, dass der Schweizer Filmpreis 2008 auch eine Basler Produktion bedachte: ‹Happy New Year›-Schauspieler Bruno Cathomas wurde als bester Hauptdarsteller in ‹Chicken Mexicaine› ausgezeichnet. Der Film von Regisseur Armin Biehler spielt im Basler Schällemätteli, die Stadt am Rheinknie selbst bleibt allerdings hinter dicken Gefängnismauern ausgesperrt.

Branchenanalyse und Vernetzung

Ohne den Symbolgehalt von ‹Chicken Mexicaine› überbewerten zu wollen: Die hiesige Filmszene darbt. Zwar reichten die beiden Basler Halbkantone für den Schweizer Filmpreis 2008 tausend Minuten Film ein, was einem Zuwachs von 271 Prozent gegenüber 2004 entspricht. Diese gesteigerte Produktivität wurde nicht nur mit einem Darstellerpreis für Bruno Cathomas belohnt, Stefan Schwieterts ‹Heimatklänge› wurde zudem als bester Schweizer Dokumentarfilm ausgezeichnet. Und doch ist das vermeintliche Basler Wunder keines. Mit einem Produktionsvolumenanteil von nur 3,6 Prozent am gesamtschweizerischen Filmschaffen liegen die beiden Halbkantone weit zurück, bei der Unterstützungsleistung pro Filmminute belegen sie gar den vorletzten Platz. Der bis anhin nur gefühlte Grad der Selbstausbeutung lässt sich nun durch Zahlen erhärten, nachzulesen in der von Roy Schedler und Sibylle Omlin verfassten Studie zur ‹Filmwirtschaft der Kantone BS und BL›[1].

In Auftrag gegeben wurde die Studie von Balimage, dem 2007 gegründeten Verein zur Förderung von Film und Medienkunst in der Region Basel. Ziel des Vereins ist es, der Marginalisierung und Abwanderung der Basler Szene entgegenzuwirken, wozu nebst der Vernetzung innerhalb der Branche auch die materielle Komponente einer wirtschaftlichen Verbesserung, namentlich der Förderstrukturen, gehört. Man habe sich schon vor längerer Zeit in einer losen Gruppierung von Filmproduzenten und Verleihern gefunden, so Pascal Trächslin, Balimage-Pressesprecher und Geschäftsführer der Cineworx GmbH. Die Christoph Merian Stiftung, mit welcher der Gedankenaustausch früh gesucht worden war, hatte eine Studie als Grundlage für eine breitere Diskussion angeregt. Die besondere Herausforderung dieser Studie bestand darin, der «generellen Kleinteiligkeit der Filmwirtschaft in den Kantonen BS und BL» sowohl in Bezug auf die Beschäftigten wie auf ihre Erzeugnisse gerecht zu werden.

Filmschaffen und Standortpolitik

«Filmschaffende sind fast immer Grenzgänger», hält die Studie fest. Die ideologische Trennung zwischen Autoren- und Auftragsfilm sei zwar längst überholt, versperre aber noch immer den Blick auf die «strukturellen Beziehungen» zwischen den Branchensegmenten – gilt der Industriefilm doch weiterhin als eigentliches Rückgrat der heimischen Filmwirtschaft. Die von den Verfassern der Studie ermittelten Daten bestätigen dies, mit 82 Prozent machen die Auftragsfilme den Hauptteil aller Produktionen aus, der Spielfilm bleibt mit gerade einmal 2 Prozent eine vernachlässigbare Grösse. Auch der Beitrag der Filmbranche zur Wirtschaft insgesamt ist bescheiden: 76 Betriebe erzielen mit einem Umsatz von 33 Millionen Franken nur gerade 0,06 Prozent aller steuerbaren Umsätze in den Kantonen Basel-Stadt und Basel-Landschaft. Und dennoch sei der Einfluss der Branche nicht zu unterschätzen, so die Studie: Film als Teil einer wissensbasierten Ökonomie weise «enge Bezüge» zu Innovations-, Bildungs- und Regionalpolitik auf.

Kulturförderpolitik – «und damit auch die Unterstützung und Pflege einer lebendigen Filmszene» – sei immer Teil der Standortpolitik, weshalb eine Vernachlässigung oder Geringschätzung staatlicher Kulturpflege einen «schwerwiegenden Verzicht» auf Leistungen zur Wettbewerbsfähigkeit und Imagebildung bedeute. Während andere Kantone ihre Filmfördermittel zwischen 2004 und 2007 fast verdoppelten, betrug das Wachstum in Basel nur gerade 8 Prozent. Eine magere Bilanz, die durch die Erhöhung von 400 000 Franken auf neu eine halbe Million Franken Fördergelder nur leicht aufgebessert wird. Dabei war die Basler Filmförderung, die in den 80er Jahren im Zusammenhang mit der Videokunst entstand, eine der ersten überhaupt. Doch der innovative Vorsprung ist, wie in einem Exkurs der Studie dargelegt wird, längst eingebüsst. Die Filmförderung der Museumsstadt Basel orientiert sich weiter an der bildenden Kunst.

Aufbruch und ein Basler Filmtag

Will das Basler Filmschaffen nicht von der Unterstützung durch andere Kantone oder das Bundesamt für Kultur abhängig sein, braucht es eine neue Förderpolitik. Neben den Hunkeler-Verfilmungen, die grösstenteils vom Schweizer Fernsehen SF finanziert wurden, erzählen nur ‹Geld oder Leben› von Jacqueline Falk und ‹Chicken Mexicaine›

Geschichten aus der Region. Und diese Filme wurden von Zürcher Firmen oder privat finanziert. Zu den Diskussionsvorschlägen der Studie gehören deshalb die Erweiterung der Finanzierungsbasis, etwa durch den Lotteriefonds, eine interkantonale Zusammenarbeit im Stil des Welschschweizer ‹Fonds Regio Films› oder grenzüberschreitende Kooperationen – Anregungen, die anlässlich der Präsentation der Filmstudie von einem hochkarätigen Podium (unter anderem mit Nicolas Bideau, Leiter Film Bundesamt für Kultur, und Michael Koechlin, Leiter Ressort Kultur Basel-Stadt) angeregt und kontrovers besprochen wurden.

Für Balimage hat die Studie lange schlummernde Kräfte freigesetzt. «Das hat es noch nie gegeben, dass die Szene so geschlossen etwas zu erreichen versucht», freut sich Trächslin. «Diese Aufbruchsstimmung gilt es zu nutzen.» Dabei wolle man nichts überstürzen und zuerst den konstruktiven Dialog mit den Kulturdepartementen beider Basel suchen. Und das Potenzial des Kulturguts Film ins rechte Licht rücken: «Für nächstes Jahr wollen wir einen Basler Filmtag mit eigenem Preis lancieren», kündigt Trächslin an.

Anmerkung

[1] Schedler, Roy/Omlin, Sibylle: Filmwirtschaft der Kantone BS und BL – Branchenanalyse und ökonomische Rahmenbedingungen. Studie im Auftrag des Vereins Balimage. Basel 2008.

Wissenschaft und Bildung

195 Rolf Zenklusen
Studierende rücken näher zusammen
*Die Universität Basel arbeitet an vierzig Standorten in der Stadt,
künftig sollen die Aktivitäten auf einer neuen Campus-Meile konzentriert werden*

197 Beate Eckhardt, Georg von Schnurbein
Das erste Schweizer Stiftungszentrum an der Universität Basel
*Wissenschaftliche Forschung, Weiterbildung und Dienstleistungen
im Mittelpunkt des neuen Centre for Philanthropy Studies (CEPS)*

Studierende rücken näher zusammen

Die Universität Basel arbeitet an vierzig Standorten in der Stadt, künftig sollen die Aktivitäten auf einer neuen Campus-Meile konzentriert werden

Rolf Zenklusen

Die Tätigkeit der Universität Basel erstreckt sich auf über vierzig Standorte in über neunzig Gebäuden der Stadt. Dagegen wolle er etwas unternehmen, hatte Uni-Rektor Antonio Loprieno bereits im Mai 2007 erklärt und seine Strategie für eine Standortkonzentration vorgestellt: Entlang der Achse Petersplatz, Schällemätteli und Brückenkopf Volta solle in den nächsten fünfzehn Jahren eine eigentliche universitäre Campus-Meile entstehen. Die Life-Sciences sollen auf dem Geviert Schällemätteli untergebracht werden, die exakten Naturwissenschaften (Mathematik, Physik, Nano, Informatik und Chemie) auf dem Brückenkopf Volta unterkommen. Die Geistes- und Sozialwissenschaften schliesslich werden rund um den Petersplatz angesiedelt.

Im Oktober 2007 wurde bekannt, dass die Ökonomen den Rosshof verlassen. Angesichts der engen Platzverhältnisse am Petersgraben 51 sei er über den bevorstehenden Umzug sehr erleichtert, sagte damals Silvio Borner, Dekan der Wirtschaftswissenschaftlichen Fakultät. Anfang 2009 sollen die Ökonomen ihre Kisten packen und in den neuen Flügel des Jacob-Burckhardt-Hauses hinter dem Bahnhof zügeln. Borner freut sich auch über die Nähe zu den Juristen, die schon früher in dieses Haus gezogen sind.

«Wir wollen unbedingt an den Petersplatz und würden den Rosshof mit Handkuss nehmen», liess sich daraufhin Olivia Hochstrasser, Geschäftsführerin des Historischen Seminars, vernehmen. Auch die Philosophisch-Historische Fakultät hat für das Departement Altertumswissenschaften grosses Interesse an diesem Standort angemeldet. Seit November 2008 steht fest, wer das Rennen gemacht hat: Es sind die Altertumswissenschaftler; sie werden Anfang 2010 in das beliebte Gebäude einziehen.

Aber auch für die Historiker gibt es in absehbarer Zeit eine neue Bleibe: Sie sollen die frühere Gewerbeschule am Petersgraben 52 neben dem Kollegiengebäude beziehen. Dort sind vorerst noch die Zentralen Informatik-Dienste (ZID) des Kantons Basel-Stadt untergebracht, bis sie in einen Neubau zügeln. «Erst wenn die Historiker in den Petersgraben 52 gezogen sind, werden wir eine einigermassen nachhaltige Struktur bei den Geistes- und Sozialwissenschaften haben», erklärte Antonio Loprieno im November 2008.

Klar ist ebenfalls die Zukunft des Biozentrums. Dass das Gebäude des bestdotierten Departements und Vorzeigeinstituts der Universität Basel an der Klingelbergstrasse 70 sanierungsbedürftig ist, haben Fachleute seit Längerem erkannt. Dennoch liess man sich Zeit für eine Lösung – bis die Regierungen beider Basel Ende Oktober 2008 einen Planungskredit von 22 Millionen Franken freigegeben haben. Damit kann gleich nebenan, an der Spitalstrasse 41, als erste Ausbauetappe des Standorts Schällemätteli ein «neues Biozentrum mit einem erweiterten Angebot» im Detail geplant werden. Gerechnet wird mit Baukosten von rund 300 Millionen Franken; bis 2015 könnte das Gebäude bezugsbereit sein. Zusätzlich zu den Labors und Forschungsräumen sind ein Hörsaal, ein neues Universitätsrechenzentrum und eine Mensa geplant.

Mit dem neuen ETH-Institut für Systembiologie entsteht auf dem Schällemätteli-Areal ein weiterer Teil des Life-Sciences-Bereichs. Das Forschungsinstitut der ETH Zürich arbeitet zurzeit noch auf dem Kleinbasler Areal Rosental, das früher der Syngenta gehörte. Später soll es in den Neubau auf dem Schällemätteli zügeln. Anfang 2007 hatte dieses Institut seine Arbeit aufgenommen. Seit 2008 wird es, unterdessen zu einem ETH-Departement aufgewertet, durch Bundesgelder finanziert: Das Jahresbudget beträgt 25 Millionen Franken. Das ETH-Departement ist eingebunden in die Schweizerische Initiative zur Systembiologie ‹SystemsX.ch›, mit einem Jahresbudget von bis zu 100 Millionen Franken die grösste Forschungsinitiative, die hierzulande je lanciert wurde.

Seitdem der Kanton Basel-Landschaft die Universität mit Basel-Stadt gemeinsam trägt (seit 2007), wächst das Interesse der Baselbieter, ebenfalls zum Uni-Standort zu werden. «Wir haben nie ein Hehl daraus gemacht, dass sich unsere Begeisterung bei diesem Thema in engen Grenzen hält», sagte dazu Uni-Rektor Loprieno in der Basler Zeitung vom 18. November 2008. Er will vorerst an seiner Strategie der universitären Campus-Meile festhalten. Wenn überhaupt etwas ins Baselbiet ausgelagert werde, dann am ehesten noch das Institut für Sport und Sportwissenschaften, das im Areal St. Jakob residiere und einen anderen Standort suche. Infrage käme eine Übersiedlung nach Muttenz in Zusammenarbeit mit der Pädagogischen Hochschule (Fachhochschule Nordwestschweiz).

Auch Liestal liebäugelt mit der Ansiedlung eines universitären Instituts und hat angekündigt, bei der Uni Basel bis zum ersten Quartal 2009 ein entsprechendes Bewerbungsdossier zu hinterlegen. Platz hätte es in einer geplanten Grossüberbauung beim Bahnhof oder auch anderswo, falls Liegenschaften des Kantons frei würden.

In Muttenz haben die Planungen für Neubauten der Fachhochschule bereits begonnen. Vorsorglich haben die Planer dort 10 000 Quadratmeter für universitäre Nutzungen mit in das Entwicklungsverfahren aufgenommen. Denn es bleibt die grosse Frage nach dem definitiven Standort der Juristischen und der Wirtschaftswissenschaftlichen Fakultät. Beide sind für zehn Jahre im Jacob-Burckhardt-Haus beim Bahnhof Basel SBB eingemietet. Danach möchte die Universität beide Institute in die Stadt zurückholen. Am Petersplatz fehlen aus heutiger Sicht dafür aber ca. 6700 Quadratmeter.

Das Erste Schweizer Stiftungszentrum an der Universität Basel

Wissenschaftliche Forschung, Weiterbildung und Dienstleistungen im Mittelpunkt des neuen Centre for Philanthropy Studies (CEPS)

Beate Eckhardt, Georg von Schnurbein

Der Schweizer Stiftungssektor gilt als Wachstumsbranche. Mit mehreren Hundert Neugründungen pro Jahr erlebt er zurzeit einen Boom. Nach neuesten Schätzungen gibt es in der Schweiz rund 12 000 gemeinnützige Stiftungen. Im internationalen Vergleich herausragend ist die Schweiz aber nicht nur bei der Grösse des Sektors sondern auch bei dessen Kapitalisierung. In keinem anderen Land der Welt verfügt man pro Kopf über mehr gemeinnütziges Stiftungskapital – aktuell kommen auf jeden Einwohner rund 7000 Franken. Das geschätzte jährliche Ausschüttungsvolumen liegt bei rund einer Milliarde Franken. Dies entspricht in etwa zwei Prozent des gesamten Bundeshaushalts – Tendenz steigend. Die Themen Stiftung und Gemeinnützigkeit waren und sind ausserhalb des Stiftungsrechts jedoch kaum Gegenstand wissenschaftlicher Untersuchungen. Es fehlt in der Schweiz nicht nur an verlässlichen Angaben zu Grösse, Entwicklung und Bedeutung des Sektors, sondern auch an einem wissenschaftlich abgestützten Orientierungsrahmen für die strategische und operative Stiftungsarbeit. Diese Lücken sollen mit dem neuen Centre for Philanthropy Studies (CEPS) der Universität Basel geschlossen werden.

Ins Leben gerufen wurde das CEPS von SwissFoundations, dem Verband der Schweizer Förderstiftungen, der über einzelne Mitglieder auch die fünfjährige Anschubfinanzierung sicherstellt. Zu den Mitfinanzierern gehören die Avina Stiftung, die Ernst Göhner Stiftung sowie die Gebert Rüf Stiftung, die Sophie und Karl Binding Stiftung, die GGG Gesellschaft für das Gute und Gemeinnützige Basel und die Christoph Merian Stiftung aus Basel. 2001 gegründet, versteht sich SwissFoundations als aktives und der Innovation verpflichtetes Netzwerk. Der Verband unterstützt den gegenseitigen Erfahrungs- und Informationsaustausch, betreibt eine aktive Öffentlichkeits- und Lobbyarbeit und fördert die Transparenz und Professionalität der Schweizer Stiftungslandschaft.

Eingeladene Ausschreibung

Im Rahmen einer Ausschreibung lud SwissFoundations im Sommer 2007 vier ausgewählte Schweizer Universitäten ein, eine Bewerbung für die Fördermittel von 2,5 Millionen Franken für den Aufbau und Betrieb eines Kompetenzzentrums für Stiftungswesen und Philanthropie einzureichen. Den Zuschlag erhielt die Universität Basel, welche das überzeugendste Konzept präsentiert hatte. Offiziell eröffnet wurde das CEPS am 26./27. November 2008 mit einer gemeinsam mit SwissFoundations organisierten Auftaktkonferenz in Basel, an der unter anderem Stefan Schmidheiny, Helmut K. Anheier, Annemarie Huber-Hotz und Katja Gentinetta als Referierende teilnahmen. Die Universität Basel beherbergt damit das nach dem Centre for Social Investment (CSI) der Universität Heidelberg erst zweite universitäre Zentrum für Stiftungswesen und Philanthropie in ganz Europa.

Interdisziplinäre Ausrichtung

Ein besonderes Gewicht des neuen Zentrums liegt auf der interdisziplinären Ausrichtung. Die gesellschaftlich einzigartige Stellung von Stiftungen erfordert eine vernetzte Betrachtung, da hier rechtliche, wirtschaftliche und gesellschaftliche Fragestellungen eng miteinander verknüpft sind. So muss der Stiftungszweck beispielsweise nicht nur rechtlichen Anforderungen genügen, sondern auch ökonomisch umsetzbar sein und einen gesellschaftlichen Bedarf decken. Das neue Zentrum wird seine Aufgaben deshalb in enger Zusammenarbeit mit mehreren Fakultäten der Universität Basel umsetzen, vornehmlich mit der Rechtswissenschaftlichen und der Wirtschaftswissenschaftlichen Fakultät. Angestrebte Schwerpunkte der Forschung sind die Wirkungs- und Erfolgsmessung in Stiftungen, ihre gesellschaftliche Bedeutung und ihre Fähigkeit, Innovation und soziales Kapital zu fördern. Für die Leitung des Zentrums wurde an der Wirtschaftswissenschaftlichen Fakultät eine Assistenzprofessur für Stiftungsmanagement eingerichtet.

Neben der Anschubfinanzierung durch die Stiftungen stellt die Universität dem Zentrum für die kommenden fünf Jahre zusätzlich knapp 1 Million Franken zur Verfügung. Damit werden neben der Infrastruktur auch themenrelevante Lehraufträge an den Fakultäten geschaffen und der Aufbau einer Fachbibliothek unterstützt. Neben der Forschungsarbeit sind auch die Arbeitsbereiche Weiterbildung und Beratung von grosser Bedeutung. Damit will das CEPS einen direkten Nutzen für Stiftungen und andere Nonprofit-Organisationen bieten.

Schwerpunkt Weiterbildung

Die Weiterbildungsangebote sprechen nicht nur Stiftungsmitarbeitende an, sondern auch Dienstleister von Stiftungen (Banken, Berater, Anwälte) und Destinatäre, die Stiftungsgelder empfangen. Der erste Intensivlehrgang Stiftungsmanagement findet vom 16. bis 20. März 2009 statt. In kompakter und systematischer Form werden in diesem Lehrgang die theoretischen Grundlagen und praktischen Instrumentarien zur Gründung und erfolgreichen Führung einer Stiftung vermittelt. Weitere Tagesseminare, Workshops und Lehrgänge sind in Planung. Langfristig soll das Weiterbildungsprogramm auch ein zertifiziertes University Professional Programm umfassen, das insbesondere die interdisziplinäre Ausrichtung des Zentrums auch in die praktische Wissensvermittlung übertragen soll.

Das neue Zentrum versteht sich als Knotenpunkt in einem Netzwerk von Experten aus Wissenschaft und Praxis und will mithilfe dieser Kooperationen zusätzliche Projekte zum Stiftungswesen lancieren. Zu diesem Zweck wurden bereits Kontakte zum Centre for Social Investment (CSI) der Universität Heidelberg, zum Zentrum für Stiftungsrecht der Universität Zürich, zum Institut des Hautes Etudes International et du Développement (IHEID) in Genf sowie zu Verbänden und einzelnen Stiftungen im In- und Ausland geknüpft.

Archäologie und Geschichte

207 Franz Osswald
Liebe auf den zweiten Blick
*Gegensätze sind es, die Kleinhüningen prägen –
eine Vielfalt, die es zu entdecken gilt*

211 Guido Helmig
BASILIA FIT
Zwei Wörter, die Geschichte machen

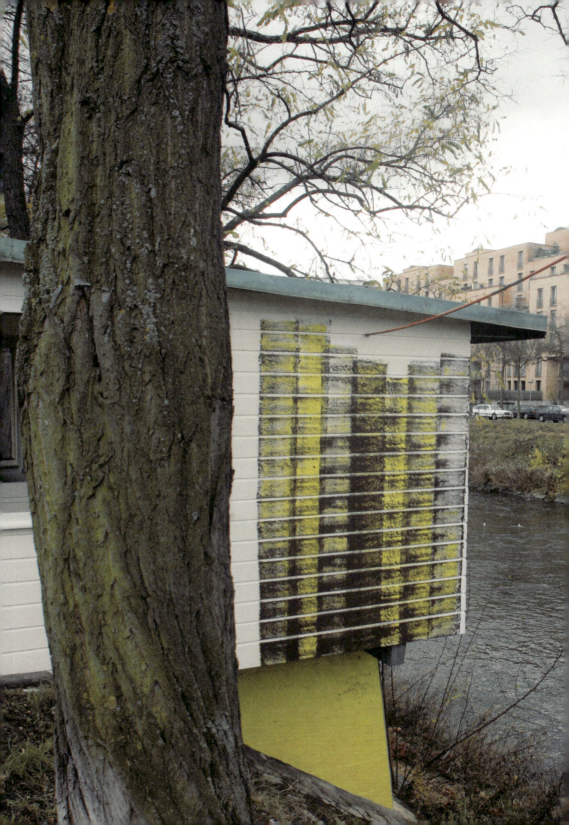

Liebe auf den zweiten Blick

**Gegensätze sind es, die Kleinhüningen prägen –
eine Vielfalt, die es zu entdecken gilt**

Franz Osswald

*«Kleinhüningen gleicht einer charmanten, manchmal etwas launenhaften Dame,
die mit ihren vielfältigen Reizen geizt und erobert werden will.»*
Barbara Lüem

Kleinhüningen ist ein Stück Stadt, das im Herzen Dorf geblieben ist. Um es schätzen zu lernen, muss man mindestens ein Mal hingehen und sicher zwei Mal hinschauen – Eindrücke eines kleinen Spaziergangs.

Vor einhundert Jahren, am 1. Januar 1908, wurde das Dorf Kleinhüningen nach einer Volksabstimmung der Stadt Basel zugeschlagen, das ehemalige Fischerdorf wurde zum Stadtquartier. Aber wo beginnt es denn eigentlich, dieses Kleinhüningen, das man vor allem mit dem Hafen verbindet und deshalb gerne nördlich der Wiese ansiedeln möchte. Eine Antwort lautet: an der Kleinhüningerstrasse 140. Dort nämlich ziert ein Schild die Hauswand, auf dem zu lesen ist: «Historischer Gemeindebann Kleinhüningen». Genau auf der gegenüberliegenden Seite schaut ein älterer Mann zum Fenster hinaus – ein Kleinhüninger oder ein Kleinbasler?

Das erste Restaurant an dieser Strasse auf Kleinhüninger Boden nennt sich ‹al jardin› und bietet portugiesische Kost. Der erste Laden heisst ‹Dreiland Shop›, etwas weiter folgt ‹Trieu & Co – asiatische Lebensmittel und Meeresfrüchte›. Fremd mutet es an, Asiatisches im ehemaligen Fischerdorf? Zieht man aber die volksetymologische Deutung der Wappenfigur von Kleinhüningen heran, dann wird das Fremde fast schon vertraut: Attila, der Hunnenkönig, ziere das Wappen, und von dessen Volk, den Hunnen, leite sich der Dorfname Kleinhüningen ab.

Multikulturell geht es am Strassenende zu und her. Dort befindet sich das Quartierzentrum ‹Brückenkopf› mit einer Ludothek, dem Quartiertreffpunkt und einer Cafébar. Von der Schwyzerörgeli-Grossformation über den Treff türkischer Frauen, den Kulturbrunch, das Käffeli, die Spielgruppe und den Mittagstisch bis zur Leseförderung, die von bis zu sechzig Kindern besucht wird, bietet das Zentrum vielen Kleinhüningerinnen und Kleinhüningern ein Stück Heimat. Einzig die gemeinsamen Anlässe sind selten, eine Durchmischung findet (noch) kaum statt.

Der Name des Quartierzentrums ist für Kleinhüningen typisch, denn Brücken gibt es hier auf Schritt und Tritt. Allein von der Wiesemündung bis zur Gärtnerstrasse sind es sieben Übergänge. Gleich dahinter begegnet einem das erste Mal das Dorf – im Strassennamen der Dorfstrasse. An ihrem südlichen Ende steht das Restaurant ‹Schiff›, das mit seinen grossen Wandbildern, die vom Leben der Fischer und Hafenarbeiter sowie einer ‹Landfrau› erzählen, schon von Weitem ins Auge sticht. Wenige Meter weiter dem Dorf entgegen wird es ruhig. Die Dorfstrasse hat ihre einst wichtige Stellung aus der Zeit, als noch das Tram eingleisig bis zum Kronenplatz fuhr, längst verloren. Heute ist die Tramverlängerung der Linie 8 wieder aktuell, der erste Leitungsmast steht bereits an der Kleinhüningeranlage, durch welche die erweiterte Tramlinie nach Weil am Rhein führen wird.

‹Quartier Lädeli› steht auf dem Schaufenster des kleinen Ladengeschäfts an der Dorfstrasse. Eingerahmt ist der Schriftzug von Postern mit indisch gekleideten Männern und Frauen. ‹Indien Punjabi› liest man auf der Eingangstüre, ein Telefonkartenhandel preist seine Waren an. Einkaufsmöglichkeiten sind im Dorf Mangelware. Mit dem neuen Einkaufszentrum auf dem Stücki-Areal wird sich zwar das Angebot schlagartig verbessern, dafür wird das Quartier an Dorfcharakter weiter verlieren.

In der Schulgasse steht etwas verloren das kleine Häuschen mit der Nummer 16. Man sieht ihm an, dass es aus einer anderen Zeit stammt. Es ist ein altes Fischerhaus und steht im wahrsten Sinne des Wortes im Schatten des grossen Silogebäudes der Firma ‹Rhenus Logistics›, das wuchtig in den Himmel ragt. Schützend wacht indessen Attila auf dem Kleinhüninger Wappen, das übergross an der Betonmauer des Silos prangt, über den Zeugen vergangener Tage. Kein Heiliger nimmt diese Aufgabe wahr, auch wenn die Dorfkirche in unmittelbarer Nachbarschaft steht. Sie trug in all den Jahren ihres Bestehens (seit 1710) nie einen Namen. Gegensätze, die das heutige Kleinhüningen prägen – Dorfidylle und Industrielandschaft – haben in einem ‹Augenblick› Platz.

So auch in der Bonergasse, wo das Restaurant ‹Schifferhaus› zur Einkehr einlädt. Das letzte noch erhaltene Landhaus Kleinhüningens aus dem 18. Jahrhundert gehörte der Familie Clavel, weshalb der Ort auch ‹Clavel-Gut› heisst. Das kleine Häuschen im Garten des Gutes steht dort seit 2002; es ist eines von drei noch erhaltenen Fischerhäusern. Das ‹Bürginhaus› genannte Gebäude befand sich einst in der Schulgasse und überstand dank seiner Versetzung die Hafenerweiterung. Die Boner‹gasse› indessen macht ihrem Namen keine Ehre. Direkt an den Gleisanlagen gelegen hat sie den Charakter einer Industriestrasse, beschnitten von zwei Lagerhallen, die sie queren. Nur der Name lässt noch erahnen, dass das Dorf sich einst weiter nach Westen erstreckte.

Über Gleisstränge hinweg gelangt man zur Hafenstrasse und zum Bernoulli-Silo. Interessant an dieser Strasse sind nicht allein die Hafengebäude, sondern auch das, was

in ihnen Neues entsteht. Die Aussichtsterrasse auf dem Siloturm wird im Sommer auch als Kinoplattform und Standort der ‹Capribar› genutzt. Am oberen Ende der Strasse haben sich Kulturbetriebe eingemietet, ein Filmstudio, eine Malwerkstatt, ein Fotostudio, und bei Vollmond öffnet eine Bar ihre Türen. Noch versteckter liegt das Restaurant ‹Zum rostigen Anker›. Ein schmaler Bermenweg führt dorthin. Links gehts ins Restaurant, rechts auf die ‹Zodiac›, ein 110 Meter langes Frachtschiff, das gerade vor Anker liegt – Hafenatmosphäre pur.

Auf dem Weg durch die Hafenanlagen braucht es wachsame Augen und aufmerksame Ohren, denn immer wieder queren Güterzüge ohrenbetäubend quietschend die Strasse, oder Laster brummen vorbei. Der Verkehr ist es denn auch, der den Kleinhüningerinnen und Kleinhüningern Sorgen bereitet. Nach jahrelangem Kampf gegen den zunehmenden Lastwagenlärm sollen zwei ‹Ohren›, zwei Auf- und Abfahrtsrampen, beim Zoll an der Hiltalingerstrasse dafür sorgen, dass die Lastwagen den Hafen von der Autobahn aus erreichen können, ohne ganz Kleinhüningen durchqueren zu müssen. Von dieser Massnahme verspricht man sich mehr Ruhe für die lärmgeplagten Ohren der Anwohnenden.

Fürs Auge wird sich an einem anderen Ort eine markante Verbesserung ergeben. Am Hochbergerplatz soll das Wiesebord so gestaltet werden, dass es sich lohnen wird, am Wasser zu verweilen. Heute lädt es nämlich nicht gerade dazu ein; die Wiese fliesst auf weiten Strecken eingepfercht und unattraktiv dem Rhein entgegen. Aber wie hier an der Wiese ist in Kleinhüningen vieles im Fluss.

Eines ist sicher: Es gibt wohl kein Basler Quartier, das mehr Vielfalt zu bieten hat als Kleinhüningen. Für Liebe auf den ersten Blick ist die ‹alte Dame› wohl nicht geschaffen, dafür funkt es beim zweiten umso mehr – sie will eben erobert werden. Übrigens: Im Christoph Merian Verlag ist der Reiseführer ‹Kleinhüningen›[1] von Barbara Lüem erschienen, für Erkundungsgänge durchs ‹Dorf› ein unverzichtbarer Begleiter.

Anmerkung

1   Lüem, Barbara: Basel Kleinhüningen. Der Reiseführer. Hafen, Dorfidylle, Industriequartier. Basels Norden. Basel 2008.

BASILIA FIT

Zwei Wörter, die Geschichte machen

Guido Helmig

Heute, im Zeitalter der für alle Lebenslagen und -alter propagierten Fitness, könnte der Titel dieses Beitrags auf den ersten Blick leicht missdeutet werden. Es handelt sich jedoch weder um den Hinweis auf ein neues Fitnesscenter in Basel noch um die Aktion einer Krankenkasse zur Mobilisierung unserer ‹bewegungsärmeren› Basler Zeitgenossen, sondern um eine kurze und knappe in Gold geprägte Mitteilung. Was hier in Latein mit BASILIA FIT gemeint ist, liesse sich auf Neudeutsch etwa mit dem Label ‹Made in Basel› übersetzen. Der Schriftzug ist knapp 1400 Jahre alt und steht als Umschrift auf der Vorderseite kleiner, 1,25 g ‹leichter› Goldmünzen. Mit rund 11 mm Durchmesser sind diese Münzen noch um einiges kleiner als ein Einräppler. Das zentrale Motiv der Münzvorderseite ist das nach links gewandte Brustbild eines ‹Nobeln› mit doppelter Haarschleife oder aufgesetztem Diadem.

Zwei Exemplare dieses Münztyps – die einzigen der Forschung bis vor Kurzem bekannten – befanden sich schon vor der Mitte des 19. Jahrhunderts im Cabinet des Médailles der Bibliothèque Nationale de France in Paris. Wann und von wo sie dorthin gelangten, ist allerdings nicht mehr bekannt. Trotz aller Unwägbarkeiten hat man aber angenommen, dass diese Münzen in BASILIA, also in Basel, geschlagen wurden. Auch ist ihr Hersteller namentlich bekannt: GVNSO, wie auf der Rückseite zu lesen ist, ergänzt durch die nachfolgenden Buchstaben MN, was als M(O)N(etarius) oder M(agister) N(ummorum), als Münzmeister also, zu deuten ist.

Das Zentralmotiv auf der Rückseite ist ein Kreuz auf einer Art Podest, das durch drei Stufen angedeutet wird. Darunter steht, in kleineren Buchstaben und bisher nur auf einer der beiden in Paris liegenden Münzen (im sogenannten ‹Abschnitt›) ausgeprägt: BONO. Möglicherweise bezieht sich diese Angabe auf den Feingehalt des Goldes. Noch bis vor wenigen Jahren konnten nicht alle Buchstaben der Umschriften beider Münzseiten mit letzter Sicherheit entziffert werden, weil die Schrötlinge, also die zu prägenden Goldklümpchen, im Vergleich zu den verwendeten Prägestempeln zu klein waren, weshalb auf keiner der beiden Münzen alle Zeichen vollständig ausgeprägt wurden. Erst mit dem Fund eines weiteren GVNSO-Trienten – so die korrekte Bezeichnung des Nominals (Nennwerts) dieser Geldstücke – sind nun alle Bereiche der Vorder- und Rückseite der Münzen eindeutig lesbar. Kommt noch hinzu, dass der Fundort dieser dritten Münze nur wenige Kilometer von Basel entfernt liegt. Dieser Umstand untermauert die Hypothese, dass die Münzen tatsächlich in Basel selbst geschlagen wurden, und dies zu einem Zeitpunkt (in den Jahrzehnten um 600 n. Chr.), als der aus dem Kloster Luxeuil stammende Bischof Ragnachar sowohl für die christlichen Gemeinden in den spätantiken Kastellstädten Castrum Rauracense (Kaiseraugst) als auch Basilia (Basel) zuständig war.

Bekanntlich wurde das Ende der römischen Herrschaft in unserer Gegend zu Beginn des 5. Jahrhunderts durch den Abzug der Truppen nach Italien sichtbar eingeleitet. Dies förderte den Zerfall der Machtstrukturen, und die Provinzverwaltung löste sich allmählich auf. Nicht nur der Warenverkehr, auch der Zustrom römischer Münzen begann zu versiegen. Das Umland um die alten Siedlungszentren wurde von zuziehenden germanischen Siedlern neu bevölkert. Die fränkische Münzprägung setzte etwa um 500 n. Chr. ein. Seit Mitte des 6. Jahrhunderts hatten in den merowingischen Teilreichen sogenannte Münzmeister die Aufgabe, Gold auszumünzen. Anstelle der bisherigen Kaiser- und Königsnamen setzten die Monetare nun ihre eigenen Namen ein; gegen zweitausend von ihnen sind bisher bekannt. Die genaue Rolle und Stellung dieser ‹Beamten› kennen wir nicht. Als geläufiges Nominal setzte sich der Triens oder Drittel-Solidus durch. Wir wissen von über 800 Emissionsorten solcher Münzen, von Städten und Klöstern bis hin zu Dörfern und Gehöften. Im heutigen Schweizer Raum zählen wir gerade einmal sieben gesicherte Prägeorte; dazu gehört auch Basilia.

Nur 5 km westlich von Basel, am Kreuzungspunkt wichtiger antiker Fernstrassen, die vom Juranordfuss in die Oberrheinische Tiefebene beziehungsweise in die Burgundische Pforte führten, entstand im letzten Drittel des 6. Jahrhunderts eine fränkische Niederlassung, quasi ein Vorposten von Basilia: Haginos Heim – das heutige französische Hégenheim. Dass hier ein Herrenhof bestand, von dem allerdings keine baulichen Relikte mehr bekannt sind, lässt sich aus der 1958 erstmals entdeckten und im Jahr 2004 unter der Leitung von David Billoin (vom Institut national de recherches archéologiques préventives, Besançon) untersuchten Nekropole erschliessen. Hier haben Angehörige einer fränkischen Sippe ihre Toten beerdigt. Der einstige Status der bestatteten Personen ist einerseits an der Lage der Gräber innerhalb der Nekropole sowie am Grabbau, andererseits aber auch an der Reichhaltigkeit der mit ins Grab gegebenen Inventare ablesbar. Über vierzig Gräber konnten untersucht werden. Fünf grosse aus Holzbalken gezimmerte Kammergräber, über die mit Kreisgräben umgebene Tumuli (Grabhügel) aufgeworfen wurden, waren für Verstorbene der Elite bestimmt und liegen im Westbereich des bisher archäologisch untersuchten Ausschnittes des Gräberfeldes. Am Ostrand hingegen waren die Grablegen der sozial weniger hochgestellten Personen aufgereiht. Einem der reich ausgestatteten Krieger hatte man einen Basler GVNSO-Trienten als Totenobolus in den Mund gelegt. Über diese sowohl für die Regionalgeschichte als auch die frühmittelalterliche Siedlungsgeschichte wichtige Nekropole sind bisher erst wenige Vorberichte erschienen. Die Tatsache, dass nur wenige Kilometer entfernt, am Bernerring im engeren Einzugsgebiet der Stadt Basel, eine vergleichbare fränkische Nekropole an derselben, der linken Talkante des Hochrhein-/Oberrheintals entlang führenden Fernstrasse lag, zeigt, dass die fränkischen Machthaber aus strategischen Gründen grossen Wert auf die Kontrolle dieser Route legten.

Es sei an dieser Stelle nicht verschwiegen, dass ein einzelner, wohl etwas älterer und möglicherweise ebenfalls in Basel geprägter Triens im Münzkabinett des Hunterian Museum der Universität Glasgow liegt. Er wurde 1994 publiziert. Die Lesung des Emissionsortes (BASILE) ist allerdings nicht zweifelsfrei.

Aus dem Umstand, dass auch in Basel in der Zeit um 600 n. Chr. Trienten geprägt wurden, darf sicher ein Bedeutungszugewinn des Ortes abgeleitet werden. Die kleinen Goldtrienten liefern einen weiteren wichtigen kulturgeschichtlichen Aspekt. Sie repräsentieren die älteste bisher fassbare inschriftliche Nennung unserer Stadt!

Literatur

Billoin, David u. a.: La nécropole mérovingienne à tumuli d'Hégenheim. In: Guillaume, Jacques/ Peytremann, Edith: Actes des XXVIe journées internationales de l'association française d'Archéologie mérovingienne. Nancy 2005, S. 269–281; in Vorbereitung.

Billoin, David: Pouvoir et monuments tumulaires. L'exemple de la nécropole mérovingienne d'Hégenheim (Haut-Rhin). In: Inhumations de prestiges ou prestige de l'inhumation? Expressions du pouvoir dans l'au-delà. Table ronde organisée par le Centre de Recherches archéologiques et historiques médiévales, UMR (UCBN-CNRS) n° 6577, 23–24 mars 2007, Université de Caen Basse-Normandie; in Vorbereitung.

Kirchen und Religionen

220 Josef Bossart
«In Basel sind wir, um Gott und allen Menschen zu dienen»
Seit über einem Jahr leben in Basel drei indische Karmeliten als Klostergemeinschaft

225 Wolf Südbeck-Baur
Bahá'i: «Im Dienst der Menschen»
In Basel wächst die Anhängerschaft der jüngsten Weltreligion

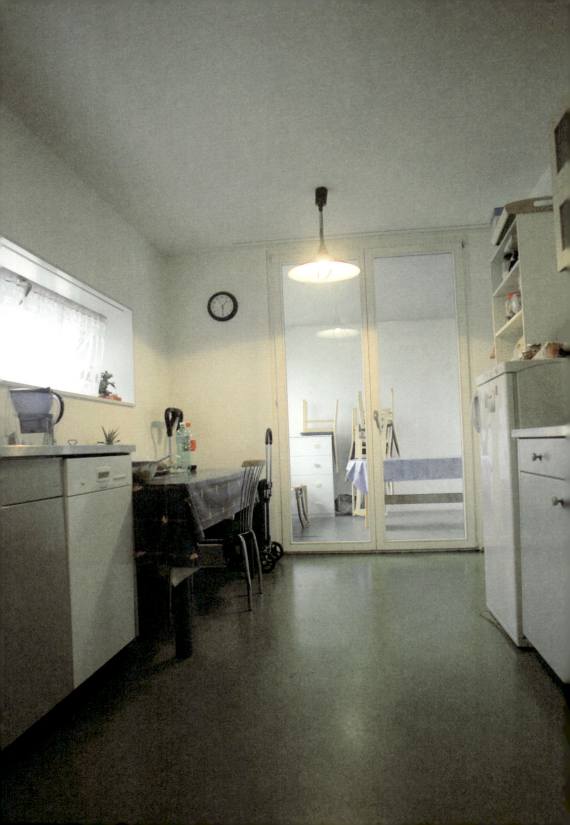

«In Basel sind wir, um Gott und allen Menschen zu dienen»

Seit über einem Jahr leben in Basel drei indische Karmeliten als Klostergemeinschaft

Josef Bossart

Seit Oktober 2007 gehören drei katholische Mönche aus dem indischen Kerala zum Stadtbild von Kleinbasel. Dort schlägt das multikulturelle Herz der Rhein-Stadt, und deshalb fallen die drei Karmeliten vom Kloster Prophet Elias höchstens dann noch auf, wenn sie ihre braunen Ordenskutten tragen. «In Basel sind wir, um Gott und allen Menschen zu dienen», so beschreibt die kleine Gemeinschaft auf ihrer Homepage (www.ocdbasel.org) ihre aussergewöhnliche Idee.

Im November 2008 erhalten Pater Prasad (40 Jahre alt), Pater Augustine (40) und Pater Paxy (35) hohen Besuch aus ihrer indischen Heimat. Der neue Obere des Ordens der Unbeschuhten Karmeliten der Provinz Manjummel besucht reihum seine in Europa tätigen Mitbrüder, derzeit etwa zwei Dutzend. Deshalb wird er auch an der Müllheimerstrasse 138 in Basel anklopfen, wo das Kloster Prophet Elias – das erste Karmelitenkloster in der deutschsprachigen Schweiz – in einer ganz gewöhnlichen Fünfzimmerwohnung untergebracht ist. Man will darüber sprechen, wie es aus Sicht des Ordens mit diesem ungewöhnlichen Projekt weitergehen soll.

Es begann 2005 in Köln

Seinen Ursprung hatte es in einer Begegnung zwischen Pater Prasad, der sich zu Studienzwecken in Deutschland aufhielt, und Ruedi Beck, Pfarrer an der Kirche St. Joseph in Kleinbasel, beim katholischen Weltjugendtag 2005 in Köln. Dort habe man über die Kirche, den Karmelitenorden und auch Basel gesprochen und sei dann im Kontakt miteinander geblieben, erzählt Prasad, der wie sein Mitbruder Augustine mehrere Jahre in Deutschland gelebt hat und deshalb fliessend Deutsch spricht. Allmählich sei dann die Idee zu diesem Projekt entstanden.

Vorerst für drei Jahre

In Übereinstimmung mit dem Bistum Basel wurde geplant, in der Kirche St. Joseph in Kleinbasel ein geistliches und interkulturelles Zentrum aufzubauen, welches mit der Zeit in die ganze Region ausstrahlen sollte. Am 28. Oktober 2007 wurde es mit einem Gottesdienst feierlich eröffnet.

Finanziert wird das vorerst auf drei Jahre angelegte Projekt von der im August 2007 eigens dafür gegründeten Stiftung ‹Kloster der Karmeliten in Basel›. Da die Karmelitengemeinschaft ausschliesslich von Spenden lebt, kommt es inzwischen nicht selten vor, dass ihnen Menschen direkt Lebensmittel oder ganze Mahlzeiten bringen.

Seit der Eröffnung des Zentrums sei so vieles in Gang gekommen, erzählt Pater Prasad, der Vorsteher der Klostergemeinschaft. Es seien etwa im interkulturellen Bereich gute Kontakte zu den Muslimen, aber auch zu den anderen christlichen Kirchen in Basel geknüpft worden. «Wir sehen es als eine wichtige Aufgabe, die vielen Menschen in der Region Basel, die einer anderen Religionsgemeinschaft angehören, zu einem friedlichen Miteinander zu ermutigen.»

Vorträge und Rundtischgespräche, zum Beispiel über den indischen Menschenrechts- und Unabhängigkeitsaktivisten Mahatma Ghandi (1869–1948), seien auf grosses Interesse gestossen, so Prasad. Demnächst werde er Gelegenheit haben, Schulkindern von Ghandis Leben zu berichten. Dabei will er ihnen auch erzählen, dass der Hindu Ghandi jeden Tag in der Bibel gelesen habe und dass der Verfechter der Gewaltlosigkeit in seinen Ideen besonders von der Bergpredigt inspiriert gewesen sei.

Verfügbar rund um die Uhr

Viel Raum nimmt bei der Tätigkeit der drei Ordensleute die Seelsorge ein. Auf besonders grosses Interesse stösst der in der Kirche St. Clara im Basler Stadtzentrum einmal monatlich durchgeführte ‹Samstag des Gebetes› mit Anbetung und Beichtgesprächen, zu denen alle drei Karmeliten von morgens bis abends zur Verfügung stehen: «Wenn wir Priester uns wie Johannes der Täufer klein machen, dann wird der Herr gross, und die Menschen erfahren das auch», sagt Pater Prasad. Zu ihrer Überraschung komme es immer wieder vor, dass der Andrang zu den Beichtgesprächen so gross sei, dass sich eine Warteschlange bilde.

Die Tür zum Karmelitenkloster ist rund um die Uhr für alle offen. In den Augen von Ruedi Beck gehört die grosse seelsorgerliche Verfügbarkeit der drei Ordensmänner zu den Chancen des Projekts: «Hier sind drei Priester, die Zeit haben und jederzeit ansprechbar sind. Das ist doch genau das, was viele Menschen heute suchen und brauchen: keinen Termin vereinbaren, sondern gerade jetzt ein Gespräch führen können.»

Mit dem Gebet gegen die Ohnmacht

Bestürzt ist Pater Prasad darüber, wie verbreitet Beziehungsprobleme, Depression und Vereinsamung seien und wie wenige tragfähige familiäre Bindungen es gebe. Manchmal sei es schon schwierig, die eigene Ohnmacht angesichts der vielfach psychischen Probleme von Hilfesuchenden auszuhalten. Auch sie hätten da nur eine einzige Hilfe, und das sei das Gebet.

Aktion und Kontemplation: Bei den Karmeliten geht das eine nicht ohne das andere. Deshalb ist es den drei Ordensmännern neben ihrer seelsorgerischen Tätigkeit mindestens ebenso wichtig, selbst Gemeinschaft zu leben und im Gebet verankert zu sein. Pater Prasad drückt es folgendermassen aus: «Wir müssen unsere Spiritualität selber leben und auch glücklich sein. Denn nur so haben wir auch die geistliche Kraft, etwas zu geben.»

Morgens und abends finden sich die drei Karmeliten zum Stundengebet in der Kirche St. Joseph ein: um 6.30 Uhr zur Laudes und Meditation, um 18.30 Uhr zur Vesper und Meditation. Und um 19 Uhr wird täglich die Eucharistie gefeiert.

Lach-Yoga und der Weg der Seele

«Wir versuchen immer herauszufinden, was den Menschen hier fehlt», erklärt Pater Prasad. An konkreten Plänen für die nähere Zukunft fehlt es der Karmelitengemeinschaft nicht. Im September 2008 steht ‹Lach-Yoga› auf dem Programm: Einmal im Monat laden die drei indischen Mönche Interessierte ein, grundlos zu lachen «und dabei gesund zu bleiben», wie sie in der Ankündigung versprechen. Im Advent sind als Vorbereitung auf Weihnachten fünf Abende zu Teresa von Avilla geplant, einer Mystikerin, die 1568 mit Johannes vom Kreuz den katholischen Orden der Unbeschuhten Karmeliten gründete.

Und im Jahr 2009 soll in einem Kurs über Spiritualität anhand der Schrift ‹Die innere Burg› von Teresa von Avilla «der Weg der Seele zu Gott» vertieft werden. Denn in der heutigen Gesellschaft gehöre die Seele wirklich zu den vergessenen Teilen des Menschen, meint Pater Prasad nachdenklich.

Bahá'i: «Im Dienst der Menschen»

In Basel wächst die Anhängerschaft der jüngsten Weltreligion

Wolf Südbeck-Baur

Der grosse gläserne Tisch im Wohnzimmer von Roya Blaser symbolisiert subtil die ökumenische Offenheit der Bahá'i-Religion. Der Stifter und Gottesoffenbarer dieser Religion, der Perser Bahá'u'lláh, hatte Mitte des 19. Jahrhunderts die spirituellen Wahrheiten anderer Religionen anerkannt. Und so engagieren sich auch die in Basel lebenden Bahá'i für den interreligiösen Dialog.

«Für mich sind die Lehren und Prinzipien von Bahá'u'lláh das, was ich im Alltag und in der Gesellschaft leben und zum Ausdruck bringen möchte», betont Roya Blaser mit sanfter, in sich ruhender Stimme. Dabei sei die Bahá'i-Religion eine progressive, interreligiös offene und soziale Religion. Bereits 1844 bei ihrer Gründung in Teheran hatten die Stifter Báb (er wurde 1850 als 31-Jähriger hingerichtet) und Bahá'u'lláh (1817–1892) entgegen dem traditionellen Patriarchat des damaligen Islams unter anderem die Gleichwertigkeit und die Gleichberechtigung von Frau und Mann verkündet. Ausserdem versuchen die Bahá'i, Bahá'u'lláhs Grundsatz gerecht zu werden, anderen Menschen ohne Vorurteile zu begegnen respektive bestehende Vorurteile jeglicher Art gegenüber Rassen, Religionen und Minderheiten zu überwinden. Die Arbeit der Bahá'i soll also im Dienst der Menschheit stehen. Wenn sie auf ihre 25 Berufsjahre als Architektin zurückschaue, so habe sie im Rahmen ihrer Möglichkeiten diesem religiös begründeten Anspruch einer Arbeit im Dienst der Menschen entsprechen können, sagt Blaser mit bescheidener Zurückhaltung. So baut sie als Angestellte in der öffentlichen Verwaltung im Kanton Basel-Landschaft vor allem Gebäude wie Schulen und Spitäler, die dem Wohl der Bevölkerung nützen. «Jede Arbeit, die den Menschen nützt, ist wie ein Gottesdienst», verweist die engagierte Bahá'i auf die Lehre von Bahá'u'lláh.

Und seine wichtigste Lehre? «Das Allerwichtigste, das Bahá'u'lláh uns gebracht hat, ist die Botschaft, dass jetzt die Zeit reif ist, um den Weltfrieden zu etablieren. Um dies zu erreichen», fährt Blaser fort, «muss jetzt eine Einheit der Menschheit angestrebt werden, ohne ihre Mannigfaltigkeit zu zerstören». Für dieses Ziel dürften weder Religion und

Wissenschaft gegeneinander ausgespielt noch die Anstrengungen im Streben nach weltweiter sozialer Gerechtigkeit vernachlässigt werden. Um die Einheit unter den Menschen zu fördern, solle laut Bahá'u'lláh auch eine Welthilfssprache eingeführt werden – wie diese beschaffen sein solle, werde die Weltzivilisation bestimmen. Gleiches gelte für die Einrichtung eines Weltschiedsgerichtshofs, die Bahá'u'lláh schon vor 150 Jahren vorgeschlagen habe. Die Zeit der Reife sei angebrochen, um Frieden in der Welt zu schaffen, ist die Überzeugung der Bahá'i. «Wir glauben», so Roya Blaser, «dass uns Bahá'u'lláh die sozialen Regeln und Gesetze gebracht hat, die für das spirituelle Zusammenwachsen der Menschheit heute wichtig sind».

Dem Faktum, dass es in der Welt alles andere als friedlich zugehe, begegnet die Basler Bahá'i mit dem Hinweis: «Auch wenn jetzt schon drei Viertel der Menschheit für Abrüstung und folglich dagegen sind, dass überhaupt Kriege geführt werden, gibt es immer wieder militärische Auseinandersetzungen. Doch irgendwann werden die Menschen gelernt haben, Konflikte gewaltfrei zu lösen.» Konkret wird das in der Friedenspädagogik der Bahá'i. In ihren Kinderklassen – in Basel gibt es drei Altersstufen – wird ein besonderes Augenmerk auf die Erziehung zur gewaltfreien Konfliktlösung gelegt. Im Lehrplan stehen nicht nur die anderen Religionen, sondern auch die Vermittlung ethischer Werte.

Diese Werte beruhen auf den Lehren von Bahá'u'lláh, dem Religionsstifter der Bahá'i. Er kam 1817 zur Welt und wuchs als Spross einer Ministerfamilie in Teheran auf. Nach der Hinrichtung des Báb, der 1844 gegen die islamischen Gesetze neue, offenere Gebote verkündet hatte, trat dessen engster Vertrauter Bahá'u'lláh an seine Stelle, da in ihm viele der inzwischen zigtausend Anhänger den neuen Gottesboten erkannten. Doch die persische Regierung verbannte Bahá'u'lláh mitsamt seiner Familie und seinen Anhängern nach Bagdad. Erst dort erklärte er sich 1863 als der neue Gottesoffenbarer für das neue Zeitalter. Nach nochmaliger Verbannung unter anderem nach Konstantinopel, das heutige Istanbul, landete Bahá'u'lláh schliesslich als Gefangener in Akko in der Nähe von Haifa, wo er bis zu seinem Tod 1892 unter Hausarrest stand.

Für die Bahá'i ist Bahá'u'lláh eine «Manifestation Gottes». «Er manifestiert für uns Gott auf Erden», so der Glaube der Bahá'i. «Wir glauben», so Blaser, «dass alle vorherigen Religionsstifter ebenfalls Manifestationen Gottes waren, und wir glauben, dass in geistiger Hinsicht alle Religionen die gleichen Wahrheiten für die Menschen bringen». Als zentrale Werte würden alle Religionen Liebe, Nächstenliebe und Gerechtigkeit betonen. Unterschiede bestünden nur aufgrund ihrer unterschiedlichen sozialen Gesetze.

Ziel aller Religionen sei es, die Entwicklung in Richtung Einheit der Menschheit voranzubringen. Hier liege auch der tiefere Grund für das Engagement der Bahá'i im interreligiösen Dialog. «Für mich gibt es zwischen den verschiedenen Religionsstiftern wie etwa Jesus, Mohammed und Bahá'u'lláh eine Parallele», erklärt Roya Blaser. «Jedes Mal, wenn Gott eine Manifestation seiner selbst gesandt hat, löste das eine rasante

Entwicklung aus.» Insofern habe Bahá'u'lláh mit seinen für damalige Verhältnisse weit vorausschauenden Prinzipien für die neue Zeit einen neuen geistigen Impuls gegeben. Sehr viel habe sich seither verändert, denn «ohne die neuen Kommunikationsmöglichkeiten via Computer und Internet könnten wir eine Einheit der Menschheit gar nicht erreichen». Im gleichen Atemzug nimmt sich die Architektin aber wieder zurück und betont, dass diese eventuell absolut klingende Überzeugung nur ihre persönliche Sicht sei. «Generell denke ich, dass sich die Welt mit dem Kommen einer Manifestation Gottes auf allen Gebieten bewegt.»

In Basel leben rund 100 Bahá'i-Anhänger. Ausserdem gibt es 25 Bahá'i, die als aktive, gleichsam hauptamtliche Mitglieder die Geschicke der Gemeinschaft lenken und leiten. Auf dieser Verantwortlichkeitsstufe haben die Bahá'i schweizweit gut 1000 Mitglieder. Dazu kommen etwa 4000 Anhänger, sodass die jüngste Weltreligion insgesamt mehr als 5000 Sympathisanten in der Schweiz hat. Dabei kennen die Bahá'i keinen Klerus, wohl aber eine Institutionalisierung ihrer Religion, «die wir Verwaltungsordnung nennen». In jeder politischen Gemeinde, in der mehr als 9 Bahá'i leben, «wird ein lokaler Geistiger Rat gewählt», berichtet Blaser, die in Basel Mitglied dieses Leitungsgremiums ist.

Die Aufgaben des neunköpfigen ehrenamtlich arbeitenden Geistigen Rats liegen in der geistigen Begleitung und Betreuung der Mitglieder sowie in der Organisation von Veranstaltungen und Proklamationen, die Interessierten die Bahá'i-Religion näherbringen sollen. So bieten die Bahá'i in Basel Studienkreise an, in denen Bahá'i-Texte und auch Texte anderer Religionen beispielsweise zum Thema ‹Dienst an der Menschheit› gelesen und diskutiert werden. Bei den Bahá'i-Andachten wird ebenfalls zu einem Thema aus den heiligen Schriften der Bahá'i[1] gelesen, bisweilen aber auch aus jenen anderer Religionen, also etwa aus der Bibel, aus dem Koran oder der Bhagawad Gita. Eine Diskussion nach solchen Lesungen unterbleibt jedoch um der Andacht willen. «Es ist sehr eindrücklich, festzustellen, wie die heiligen Schriften thematisch und geistig übereinstimmen», unterstreicht Blaser die praktizierte geistige Ökumene der Bahá'i.

Eine weitere Besonderheit der Bahá'i-Religion ist das 19-Tage-Fest, das am Abend zu Beginn jedes Bahá'i-Monats (der Bahá'i-Kalender zählt 19 Monate à 19 Tage) gleichsam in drei Akten stattfindet; zu diesem Fest versammeln sich alle Mitglieder einer Gemeinde. Erster Akt: Andacht mit Gebet, wenig Gesang. Zweiter Akt: beratender Teil, bei dem der Geistige Rat die Gemeinde über laufende und geplante Projekte informiert und mit ihr darüber berät; hier ist Raum für Vorschläge aus der Gemeinde. Dritter Akt: geselliges Beisammensein, bei dem sich die einzelnen Gemeindemitglieder näher kennenlernen können. «Das ist der Grundstein der Bahá'i-Verwaltungsordnung», betont Blaser, «denn wir kennen keine Propaganda für die alljährlichen Wahlen des Geistigen Rats». Ein Ziel der Bahá'i in Basel ist die offizielle Anerkennung, so wie sie etwa für die Bahá'i in Deutschland bereits Realität ist. Als ersten Schritt strebt man denn auch entsprechend der neuen Kantonsverfassung die kantonale Anerkennung auf privatrechtlicher Basis an.

Auf nationaler Ebene amtet ein gewählter Geistiger Rat, und auf internationaler Ebene laufen die Fäden im Universalen Haus der Gerechtigkeit zusammen, dessen Sitz in Haifa soeben von der UNO als Weltkulturerbe anerkannt wurde.

Anmerkung

1   Zu den heiligen Schriften der Bahá'í zählen unter anderem folgende Bücher Bahá'u'lláhs: Die ‹Sieben Täler›, in dem der Religionsstifter den mystischen Weg zu Gott aufzeigt; ‹Verborgene Worte› enthält ethische und spirituelle Weisheitssprüche; das ‹Buch der Gewissheit› erläutert die theologischen Grundlagen des Bahá'í-Glaubens und legt zugleich Bahá'u'lláhs Ansatz für die Einigung der Religionen dar.

Architektur und Städtebau

237 Iris Meier
Koi-Storys
Moderne Sagen um den Novartis Campus

243 Roger Ehret
Drachen-Wandel
*Nach einem radikalen Umbau beginnt für das Drachen-Center
ein halbes Jahrhundert nach der Ersteröffnung ein neues Kapitel*

Koi-Storys

Moderne Sagen um den Novartis Campus

Iris Meier

What shall I call thee? Wie Novartis zu ihrem Namen kam

Wer jemals einen Namen für die eigene Rockband oder sein Meerschweinchen finden musste, weiss, wie schwierig ein solches Unterfangen ist. Alles klingt entweder zu banal oder zu exotisch. Vor die Aufgabe der Namensfindung gestellt sahen sich im Jahr 1996, kurz vor ihrer Fusion, auch Ciba-Geigy und Sandoz. In Basel erzählt man sich, dass zu diesem Zwecke eine lange Sitzung gehalten wurde. Unter anderem wurde ins Auge gefasst, aus den beiden Firmennamen einen neuen zu schaffen. Ohne Erfolg: Cidoz klang zu sehr nach einem Erfrischungsgetränk mit Limonengeschmack und Sanba zu sehr nach einem lateinamerikanischen Tanz. Nach acht Stunden Sitzung ohne Resultat soll Ciba-Chef Alex Krauer in breitestem Baseldytsch gesagt haben: «No wartis ab, bis uns öppis Gscheits iigfalle isch!» Der Name der Firma war gefunden. Aus dem W wurde in der schriftlichen Variante ein V. (Andere Quellen berichten, der Name sei aus dem Lateinischen *novae artes*, ‹neue Künste›, abgeleitet.)

Darf ich mal kosten? Koi-Story 1

Kois, eine japanische Karpfenart, sind in Asien ein Symbol für Glück und Wohlstand. In einem Teich auf dem Novartis Campus, so wird erzählt, schwimmen davon achtzehn Exemplare, die, so sagt man, vom Chef persönlich mit seinem Heliko(i)pter von einem Koi-Züchter aus Deutschland geholt worden seien. Die kostbaren Fische (man spricht von Preisen in sechsstelliger Höhe) sollen nicht bloss ein ästhetischer Genuss sein. Als sich im Frühjahr 2008 die ganze Schweiz vor dem Verlust der Nationalwurst Cervelat fürchtete, schien dies bei Novartis kein Thema gewesen zu sein. Was trauert ein Gourmet um eine Wurst, wenn er Delikatessen auf den Grill legen kann? Es wird in Basel nämlich erzählt, dass bestimmte Leute bei Novartis exklusive Grillfeste feiern, an welchen die sündhaft teuren Kois gegrillt und verzehrt werden.

Auge um Auge, Koi um Koi. Koi-Story 2

Die wertvollen Kois sollen äusserst anspruchsvoll in der Pflege sein. Sie seien so scheu, dass sie sich nur von einer Bezugsperson füttern lassen. Es wird erzählt, dass jeder der Herren von der Novartis-Chefetage persönlich für einen Koi zuständig sei und diesen täglich selbst füttere. Eines Tages soll einer der Herren entlassen worden sein. Am nächsten Tag habe man den Koi seines Vorgesetzten leblos im Teich gefunden: vergiftet.

Andere Quellen berichten, dass der Koi des Entlassenen aus Kummer gestorben sei. Wieder andere erzählen, dass nach jener Entlassung alle achtzehn Kois tot an der Wasseroberfläche getrieben seien.

Zivilschutz oder Männertraum? Der Jagdbunker

Ein Gebäudekomplex wie der Novartis Campus braucht einen grossen Bunker. Von diesem Bunker wird erzählt, dass er nicht nur in Krisenzeiten Schutz bieten solle, sondern den Herren der oberen Etagen der Firma als Jagdkeller diene. Dieser Keller sei als edler Schiessstand ausgerüstet, mit künstlichen Zehnendern, einem Trophäenraum und einer Bar mit gemütlichen Ledersesseln. Die Bar sei der einzige Raum auf dem Novartis-Areal, in dem geraucht werden dürfe. Genossen würden dabei nur teuerste Zigarren.

Die Moskitos in den tropischen Bäumen. Die Schöne und das Biest 1

So exklusiv wie das Fumoir im Jagdkeller und die Fauna im Teich soll auch die Flora im neuen bunten Campus-Gebäude von Diener & Diener Architekten sein: Im Innenhof des Glaspalastes stehen tropische Bäume. Es wird nun erzählt, dass zusammen mit diesen exotischen Schönheiten unwillentlich auch ein Biest eingeführt worden sei: Mit den Bäumen seien Moskitos importiert worden, durch deren Stiche gefährliche tropische Krankheiten übertragen worden seien – glücklicherweise in einem Pharmaunternehmen, das unter anderem für seine effektiven Malariamittel bekannt ist.

Die Spinne in der Yucca-Palme. Die Schöne und das Biest 2

Mit der Moskitogeschichte verwandt ist eine Geschichte, die in den 80er Jahren in Deutschland und der Schweiz meist mündlich tradiert wurde: Eine Frau bekommt eine aus Mittelamerika stammende Yucca-Palme geschenkt. Bald stellt sich heraus, dass mit dem Import der Pflanze gleichzeitig eine Tarantelfamilie importiert wurde, welche die ahnungslose Protagonistin in Angst und Schrecken versetzt.

Die Geschichte wurde so bekannt, dass sie dem Volkskundler Rolf Wilhelm Brednich als Titel seiner ersten Sammlung moderner Sagen diente.[1] Moderne Sagen sind für wahr gehaltene Geschichten, die in der heutigen Zeit spielen und meist mündlich überliefert sind. *Se non è vero, è ben trovato:* Einige davon haben einen wahren Kern, andere sind frei erfunden. Mit den älteren Sagen teilen sie das aussergewöhnliche, manchmal angsterregende, überraschende bis unerhörte Element, das den Kern der Erzählung bildet. Neu ist bei den modernen Sagen die Verortung in einer entzauberten modernen Lebenswelt. Sie erzählen von der Auseinandersetzung des Menschen mit zeitgenössischen Phänomenen wie der Technik, der Mobilität und der Industrie. Oft handelt es sich um narrativ ausgestaltete Gerüchte, die einem Freund eines Freundes passiert sein sollen. Aufgrund dieser indirekten Verbürgung werden die Geschichten international auch als Foaf (friend of a friend) -tales bezeichnet.

Die Novartis-Geschichten als moderne Sagen

Die hier erzählten Geschichten können als solche modernen Sagen bezeichnet werden. Besonders deutlich wird dies beim Vergleich der Geschichten von der Yucca-Palme und der von den exotischen Novartis-Bäumen. Beide beruhen auf demselben Motiv: Eine exotische Pflanze wird aus ästhetischen Gründen in heimische Gefilde gebracht. Mit der Schönheit der Pflanze wird aber gleichzeitig das ‹gefährliche Fremde› eingeführt.

Auch die andern hier erzählten Geschichten spielen vor einer modernen Kulisse, enthalten ein unerwartetes Ereignis und werden meist mündlich weitererzählt. Die Koi-Geschichte mit den vergifteten Fischen hat mit vielen modernen Sagen das für das Genre typische Motiv der Rache gemein. Der Umstand, dass verschiedene Varianten der Koi-Storys kursieren, ist ein Indikator für deren mündliche Weitergabe, was ebenfalls ein Merkmal moderner Sagen ist. Durch das mündliche Weitererzählen entstehen immer wieder neue Variationen und Ausschmückungen.

Typisch an den Koi-Storys ist auch das traurige Ende der tierischen Protagonisten. Die meisten Tiere, die in modernen Sagen vorkommen, sterben eines unnatürlichen Todes: Am bekanntesten ist wohl die bedauernswerte Katze, die – so will es die Geschichte – in einer Mikrowelle explodierte, in die sie zum Trocknen gelegt worden war.

Selbst die witzige Geschichte mit dem «No wartis ab»-Ausspruch von Alex Krauer kann zu den (modernen) Sagen gezählt werden, namentlich zu den sogenannten ätiologischen Sagen, in denen es um die Erklärung von Naturphänomenen oder die Herkunft von Namen geht.

Wo man nicht rein kann, davon muss man erzählen

Das Interessanteste an solchen Geschichten ist wohl die Frage, warum sie sich verbreiten und welche Diskurse sich darin spiegeln. Bei einem Konzern wie Novartis, der jährlich Umsatz- und Gewinnzahlen vorweist, die mit so vielen Nullen ausgestattet sind, dass einem vom Lesen schwindlig werden kann, erstaunt es nicht, dass die Geschichten, die über das Unternehmen erzählt werden, von Luxus, Status und Privilegien handeln.

Bei den Geschichten rund um den Campus ist es wohl in erster Linie die Abgeschlossenheit der ‹Stadt in der Stadt›, zu der man ohne Batches keinen Zugang hat, die die Neugier weckt und dazu führt, dass solche Geschichten weitererzählt werden. Je weniger man über einen ummauerten Ort weiss, desto interessanter ist er, und umso mehr wird darüber erzählt und spekuliert. Gut möglich, dass sich mit der Erweiterung des Novartis Campus auch das Repertoire an Geschichten, die darüber erzählt werden, erweitern wird. Wovon die Geschichten handeln werden? Koi Ahnig – No wartis ab.

Anmerkung

1   Rolf Wilhelm Brednich: Die Spinne in der Yucca-Palme. Sagenhafte Geschichten von heute. München 1990.

Drachen-Wandel

Nach einem radikalen Umbau beginnt für das Drachen-Center ein halbes Jahrhundert nach der Ersteröffnung ein neues Kapitel

Roger Ehret

Als in den frühen 50er Jahren in Basel die Pläne für das neuartige Drachen-Center bekannt wurden, lösten sie Staunen aus – und heftigen Protest. Daran muss ich denken, als ich Mitte November 2008 an einem trüben Sonntagnachmittag beobachte, wie vor dem immer noch eingerüsteten Drachen-Center Leute stehen bleiben, neugierig oder auch skeptisch an den Bretterwänden vorbei ins Innere blicken und angeregt diskutieren. In den meisten Räumen brennt Licht, im Erdgeschoss kniet ein Handwerker auf dem Boden und spachtelt Zement in eine lange Ritze, von der Decke hängen Kabel. Im März 2008 hat Migros Basel verlauten lassen: «Die Eröffnung ist auf November geplant.» Ob der Grossverteiler, der das Gebäude 2004 für 20 Millionen Franken aus der Konkursmasse der Drachen AG ersteigerte und nun für rund 80 Millionen Franken umbaut, diesen Zeitplan einhalten kann? Zehn Tage und einige Sondereinsätze später sind am Abend des 26. November auf dem Trottoir vor dem Gebäude rote Teppiche ausgebreitet, allerdings nur für geladene Gäste; wer ohne Einladung kommt, wird freundlich auf den nächsten Morgen verwiesen.

Ein paar Monate vor dem sonntäglichen Augenschein erzählte eine ältere Baslerin, wie beeindruckt sie 1958 vom Neubau war: «Der Drachen kam mir vor wie aus einer anderen Welt und aus einer anderen Zeit. Früher standen hier dunkle alte Häuser, wie zum Beispiel das Haus Zum Drachen, dann war plötzlich alles breit und hell und so grossstädtisch wie auf Fotos aus Amerika, die wir in Zeitschriften und Illustrierten sahen. Und irgendwie waren wir damals stolz darauf, dass es nun auch bei uns so etwas Modernes gab, auch wenn dafür vertraute Häuser hatten verschwinden müssen.»

Tatsächlich war das Drachen-Center vor fünfzig Jahren ein spektakulärer Bau, mit der ersten Tiefgarage der Stadt und dem ersten Shoppingcenter der Schweiz. Bauherr war der Briefmarkenhändler Ernst Müller-Prince – in Basel als ‹Maargge-Mulle› bekannt –, die Pläne hatte das Architekturbüro Bräuning, Leu, Dürig entworfen. Die städtebauliche Grundlage bildete der überarbeitete Korrektionsplan von 1934, den Arnold Schuhmacher, der Chef des damals neu geschaffenen Stadtplanbüros, ausgearbeitet hatte. Wie die Stadt sich seinen Vorstellungen nach entwickeln sollte, welche Folgen die neue Baulinienordnung hatte, wurde noch vor dem Krieg deutlich, als an der stark verbreiterten Spiegelgasse der 112 Meter lange Spiegelhof entstand. Die heftige Kritik, die der Plan und seine ersten Konkretisierungen auslösten, führte dazu, dass 1939 im neuen Hochbautengesetz erstmals eine Altstadtzone ausgewiesen wurde. Nach dem Krieg wurde der Korrektionsplan erneut überarbeitet. Aufgerüttelt durch die Zerstörungen in zahllosen europäischen Städten, wollte man nun in Basel nicht mehr weite Teile der Innerstadt abreissen. Aber nach wie vor und nun erst recht sollten durch die Altstadtgebiete neue, verbreiterte Strassen führen, wie zum Beispiel die geplante Talentlastungsstrasse vom Blumenrain bis zum Barfüsserplatz. Gegen diesen überarbeiteten Zonenplan ergriff eine Gruppe von Studenten und Architekten 1949 das Referendum, kam damit aber nicht durch.

Als dann nur wenige Jahre später die Pläne für zwei Neubauten in der Aeschenvorstadt, darunter das Drachen-Center, bekannt wurden, formierten sich die Kritiker erneut. Eine Gruppe um Lucius Burckhardt gründete die Aktion Aesche, die vor allem gegen die Verbreiterung der Aeschenvorstadt von 8 auf 20 Meter protestierte. 1953 veröffentlichte Lucius Burckhardt gemeinsam mit Markus Kutter die Schrift ‹Wir selber bauen unsere Stadt›[1], in der die beiden jungen Intellektuellen ein Konzept für die Innenstadt forderten, das sich nicht an den Bedürfnissen des Verkehrs orientiert, sondern an denjenigen einkaufender Fussgänger. Die Aktion Aesche wehrte sich zwar gegen eine Verbreiterung der Vorstadt, aber nicht grundsätzlich gegen die Errichtung von Geschäftshäusern dort. Gleich in zwei Abstimmungskämpfen konnte sie ihre Argumente vorbringen: Im September 1953 ging es um den Verkauf von zwei staatlichen Liegenschaften, der den Bau des Drachen-Centers ermöglichen sollte, im Dezember 1954 um eine Initiative der Aktion Aesche, welche die Baulinie von 1949 wieder aufheben und so verhindern wollte, dass die Aeschenvorstadt eine breite ‹Zweirichtungsstrasse› wird.

An einem fasnächtlich inspirierten Protestumzug im Frühling 1953 nahmen Tambouren und Pfeifer der Rumpel Clique teil, Mitglieder der Aktion Aesche, andere Korrektionsgegner und Anwohner der Aeschenvorstadt sowie der Mundartdichter Moritz Ruckhäberle, der ein Gedicht vortrug, das die Sorgen der Demonstrierenden auf den Punkt brachte: «Was gmietlig isch, das mies ewägg; / Denn unsri Zit, die frogt e Drägg, / Was uns lieb gsi und vertraut; / 's wird aifach lieblos baut und baut.»[2] Trotz guter Argumente und der ebenso originellen wie emotionalen Inszenierung des Protests verlor die Aktion Aesche die Abstimmung, wobei beim Verkauf der Aeschenvorstadt 30 bloss 350 Stimmen ausschlaggebend waren.

Auch die zweite Abstimmung im Jahr darauf ging zuungunsten der Korrektionsgegner aus. Damit war der Weg frei für die moderne Aeschenvorstadt, damit war aber auch «der Untergang einer noch fast intakten malerischen Altstadtstrasse besiegelt»[3]. Als in den 60er Jahren für den Bau des Anfos-Hauses auch der Goldene Sternen und der

Hirzen verschwinden sollten, schrieben die ‹Basler Nachrichten›, die 1937 die ersten Abrisse in der Vorstadt noch ausdrücklich begrüsst hatten, resigniert: «Kommende Generationen werden dieses Zerstörungswerk nie begreifen können.»[4]

Einige Jahrzehnte später scheint es jedoch, als hätten sich die Nachgeborenen an diese und auch an die vielen weiteren Eingriffe, die in der Aeschenvorstadt noch folgten, gewöhnt. Andererseits hat seither auch ganz allgemein die Sensibilität im Umgang mit der bestehenden Bausubstanz zugenommen. Ein Beleg dafür ist ausgerechnet das Drachen-Center, das die staatliche Denkmalpflege 2005 unter Schutz stellen wollte: «Es ist das einzige Symbol für das Wirtschaftswunder der fünfziger Jahre», so Bruno Thüring von der Denkmalpflege, «kein anderes Bauwerk repräsentiert den damaligen Zeitgeist punkto Konsum und Mobilität in Basel besser».[5] Doch die Basler Regierung lehnte die Eintragung in das Denkmalverzeichnis ab: «Gegen die Unterschutzstellung sprechen neben den Interessen der Eigentümerin zudem städtebauliche und nutzungsplanerische Interessen.»[6] Drei Jahre nach diesem Entscheid konnte Migros Basel die Filiale Kirschgarten aufgeben und in die Aeschenvorstadt ziehen, wo sie das Parterre mit elf eingemieteten Läden teilt und das Obergeschoss alleine belegt.

Am Samstag nach der Eröffnung treffe ich in der Nähe des Drachen-Centers eine Architektin, die auch als Bauhistorikerin arbeitet, und erfahre von ihr, dass sie «eigentlich positiv überrascht» sei: «Innen ist vom früheren Drachen leider praktisch nichts mehr übrig geblieben, aussen aber sind die Veränderungen relativ dezent ausgefallen – ganz passabel.» Das Denkmal, das offiziell keines sein durfte, hat zumindest sein Gesicht bewahrt.

Anmerkungen

1 Burckhardt, Lucius / Kutter, Markus: Wir selber bauen unsere Stadt. Basel 1953.
2 Gasser, Michael / Härri, Marianne: Die Basler Aeschenvorstadt. Bausteine einer wachsenden Stadt. Basel 2001, S. 141. Weitere Literatur zur Geschichte und Entwicklung der Aeschenvorstadt: Kreis, Georg: Das Schicksal der Aeschenvorstadt. In: ders.: Vorgeschichten zur Gegenwart. Band 3, Basel 2005, S. 53–59; Suter, Rudolf: Von der alten zur neuen Aeschenvorstadt. Basel 1991.
3 Suter (wie Anm. 2), S. 25.
4 Zitiert nach Suter (wie Anm. 2), S. 25.
5 Basler Zeitung vom 20. Juli 2005.
6 Medienmitteilung des Regierungsrats vom 12. September 2005.

Sport

251 Monika Wirth
Pitch und Putt für jedermann
Golf spielen ist erschwinglich geworden und spricht die breite Bevölkerung an. Doch die Vornehmen und Reichen verteidigen ihre Bastionen.

255 Andreas W. Schmid
«Wie ein Sechser im Lotto»
Ein Gespräch mit Jörg Schild, ehemals Regierungsrat von Basel-Stadt und heute Präsident von Swiss Olympic, dem Dachverband der Schweizer Sportverbände

Pitch und Putt für jedermann

Golf spielen ist erschwinglich geworden und spricht die breite Bevölkerung an. Doch die Vornehmen und Reichen verteidigen ihre Bastionen.

Monika Wirth

Ein sonniger Oktobernachmittag im Gartenbad Bachgraben. Es ist Winterpause, dennoch herrscht Betrieb. Marco Fräulin macht sich für seinen Golfkurs bereit. «Früher fand ich Golfen dekadent, und ich dachte, das sei kein richtiger Sport», sagt der 27-jährige Revisor. Seit ihn aber ein paar Studienkollegen auf die Anlage mitgenommen haben, hat sich das geändert. «Ich muss sagen, eine Runde ist anstrengend. Nach drei Stunden Pitch und Putt lassen Konzentration und Kraft nach. Ich hatte anfangs sogar Muskelkater», so Fräulin, der sich als sportlich und gut trainiert einschätzt. In der Driving Box nebenan schlägt Rosmarie Spycher konzentriert die weissen Bälle ins Fangnetz. «Golfen ist ein fantastischer Sport», sagt die über 70-jährige Anfängerin. «Man ist mehrere Stunden an der frischen Luft, bewegt sich und kann die Landschaft geniessen.» Kilian Schaub, 43 Jahre alt, Bankkaufmann, ehemaliger Handballer, zieht seinen Trolley zu Loch 1. «Ich komme einfach gern hierher, die Atmosphäre ist familiär, gemeinschaftlich, und man wird nicht wie auf gewissen Golfplätzen schief angeschaut, wenn man mit einem Toyota vorfährt.»

Kein Zweifel: Der Golfsport hat seinen exklusiven Touch verloren. Im September 2002 eröffnete das Sportamt Basel-Stadt auf dem Gelände des Gartenbads Bachgraben einen 6-Loch-Kurzspielplatz mit Clubhaus, Driving Box und Putting Green. Heute bietet die Anlage, die dem Trägerverein ‹City Golf Basel-Bachgraben› unterstellt ist – ein eigenständiger Verein mit 80 Mitgliedern –, in der Hauptsaison 15 Par-3-Löcher mit einer Länge zwischen 42 und 181 Metern. Der Platz ist laut Eigenwerbung «die einzige mitten in einer Stadt angelegte öffentliche Golfanlage in Europa» und gut besucht. Von September bis Mai schlagen hier die pensionierte Lehrerin mit Freundin, der Plattenleger mit Familie oder Studierende im Unisport-Kurs die Bälle weit über Garderoben und Schwimmbecken. «An schönen Sonntagen können wir schon mal hundert Besucherinnen und Besucher zählen, unter der Woche sind es durchschnittlich zwanzig bis dreissig pro Tag», sagt Evelyne Müller, Geschäftsführerin des Clubhauses.

Auf der Basler Golfanlage kann jedermann das Eisen schwingen, denn eine Clubmitgliedschaft ist nicht verlangt, die Greenfees sind günstig, ein Golfset kann für fünf Franken gemietet werden, und statt zuerst die Platzreife und Handicaps anzustreben, kann man mit einem Paten mit City-Golf-Zertifikat gleich aufs Green. «Ein Wochenendkurs bietet eine ideale Einführung, in der Regeln und Grundtechniken dieses anspruchsvollen Sports vermittelt werden können», so Golflehrer Markus Müller. Natürlich gibt es auch beim City Golf Verhaltensregeln; diese schreiben aber nicht die Länge von Shorts oder die Kragen der Poloshirts vor, sondern sollen die Sicherheit auf dem kleinen Platz gewährleisten. Golf kann gefährlich sein – bisher hat dies auf der Basler Anlage aber glücklicherweise nur eine Ente erfahren.

Dass Golfen nicht mehr nur den Vornehmen und Reichen vorbehalten ist, sondern sich zum Breitensport entwickelt, ist schon seit mehreren Jahren zu beobachten. Während der ‹Schweizerische Golfverband› 1975 noch 6796 Mitglieder in 28 Clubs zählte, waren es im vergangenen Jahr bereits 52 967 in 94 Vereinen. Dazu kommen 30 000 bis 40 000 Golferinnen und Golfer, die zum Teil in der ‹Schweizerischen Vereinigung der unabhängigen Golfer›, der ‹Association Suisse des Golfeurs Indépendants›, organisiert sind. «Ein eigentlicher Aufschwung, der die breite Bevölkerungsschicht mobilisiert, findet seit zehn Jahren statt», erklärt Matthias Reutercrona, Leiter des Migros-Golfparks Otelfingen, einer der sieben Migros-eigenen Golfanlagen, auf denen fürs Spielen keine Clubmitgliedschaft verlangt wird. Im Jahr 2008 bot die Klubschule Migros 35 Golfkurse an, vom ‹Golf Bambini Saisonkurs 1› bis zu ‹Golfferien in der Türkei›.

Was treibt die Menschen dazu, einen Ball mit dem Eisen wegzuschlagen, um ihm nachzulaufen? Am Anfang war es ein Trend, der viele veranlasste, sich auch mal auf der Driving Range zu versuchen. Und nicht wenige bleiben dabei. Wie Adrian Erb, der Golf im Wahlfachsport entdeckt hat. «Es ist faszinierend, wenn ein weiter Schlag gelingt», erzählt der 17-jährige Schüler des Gymnasiums Kirschgarten. «Ausserdem sind Golfplätze meist schöne Anlagen, man kann mit Freunden draussen Zeit verbringen und sich trotz unterschiedlicher Stärkeklasse mit jedem – oder auch nur mit sich selber – messen.»

Trotz der Popularisierung gilt: Joggen oder Schutten auf der Wiese ist billiger. Wer in einem Golfclub Mitglied werden möchte, muss neben einer Einstandsgebühr in Form von Anteil- oder Zeichnungsscheinen einen Jahresbeitrag von mindestens einigen Hundert Franken bezahlen, dazu kommen Fahrtkosten – meist ist für die Anreise das Auto nötig – und die Ausrüstung, auch wenn man diese inzwischen mit Glück günstig auf ricardo.ch ersteigern kann. Und in manchen Golfparks ist die Welt noch in Ordnung, da kostet die Eintrittskarte, zum Teil *à fonds perdu*, rund 30 000 Franken, der Jahresbeitrag rund 3000 Franken. Und eine Clubmitgliedschaft muss von zwei Paten, die mit dem Antragsteller nicht verwandt sein dürfen, gefördert werden, bevor eine Kommission über eine Mitgliedschaft entscheidet. Die Sponsoren des Schweizerischen Golfverbands heissen denn immer noch Crédit Suisse, Jaguar und Rolex.

Ganz anders orientieren sich da Sportler wie Xaver Zimmermann. Ein Freund des 31-Jährigen hatte sich auf dem Flohmarkt einen Golfschläger gekauft und ihm vorgeschlagen, auf dem Basler NT-Areal ein paar Bälle auf die Dächer von Hallen oder die Brache abzuschlagen. «Natürlich haben wir die Bälle danach gesucht, aber wenn man mal richtig trifft, ist er weg. Ein tolles Gefühl übrigens.» Dieses anarchische Verständnis von Golf hat schon länger einen Namen. Seit 1992 gibt es die ‹Natural Born Golfers›, die mit der neuen Sportart ‹Crossgolf› «ein konservatives, elitäres Spiel in die urbane Realität» befördern, so die Hamburger Gründer auf ihrer Website. Heute zählt die Bewegung 150 000 Supporter weltweit, die auf Hausdächern, Schrottplätzen oder in Hafengebieten Turniere organisieren und dem Sport mit ihrer ‹Rock'n-Hole-Philosophie› eine ganz eigene Prägung geben. Es scheint, egal ob man Fallobst ins Feld, einen Ball in die Baggerschaufel oder aufs fein präparierte Green schlägt: Wenn man trifft, macht das einfach Spass.

Glossar

Driving Box: Abschlagplatz zum Üben langer Schläge

Driving Range: grosse Wiese mit mehreren Abschlagplätzen zum Üben langer Schläge

Greenfee: Tagesgebühr, um auf einem Platz spielen zu können

Handicap: Kennzahl, die die ungefähre Spielstärke eines Spielers beschreibt

Par-2/3/4-Loch: Mit dieser Anzahl Schläge sollte ein guter Spieler auf dieser Golfbahn eingelocht haben.

Pitch: Annäherungsschlag aus zwanzig bis hundert Metern Entfernung

Putt: kurzer Schlag vom Grün, um den Ball ins Loch zu spielen

Putting Green: Zielbereich beim Golf

Trolley: kleiner Wagen für die Golftasche mit Schlägersatz

Weitere Informationen und Literatur

www.asg.ch

www.asgi.ch

Regio Golf. Das Golf-Jahrbuch im Dreiland 2008. Basel 2008.

«Wie ein Sechser im Lotto»

Ein Gespräch mit Jörg Schild, ehemals Regierungsrat
von Basel-Stadt und heute Präsident von Swiss Olympic,
dem Dachverband der Schweizer Sportverbände

Andreas W. Schmid

Im November 2005 wurde der Basler Jörg Schild, der einst selbst ein Spitzenhandballer war, zum Präsidenten von Swiss Olympic gewählt. Mit den Olympischen Sommerspielen in Peking endet sein erster olympischer Zyklus, nachdem er 2006 in Turin seine Winterpremiere erlebt hatte. Vor Peking kam Jörg Schild in die Schlagzeilen der internationalen Medien, weil er nach den Unruhen in Tibet das IOC scharf kritisiert hatte.

Als oberster Schweizer Sportfunktionär müssen Sie für bekannte Sportler wie Marcel Fischer oder Simon Ammann da sein, zugleich aber auch für den TV Kleinhüningen oder den Boccia-Club Basel. Beherrschen Sie mit Ihren zwei künstlichen Hüftgelenken diesen Spagat?
Jörg Schild: Den vollführte ich bereits, als ich noch Polizeidirektor im Spiegelhof war. Man darf es nicht allen Leuten recht machen wollen. Zugleich ist es aber wichtig, dass sich alle ernst genommen fühlen. Denn Bedürfnisse gibt es viele: 82 Verbände in olympischen und nicht olympischen Sportarten gehören Swiss Olympic an. Diese Vielfalt ist es, die mir in meiner Tätigkeit als Präsident des Sport-Dachverbandes grossen Spass bereitet.

Ihren Rücktritt von der Politk haben Sie demnach nie bereut?
Nein. Wenn ich etwas aus meiner Aktivzeit als Sportler gelernt habe, dann das: Man darf den richtigen Zeitpunkt um aufzuhören nicht verpassen. Ich bin sehr zufrieden mit dem, was ich mache. Ich darf in meinem Job grossartigen Sportveranstaltungen beiwohnen. Für einen ehemaligen Spitzensportler wie mich ist das wie ein Sechser im Lotto.

Wie gefiel Ihnen die Euro?
Mich hat im Vorfeld enorm gestört, wie alles kritisiert wurde. Eine Zeit lang, so schien es mir, gehörte es zum guten Ton, die Nase über diesen Anlass zu rümpfen. Während der Euro selbst hatte ich mir von der Stimmung mehr erhofft. Doch dafür hätte die Schweizer

Mannschaft an ihren drei Spielen in Basel mehr Erfolg haben müssen. Immerhin durften wir dann noch im Viertelfinal mit den fast 200 000 Holländern, die nach Basel kamen, erleben, wie fröhlich ein Fussballfest verlaufen kann.

> *Sie waren das erste Mitglied der olympischen Familie, das das IOC nach den Unruhen in Tibet kritisierte. Wann war der Moment gekommen, dass Sie dachten: So, jetzt muss ich mit meiner Meinung an die Öffentlichkeit gehen?*

Das geschah spontan, als ich in meiner Funktion als Präsident von Swiss Olympic vom Radio um eine Stellungnahme gebeten wurde. Die Ereignisse in Tibet stimmten mich traurig. Ich erwartete, dass das IOC und insbesondere sein Präsident Jacques Rogge China ermahnen würden, seine innenpolitischen Probleme im Sinne des olympischen Gedankens im Dialog und nicht mit Gewalt zu lösen. Hatten einzelne IOC-Mitglieder bei der Vergabe der Spiele nach Peking nicht öffentlich eine Verbesserung der Menschenrechtssituation angekündigt? Nun, da klar war, dass dies nicht der Fall sein würde, geschah nichts, und man hörte nichts. Stattdessen wurden erste Boykottdrohungen laut. Der Sport sollte wieder einmal die Versäumnisse der Politik ausbaden. Das wollte ich nicht zulassen, also habe ich meine Kritik geäussert. Für mich war das nichts Besonderes. Ich habe ja auch schon früher als Basler Regierungsrat Klartext geredet, wenn mich etwas gestört hat. Ganz offensichtlich habe ich damit vielen Menschen aus dem Herzen gesprochen. So interpretiere ich zumindest die Reaktionen, die ich erhielt.

> *Wenig Zustimmung dürften Sie vom IOC erhalten haben.*

Die Reaktionen, die von dieser Seite eintrafen, zeigen, dass die Führungsgremien der olympischen Bewegung mit Kritik kaum umgehen können. Dass Rogge sich für die «stille Diplomatie», wie er sagt, entschied, kann ich akzeptieren. Und ich kann auch seine Aussage verstehen, dass der Einfluss des IOC auf die Einhaltung der Menschenrechte durch China in Tibet begrenzt war. Weil das bei der Vergabe der Spiele nicht verbindlich festgelegt worden war. Genau da muss man in Zukunft ansetzen. Die Olympische Charta mit ihren Forderungen und Werten soll nicht nur für die Athleten, sondern auch für die Gastgeberländer gelten. Das IOC muss diese künftig bei der Vergabe mit Verträgen dazu verpflichten, die Charta einzuhalten. Und eine Ethikkommission könnte vor Ort überprüfen, ob die Länder ihren Verpflichtungen nachkommen.

> *Wie erlebten Sie die Olympischen Spiele?*

Es waren eindrückliche zwei Wochen. Die Helfer waren von einer einzigartigen Freundlichkeit. Alles war perfekt organisiert. Und es schien sogar die Sonne. Ganz offensichtlich haben all die Massnahmen der Chinesen gegen die Luftverschmutzung gefruchtet. Nun hoffe ich, dass diese von einer gewissen Nachhaltigkeit sind und die Spiele zu einem

Umschwung im Bewusstsein führen, was Themen wie Menschenrechte oder Umweltschutz anbelangt. Ob das so sein wird, wissen wir jedoch erst in ein paar Jahren.

> *In Peking waren kaum Basler Sportler dabei.*
> *Das spricht nicht gerade für die Sportstadt Basel.*

Wir hatten mit Roger Federer immerhin einen Medaillengewinner. Ich würde das jetzt nicht überbewerten, dass sich dieses Mal nicht so viele für Olympia qualifiziert haben. Das kann 2012 in London schon wieder ganz anders sein. Wenn einem etwas Sorgen machen muss, dann vielleicht dies: Das Interesse in dieser Stadt war in früheren Jahren breiter auf verschiedene Sportarten verteilt. Früher kamen 10 000 Zuschauer auf die Kunschti oder 3000 bis 4000 in die Kongresshalle, um Handball zu schauen. Heute ist in Basel praktisch alles auf den FCB fokussiert. Die anderen Vereine haben es in seinem Schatten sehr schwer.

> *In der Tat. Die Schwimmer fordern seit Jahren eine Schwimmhalle mit einem*
> *50-Meter-Becken. Die Unterstützung der Behörden dafür ist gering; immerhin*
> *wird jetzt das Joggeli-Schwimmbecken mit einem Ballondach ausgestattet.*
> *Doch genügt das?*

Ich werde der Politik nicht dreinreden. Das habe ich mir bei meinem Rücktritt geschworen. Die kantonalen Instanzen und der Schwimmverband wissen, wie sie zu einem finanziellen Zustupf für solch eine Halle kommen können. Es braucht aber auch die Initiative von privater Seite, sonst lässt sich heutzutage solch ein teures Projekt nicht mehr verwirklichen. Auf alle Fälle, das scheint mir klar, würde eine 50-Meter-Schwimmhalle einer Stadt wie Basel gut anstehen.

> *Wofür werden Sie sich in den kommenden Jahren als höchster*
> *Schweizer Sportler einsetzen?*

Da gibt es viele Projekte. Besonders am Herzen liegt mir, dass wir die ethischen Grundsätze im Sport wieder vermehrt durchsetzen. Und da benötigen wir echte Vorbilder. Also keine schimpfenden Trainer, keine prügelnden Präsidenten, keine Spieler, die dem Gegner ins Gesicht spucken. Aber auch keine Fanbetreuer, die alles verharmlosen und keine Dopingsünder, die schon bald wieder mitmachen, nur weil die Vereine und Verbände zu wenig hart durchgreifen.

Fasnacht

265 Felix Rudolf von Rohr
Mir spiile us
Das Festival der Persiflage

Mir spiile us

Das Festival der Persiflage

Felix Rudolf von Rohr

In Basel haben wir eine Sujet-Fasnacht

Die Basler Fasnacht ist immer im Wandel. Aber die Veränderungen sind nie revolutionär, weil sich eben unser alljährliches Grossereignis wie jedes andere Volksbrauchtum langsam, fast schleichend wandelt, auf diese Weise dann aber auch Bestand hat. Heute würde man dies wohl nachhaltig nennen. Eines der Phänomene, die wir im Rückblick auf die letzten Jahre erkennen können, ist die steigende Beliebtheit der ‹freien Fasnacht› am Dienstag. Ältere Semester erinnern sich daran, dass früher der Dienstag noch als ganz normaler Arbeitstag galt und die meisten der aktiven Fasnächtlerinnen und Fasnächtler arbeiteten oder zumindest ihre Arbeitsplätze aufsuchten. Tagsüber zirkulierten noch die Strassenbahnen in der Innenstadt. Die Laternenausstellung fand in alten Mustermessehallen statt. Der Tag war in erster Linie den Kindern vorbehalten. Mittlerweile gilt der Dienstag den meisten Aktiven als fester Bestandteil der 72 Stunden. Man lässt seiner Fantasie ohne den sanften Zwang im Cliquenverband und im Cortège immer mehr freien Lauf. Die Kleinen und Kleinsten beleben die Stadt wie nie zuvor. Diese höchst erfreuliche Entwicklung zeigt, wie unsere Fasnacht sich mehr denn je selbst und lebendig verändert.

Aus dieser Tendenz ist allerdings auch schon abgeleitet worden, dass im Gegenzug die Cortèges am Montag- und Mittwochnachmittag an Wert oder gar Berechtigung verlieren. Dieser Kritik kann man entgegenhalten, dass die Anzahl der Teilnehmenden an diesen Nachmittagen seit vielen Jahren sehr konstant ist, nämlich gut 12 000 Aktive in rund 500 Gruppierungen aller Arten und Grössen. Viel wichtiger als diese statistische ‹Rechtfertigung› der Cortèges ist aber etwas ganz anderes: Die Basler Fasnacht ist nämlich nicht nur Selbstzweck. Fröhlichkeit, Pflege von Freundschaften, Farben und Melodien sind in irgendeiner Weise Merkmale der meisten Fasnachtsbräuche auf dieser Welt, so auch in Basel. Eine der wesentlichen Besonderheiten unserer Fasnacht ist jedoch die Umsetzung von Sujets, die Persiflage, die Kritik am kleinen und grossen Zeitgeschehen. Diese moderne Hofnarrenrolle kommt, neben den verbalen Giftpfeilen der Schnitzelbänkler, in erster Linie in den aufwendig und immer häufiger wieder mit grossem Esprit gestalteten Zügen der Cliquen, Wagen und anderen Gruppierungen zum Ausdruck. Schliesslich geht es ja darum, ein breites Publikum auf die Ungereimtheiten aufmerksam zu machen und den Menschen den Spiegel vorzuhalten. So sind und bleiben die Cortèges ein zentrales Element unserer Sujet-Fasnacht.

Eine ‹normale› Fasnacht – und ein Kompliment an die Wagen

Der Termin für die Fasnacht 2008 war extrem früh im Jahr. Das Morgenstreich-Datum, der 11. Februar, wurde letztmals im Jahr 1913 um einen Tag unterboten. Zumindest in diesem Jahrhundert werden wir keine so frühe Fasnacht mehr erleben. Trotzdem waren die Temperaturen angenehm. Das Wetter war trocken und teils sonnig. Nennenswerte Zwischenfälle mussten keine verzeichnet werden. Dazu beigetragen haben die Wagencliquen, die sich, aufgerüttelt durch den tragischen tödlichen Unfall im Vorjahr, mehr denn je um Sicherheitsvorkehrungen bemüht haben.

Mir spiile us

Ganz im Sinne dessen, was, wie eingangs dargelegt, unsere Fasnacht am meisten auszeichnet, stand der Jahrgang 2008 unter dem Motto des Ausspielens von Sujets, zu Baseldeutsch: ‹Mir spiile us›. Die von Pascal Kottmann entworfene Plakette zeigte, dieses Motto in übertragenem Sinn aufgreifend, ein Kartenspiel, in der Kupfer-, Silber- und Goldausführungen jeweils in unterschiedlichen Kombinationen von Fasnachtsfiguren, was dem Umsatz in der diesmal besonders kurzen Verkaufszeit zugutekam. Das Ausspielen von Sujets kam dann an den drei Tagen auch nicht zu kurz. Mindestens hundert verschiedene Gegebenheiten, Fauxpas, Trends, Sorgen und Sörgeli wurden thematisiert, wovon hier einige der Spitzenreiter erwähnt seien: die Abwahl des Herrn Blocher aus dem Bundesrat und die folgenden politischen Turbulenzen um seine Partei, die SVP, der Auftritt von Bundesrätin Calmy-Rey auf dem Rütli, BAZL-Chef Crons alte Schmiergeldaffären, die Verluste der UBS und die sich abzeichnende Finanzkrise, weltweite Umwelt- und Klimaprobleme, die bevorstehenden Präsidentschaftswahlen in den USA, Unmut und Querelen in den Kirchen, Dreck und Lärm, aber auch die Zunahme von Verboten und Vorschriften in unserer Stadt sowie unzählige lokale Gegebenheiten, die mit dem Ausspielen an der Fasnacht wieder in die Erinnerung zurückgeholt wurden. Sogar die hundert Jahre alten Schweizer Pfadfinder durften als Sujet herhalten. Schliesslich wurde auch die Sorge um unseren Dialekt, verbunden mit der Diskussion um die Einführung der deutschen Standardsprache in den untersten Schulstufen, zum Thema gemacht. Wie es um die Anwendung und die Schreibweise unseres Baseldeutsch steht, ist teilweise auch an den folgenden Müsterchen aus der reichen Fasnachtspoesie des Jahres 2008 ablesbar:

Do isch e Häärde wyssy Schoof – und e baar Schwarzi sinn do.
Vermuetlig hett das Schwarze d Familie lo koo.
Die schwarze Schööfli han y spööter im Zolli gseh.
Sie, dört isch gstande: Ne rien donner, s.v.p.
Schnitzelbank Fäärimaa

Do letschti simmer, suuber putzt, in unsere Hietli
au an dä Altersapéro im Albisgietli.
Wyt vorne duet ys do dä ... Dings willkomme haisse,
hejo, dä ... Dings – wie het jetzt dää scho wiider ghaisse?
Schnitzelbank Zahnstocher

Dr Pfaadifierer Mergeli
het riisegrossi Sergeli.
Är sott die Lagerbuude putze,
will die no andri wänn benutze.
Är schimpft, duet in dr Naase bohre,
sy Blocher het dr Stil verloore.
Zeedel Gundeli Clique

Sit s Maitli in de Pfadi het
gits Doppelzält und Doppelbett.
Laternenvers Gundeli Jungi Garde

Dr Papst Benedikt erklärt bim Abendmahl:
Mir Katholike, mir sin s Original.
Jä, denn sin doch – nur, das isch dumm –
mir Proteschtante halt s Genericum.
Schnitzelbank Doggter FMH

«Liebe Gott», due n y syt finf Joor bätte,
«mach uss em Bischof Koch e Nätte!»
Noch finf Joor Bätte waiss y jetzt:
Au em Liebe Gott sinn Gränze gsetzt.
Schnitzelbank Spitzbueb

D Kirche isch – dien Eych draa bsinne –
nit z Rom, nit z Gänf – nai: in Eych inne...
Laternenvers Spale Clique Alti Garde

E Huffe vo Iine sinn jetz im Stress:
«Was mach y mit de n Aktie vo dr UBS?»
E Typ an die, wo s nooni kenne:
Sy mien s Altbapyyr vom Abfall trenne!
Schnitzelbank Spitzbueb

Finde Sii nit au, grad das Johr – s hilft kai Muurre –
mien Ospel und Vasella sehr hart undeduure?
Mir hoffe sehnligscht, ass das Schicksal sich no wändet,
und frooge: «Hänn Sii scho für 2-Mool-Wiehnacht gspändet?»
Schnitzelbank Zahnstocher

Sii macht Wäggselbeeder mit, die armi Hillary.
Mängmool isch sii lutt, und mängmool isch s e Stilleri.
Und falls sii gwählt wird, bahnt sich fir der Bill e Drama aa:
Si stelli schyynts als Praktikant denn dr Obama aa.
Schnitzelbank Singvogel

S het im Käller vo däm Kuppeldach
nit nur dr Cron e Lyychefach.
Laternenvers Seibi Alti Garde

Dr Cron dä het im BAZL
e sichers Arbeitsplatzl.
Laternenvers Seibi Alti Garde

Mir sinn z Paris gsi mit em neie TGV.
Dää faart so schnäll, do duet dir s Uuseluege wee.
Zrugg in knapp vier Stund – doch mir dumme Sieche
hänn gliich lang gwartet z Basel fir e Dramm uff Rieche.
Schnitzelbank Die Penetrante

E Gweer im Kaschte fieri halt
lut Fetz zue eheliger Gwalt.
Yyverstande – aber graad – wäge dääne Gwalte,
wett y wenigschtens my Helm none bitzli bhalte!
Schnitzelbank Peperoni

D Aggtie falle, dr Brootbryys ziet aa,
dr Spryt kaasch scho glyy au als Zwaierli haa.
Goot das esoo wyters, no zaalsch denn bigoscht,
dr ney Kaare mit Bargäld und leasisch dr Moscht.
Schnitzelbank Schooffsuuri

S git um die neje rote Rettigsring e Riisegschyss,
denn s gseht dr Dänggmolpfläger rot; är hät si lieber wyss.
Mir isch doch wurscht, ob d Rettigsring jetz wyss sin oder rot –
bi däre Art vo Dänggmolpfläg kunnt jedi Rettig z spot.
Schnitzelbank Schwoobekäfer

D Frau Friidli het geboore hüt e Fritzli, und voll Luscht
rieft dä Fritzli: mäm-mäm – und stüürzt an d Mueterbruscht.
D Hebamme hebt dr Finger uf und mahnt dr Fritzli: Schatz,
bitte sags auf Hochdeutsch und mach einen ganzen Satz!
Schnitzelbank Stächpalme

S duet wohrschyns au dämm Zeedel do
e eender druurig Schicksal drohe.
Är wird kurz aagluegt und verknitteret
und denn sofort an Boode glitteret.
Zeedel Lälli Clique

Chronik
2008

zusammengestellt von Matthias Buschle

Januar

1 Die beiden Abteilungen ‹Massnahmen› und ‹Aufenthalte› des baselstädtischen Sicherheitsdepartements werden mit Beginn des Jahres zum neuen **Amt für Migration** zusammengelegt.

1 Die IG Velo nennt sich ab sofort **Pro Velo**. Die Umbenennung erfolgt auf Anregung der schweizerischen Dachorganisation Pro Velo Schweiz – die Lobby der Velofahrer in Alltag und Freizeit.

1 Nach neunzig getrennten Jahren arbeiten Pro Senectute Basel-Stadt und Pro Senectute Baselland gemeinsam. Die beiden Stiftungen fusionieren zur **Pro Senectute beider Basel**.

2 Mit **gefälschten 50-Euro-Noten** (mit «limitierter Fälschungsqualität») sowie Haschisch und Marihuana werden fünf Niederländer an der Deutsch-Schweizer Grenze erwischt. Sie werden der deutschen Bundespolizei übergeben.

4 Für die, die zu keinem Neujahrsapéro geladen sind, veranstalten die drei christlichen Landeskirchen – Evangelisch-reformierte Kirche, Römisch-Katholische Kirche und Christkatholische Kirche – einen **Dreikönigsapéro** in der Clarakirche.

5 Vor 100 Jahren wurde **Mina Böni** in Möhlin geboren. Sie war unter anderem Serviertochter im Restaurant Schiff in Kleinhüningen und im Riehenhof.

6 **Drehbeginn** für ‹Das Verhör des Harry Wind›, ein Film mit internationaler Besetzung – unter anderem mit Klaus Maria Brandauer. Gedreht wird in Basel, so auch im Hotel Les Trois Rois. Drehbuchautor und Produzent ist der Basler Alex Martin.

7 «Unsere Erwartungen wurden massiv übertroffen», so lautet das Resümee von Thomas Staehelin, Präsident der Handelskammer beider Basel, beim diesjährigen **Neujahrsempfang** vor rund 700 geladenen Gästen.

8 Eine 16-köpfige **Delegation aus Schanghai** – seit November 2007 offiziell Partnerstadt von Basel – informiert sich über den Life-Science-Standort Basel. Anschliessend wird sie von Mitgliedern der Regierung empfangen.

9 Fussballfieber im Theaterfoyer: Der **Neujahrsapéro des Gewerbeverbandes** steht ganz im Zeichen des kommenden Grossereignisses, der Fussball-Europameisterschaft.

9 Ein **brennender Kajak** treibt rheinabwärts. Er explodiert vor dem St. Alban-Rheinweg und

Bärentanz, einen Tag früher als sonst

schwimmt mit nur noch einer Spitze weiter. Die Berufsfeuerwehr fischt ihn gegen 23.30 Uhr aus dem Fluss.

10 An einem **Informationstag der Universität** Basel nehmen rund 4000 Jugendliche teil.

10 Im Gundeli ist **Gänsealarm**: Die Polizei muss eine Gans einfangen, die auf der Strasse unterwegs ist. Passanten treiben das Tier «mit sanfter Gewalt» in einen Vorgarten und schliessen dessen Tor. Dort wird die Gans von der Polizei abgeholt.

11 Zum zehnten Mal tanzt der Bär aus Anlass des **Bärentages** durchs Kleinbasel – dazu gibt es eine Jubiläumstorte. Neun Mal tanzte er am 12. Januar. Da dieses Jahr der Vogel Gryff auf diesen Tag fällt, weicht der Bär aus und unternimmt seine Tour schon einen Tag früher.

12 Auch am **Vogel Gryff** kommt niemand am Thema Fussball vorbei. Bei der diesjährigen Meisterrede dominiert die Euro.

14 Im Jahr 2007 rückte die **Basler Sanität** rund 20 000 Mal aus, wie das Sicherheitsdepartement mitteilt.

15 Der Berner Kunsthändler und Sammler Erhard W. Kornfeld schenkt der Öffentlichen Kunstsammlung 102 **Radierungen von Rembrandt**.

15 Die **Fluggesellschaft Swiss** baut ihr Angebot am EuroAirport Basel-Mulhouse-Freiburg weiter aus. Es wird neue Direktflüge nach Belgrad und mehr Verbindungen nach Prag und Brüssel geben.

16 Die beiden Regierungsmitglieder **Barbara Schneider** und **Ralph Lewin** (beide SP) geben bekannt, dass sie bei der Neuwahl nicht wieder antreten werden. Beide sind seit 1997 im Amt.

16 Der Künstler und Werbegrafiker **Paul Bergmaier** ist im Alter von 86 Jahren gestorben.

17 Um 14.37 Uhr kommt es zu einem Stromausfall in den Quartieren Wettstein, Hirzbrunnen und im südwestlichen Teil von Riehen. Rund 10 000 Haushalte sind für etwa eine halbe Stunde **ohne Strom**.

18 Über dreissig Basler Museen, staatliche wie private, öffnen ihre Türen bis in die späten Stunden. Es ist die 8. Basler **Museumsnacht**. Bis 1 Uhr werden 100 000 Eintritte gezählt; die Museen sind bis 2 Uhr geöffnet.

19 Bei einer **Massenschlägerei** von etwa zwanzig Personen auf der Kleinbasler Seite der Mittleren Brücke gibt es mehrere Verletzte. Eine Polizeipatrouille trennt die Streitenden und nimmt sie dann auch gleich fest.

Ivan Kym, Claudia Suter, André Rütti und Giulia Ammann regieren Basel.

19 **Offiziells Brysdrummle und -pfyffe** 2008 im Grossen Festsaal der Messe Basel: Trommelkönigin beziehungsweise Trommelkönig des Jahres 2008 sind: Ivan Kym, Chriesibuebe (Alti Tambouren Einzel); Claudia Suter, Giftschnaigge (Alti Pfeifer Einzel); André Rütti, Olympia (Jungi Tambouren Einzel); Giulia Ammann, Naarebaschi (Jungi Pfeifer Einzel).

20 Das bei Insidern weit über die Landesgrenzen hinaus bekannte **Antiquariat Erasmushaus** schliesst sein Ladengeschäft in der Bäumleingasse. Der Handel mit Autografen und alten Drucken findet nun im Internet statt.

20 Nach einjähriger Pause wird die **Frauenbibliothek** im Quartierzentrum Kleinhüningen wiedereröffnet. Die 1978 gegründete Bibliothek war temporär ohne Dach, nachdem das Begegnungszentrum Frauenzimmer, bei dem sie Untermieterin war, aus dem Kasernengebäude ausgezogen war.

21 Seit sieben Monaten ist der **TGV** zwischen Basel und Paris erfolgreich unterwegs. Die Auslastung liegt bei 90 Prozent, was auch die Fluggesellschaften spüren; sie verzeichnen auf dieser Strecke einen Rückgang der Passagierzahlen.

21 Die Sanierung des **Kleinbasler Rheinufers** beginnt. Bis Mitte 2009 wird der Abschnitt zwischen Dreirosenbrücke und Mittlerer Brücke erneuert.

21 Im Alter von 55 Jahren ist die Ethnologin **Barbara Lüem** gestorben. Sie forschte unter anderem über den Basler Rheinhafen und den Wochenmarkt und schrieb einen Führer durch Kleinhüningen.

22 Im Rathaus findet der **Kommandantenempfang** beider Basel statt. Die Regierungen von Basel-Stadt und Basel-Landschaft haben die Kommandanten der Heereseinheiten und Truppen, die mit der Region verbunden sind, eingeladen. Auch der neue Armeechef Roland Nef ist anwesend. Nach dem Empfang im Vorzimmer des Grossratssaals geht es zum Mittagessen in den Goldenen Sternen.

23 Mit einem klaren Mehr stimmt der Grosse Rat für einen Kredit von 1,46 Millionen Franken für ein **Veloparking** unter dem Vogesenplatz beim Bahnhof St. Johann.

23 In Solothurn wird der Dokumentarfilm ‹Heimatklänge› des Basler Regisseurs Stefan Schwietert mit dem **Schweizer Filmpreis** 2008 ausgezeichnet.

24 Der **Ministerpräsident von Baden-Württemberg** Günther Oettinger ist Gast des Business Club Basel. In einer launigen und kurzweiligen Rede bekennt er sich als «Freund der Schweiz».

25 Der **Fähri-Verein** hat seine Vereinsstruktur verändert und zeigt sich mit neuem Logo.

26 Bei einer **Demonstration gegen das WEF** (World Economic Forum Davos) werden 66 Personen festgenommen – darunter irrtümlicherweise auch zwölf Architekturstudenten, die in Basel auf Besuch sind.

26 Die grösste Vorfasnachtsveranstaltung, das **Monstre-Trommelkonzert**, hat in der Messe Basel Premiere.

27 Bis zum 12. Mai 2008 zeigt die **Fondation Beyeler** die Ausstellung ‹Action Painting› mit erstklassigen Bildern von Künstlern wie Jackson Pollock und Cy Twombly.

28 Der **Henri-Delaunay-Pokal**, der dem kommenden Fussball-Europameister überreicht werden soll, ist auf der Rosentalanlage ausgestellt. Der Pokal wird bis zum 3. Februar in Basel präsentiert, anschliessend zieht er weiter durch die Schweiz und Österreich.

29 Der **Sultan des Königreichs Bamum** in Kamerun besucht im Anschluss an seine WEF-Teilnahme in Davos Basel. El Hadj Ibrahim Mbombo Njoya ist Gast der Basler Mission. 1906 wurde von Basel aus die Missionsstation in Bamum gegründet.

31 Im Alter von 99 Jahren ist der frühere Wirt des Zunfthauses zum Schlüssel, **Jost Müller-Fruet**, gestorben. Er war auch Küchenchef im Braunen Mutz und leitete das Gasthaus zum Goldenen Sternen. Zusammen mit anderen engagierte er sich in den 60er Jahren dafür, das historische Gebäude des Goldenen Sternen in der Aeschenvorstadt abzutragen und im St. Alban-Tal wieder aufzubauen.

Dr Leu isch wieder uff em Bach.

Februar

1 Als erster Vertreter der Grünen Partei ist ab heute für ein Jahr Justizminister Guy Morin **Regierungspräsident** des Kantons Basel-Stadt. Neuer **Grossratspräsident** ist Roland Stark (SP).

1 Die **Rheinfähre Leu** wurde zwei Wochen lang generalüberholt. Heute wird sie bei der Schwarzwaldbrücke gewässert. Die Fähren gehen alle fünf Jahre in Revision.

1 Bei einer Medienorientierung gibt der Erste Staatsanwalt Thomas Hug die **Kriminalstatistik** 2007 bekannt. Die Zahl der angezeigten Delikte ist um 3 Prozent gesunken, insgesamt waren es 23 149.

2 An diesem Wochenende führt die Polizei **Verkehrskontrollen** an drei Autobahnausfahrten durch. Innerhalb von drei Stunden werden 213 Autofahrer mit fehlender oder abgelaufener Vignette erwischt, 18 davon stammen aus dem Ausland.

3 Der Lörracher Ottmar Hitzfeld wird im September, also nach der Euro, neuer **Trainer der Schweizer Fussball-Nationalmannschaft**. Hitzfeld war vor seiner Karriere als Trainer unter anderem auch Stürmer beim FC Basel.

5 Noch werden 100 sogenannte **Volunteers** gesucht, die während der Euro 2008 ehrenamtlich mitarbeiten wollen. Bisher haben sich schon 700 Personen gemeldet.

6 Aschermittwoch ist **Tag der Herrenzünfte**. Mit dabei ist auch die Luzerner Fasnachtsfigur, der ‹Fritschi›, das imaginäre Oberhaupt der dortigen Zunft zu Safran, der grössten und ältesten Zunft Luzerns.

7 Um rund 21 Prozent wuchs der Containerverkehr auf dem Rhein im letzten Jahr; 104 366 Einheiten wurden in den **Basler Rheinhäfen** registriert. Insgesamt wurden 7 108 230 t umgeschlagen. Dies teilt der Hafenbetreiber Port of Switzerland mit.

9 Die **letzte Verkaufsphase** für Tickets der Schweizer Euro-Spiele beginnt. Pro Spiel kommen noch 5600 Karten in den Verkauf.

10 Laut einer Studie des Bundes, veröffentlicht in der Sonntagszeitung, gehören das Matthäus- und das Rosentalquartier zu den **problematischsten Stadtquartieren** der Schweiz. Die Aussage beruht auf dem ‹Integrationsindex›, der unter anderem den Anteil an Migranten sowie die Zahl der baufälligen und überbelegten Altbauwohnungen berücksichtigt. Er liegt

‹Call me rey›

im Matthäusquartier bei −13,6 und im Rosentalquartier bei −12,4.

11 Der **Fasnachtstermin** im Jahr 2008 ist einer der frühestmöglichen. Bei niedrigen Temperaturen beginnt die Fasnacht mit dem Morgenstreich. Am Cortège herrscht Postkartenwetter.

12 Schönstes Wetter gibt es auch am **Fasnachtsdienstag**.

13 Auf Einladung der Clique Junteressli kommt Bundesrätin **Micheline Calmy-Rey** zur Fasnacht. Das Cliquenmotto lautet ‹Call me rey›.

13 Wie sie begann, so **endet die Fasnacht** 2008: in der Nacht ein paar Grad unter null, tagsüber Sonnenschein. Dank dem schönen Wetter gab es auch weniger Müll – oder besser: leichteren Müll; da die Abfälle trocken bleiben, ist die Entsorgung einfacher.

14 Ampereplatz, Vogesenplatz, Saint-Louis-Strasse und Salmgässli – vier **neue Strassennamen** wurden im Jahr 2008 bis heute schon von der zuständigen Nomenklaturkommission vergeben.

15 Die 92. **Muba** wird von Bundesrat Samuel Schmid eröffnet. Er wird beim Durchschneiden des grünen Bandes eskortiert von Regierungspräsident Guy Morin, der Baselbieter Landratspräsidentin Esther Maag und Grossratspräsident Roland Stark. Gastland ist Österreich, Gastkanton das Tessin.

16 **Marie Vögtlin-Beck** feiert ihren 100. Geburtstag. Geboren ist sie in Solothurn und kam 1938 mit Mann und drei Kindern nach Basel.

17 **Julie Bachmann-Scheuzger** feiert ihren 100. Geburtstag.

17 Rund dreissig Anrufer beklagen sich bei der Polizei über **Hupkonzerte**. Grund für die Autokorsos ist die Unabhängigkeitserklärung des neuen Staates Kosovo. Nur in der Nähe von Spitälern und Heimen greift die Polizei ein, ansonsten bleibt der Lärmpegel unter dem Niveau von Feiern nach Fussballspielen.

20 Die berühmte **Schimpansenforscherin** Jane Goodall besucht den Zoo Basel. Dabei werden ihr für ein Schimpansenprojekt in Uganda aus dem In-Situ-Fonds des Zoos 10 000 Franken übergeben. Goodall ist auch Gast auf der Messe ‹Natur›.

21 Im umgebauten Hotel Euler am Bahnhofsplatz eröffnet eine amerikanische Kette ein weiteres **Coffeehouse** – das fünfte auf Stadtgebiet.

23 Beim 5. **Towerrunning** der Muba rennen 350 Laufbegeisterte den Messeturm (31 Stockwerke,

Noch 100 Tage

Arnold Künzli

542 Stufen, 105 Höhenmeter) hinauf. Es gewinnt wie im Vorjahr Gabriel Lombriser in 2 Minuten und 44 Sekunden. Letztes Jahr war er 1 Sekunde schneller.

24 Zwei Mal nein: Die Stimmberechtigten des Kantons lehnen die Volksinitiative ‹**Gegen Kampfjetlärm in Tourismusgebieten**› mit 26 282 (57,3 %) Nein- bei 19 598 (42,7 %) Ja-Stimmen ab. Ebenso wird das ‹**Bundesgesetz über die Verbesserung der steuerlichen Rahmenbedingungen für unternehmerische Tätigkeiten und Investitionen**› (Unternehmenssteuerreformgesetz II) mit 26 494 (58,3 %) Nein- bei 18 952 (41,7 %) Ja-Stimmen abgelehnt. Die Stimmbeteiligung betrug 41,1 % (Volksinitiative) beziehungsweise 40,9 % (Bundesgesetz).

24 **Frieda Gentili-Hasler** feiert ihren 100. Geburtstag. Sie wuchs in der Habsburgerstrasse auf, dort wohnte sie auch bis vor Kurzem. Heute lebt sie im Alterszentrum Wesleyhaus.

25 31 Mal wird in der St. Jakobshalle von Regierungsrat Christoph Eymann die Auszeichnung **Basler Sportchampion** überreicht. Es gab also im letzten Jahr 31 Basler Gewinnerinnen und Gewinner bei Welt-, Europa- oder Schweizer Meisterschaften.

25 Die **Liberal-demokratische Partei Basel-Stadt** hat einen neuen Vorstand. Christoph Bürgenmeier ist ihr neuer Präsident. Neu ist auch die Vizepräsidentin, Patricia von Falkenstein.

26 Die Temperaturen sind frühlingshaft, und die **Störche**, die auf dem Gelände des Basler Zoos brüten, kehren aus ihrem Winterquartier zurück. Etwa zwanzig Paare leben im Durchschnitt im Zoologischen Garten, zwei von ihnen haben hier überwintert.

27 In hundert Tagen ist Anpfiff der Euro 2008 im Basler Stadion St. Jakob-Park. Die **Vorbereitungen** laufen auf Hochtouren.

29 Der Gemeinderat der deutschen Nachbargemeinde Weil am Rhein stimmt der **Verlängerung der Tramlinie 8** bis zum Weiler Bahnhof zu. Von den Gesamtkosten des Bauprojekts in Höhe von 104 Millionen Franken übernehmen der Bund und der Kanton Basel-Stadt 77 Prozent. Verlaufen die Bauarbeiten nach Plan, so wird die neue Linie 2012 fertiggestellt.

29 Rund zwei Jahrzehnte lang lehrte der Philosoph **Arnold Künzli** an der Universität Basel. Mit seinen Schriften hatte er die 68er-Bewegung beeinflusst. Im Alter von 89 Jahren ist er nun in Bremgarten gestorben.

Stars im Küchlin

März

1 **Henry Martin-Flammer** feiert seinen 100. Geburtstag. Er arbeitete in der chemischen Industrie mit dem Schwerpunkt Mittel gegen Malaria. In diesem Zusammenhang war er auch an der Entwicklung von DDT beteiligt.

2 In den letzten Wochen wurden sechs Kinder in Basel von der Schule ausgeschlossen. Sie waren nicht gegen **Masern** geimpft, und ihre Geschwister hatten die hoch ansteckende Krankheit.

2 In den Langen Erlen gehen der Grenzpolizei drei **Velodiebe** ins Netz. Sie fielen auf, weil jeder der drei Männer zu dem Velo, auf dem er fuhr, ein weiteres um die Schulter gehängt hatte.

3 Das Sicherheitsdepartement ermahnt **Hundehalter**, den Hundekot und volle ‹Robi Dog›-Säcke ordentlich zu entsorgen – in Abfallkübeln und nicht in Blumenrabatten oder am Strassenrand. Ansonsten drohe eine Busse von 100 Franken.

3 In der **E. Zunft zu Gartnern** sind ab heute auch Frauen zugelassen. Die Zunft ist nach der E. Zunft zu Schneidern die zweite, die Frauen aufnimmt. Seit der vom Bürgerrat am 2. Februar 1990 erlassenen Zunftordnung ist dies prinzipiell möglich.

6 Aeschenplatz, Freie Strasse, Steinenvorstadt – als erste Schweizer Stadt hat Basel eine eigene Version des **Monopoly**-Spiels. Die teuerste Adresse – auf dem Spielbrett – ist der Münsterplatz.

6 Finanzministerin Eva Herzog stellt die neuen Zahlen ihres Departements vor. Mit 379 Millionen Franken im Plus schliesst die **Haushaltsrechnung des Kantons** für das Jahr 2007. Manches ist überraschend, so gab es 260 Millionen Franken mehr Steuereinnahmen als budgetiert.

8 Der **Stadtmarkt** am Samstag findet ab sofort alle zwei Wochen von 6 bis 18 Uhr statt. An den anderen Samstagen endet der Markt bereits um 13.30 Uhr.

9 Im Kino Pathé Küchlin ist **Europapremiere** mit Stars und Sternchen: Der Schriftsteller Paolo Coelho, Bundesrätin Doris Leuthard, Franz Beckenbauer, Köbi Kuhn, … – alle sind gekommen, um sich ‹The Yellow Handkerchief›, den neuen Film von Arthur Cohn anzusehen.

9 Im Sancho-Pancho-Keller an der Rebgasse findet die **Tattoo Art Party** statt.

Schweizer Meisterschaften im Breakdance

11 **Grundsteinlegung** Volta West: An der Voltastrasse sollen innerhalb von 17 Monaten 130 Wohnungen entstehen.

11 Der Basler Journalist **Urs Hobi** ist im Alter von 66 Jahren nach einem Schwächeanfall gestorben. Er arbeitete für das Basler Volksblatt, die Basler Nachrichten und nach der Zeitungsfusion 1977 für die Basler Zeitung. Er gehörte auch zum Gründungsteam von Radio Basilisk.

12 Ein **Orkan** blies in der vergangenen Nacht mit 190 km/h über die Stadt.

13 Die Universitären Psychiatrischen Kliniken Basel eröffnen die für 5,4 Millionen Franken sanierte **Psychotherapeutische Abteilung**. Sie umfasst zwei Häuser mit fünfzehn stationären Behandlungsplätzen.

14 An der Haltestelle Ciba **kollidiert ein Auto** mit einem 8er-Tram. Die Sicherheitskräfte brauchen Stunden, um das eingekeilte Auto zu befreien. Es kommt zu Verspätungen.

15 620 Gäste kommen zum **Hirschessen** des Erlen-Vereins im Festsaal der Messe Basel.

17 Ein **Bruch der Wasserleitung** in der St. Jakobs-Strasse spült Sand, Kies und Schotter auf die Gleise der Tramlinie 15, sodass diese für mehr als sechs Wochen blockiert sein wird.

17 Der amerikanische Dirigent und Pianist Dennis Russell Davies wird zum **neuen Chefdirigenten des Sinfonieorchesters Basel** gewählt. Er wird ab der Saison 2009/10 sein Amt übernehmen.

18 Das Universitätsspital gibt bekannt, dass dort drei Patienten zum ersten Mal **ohne Operation am offenen Herzen** mit neuen Herzklappen versehen wurden. Bei der neuen Operationstechnik werden die Prothesen auf einen dünnen Katheder montiert, durch Punktion der Leistenarterie in die Aorta eingeführt und bis zum Herzen vorgeschoben.

19 Von 28 Proben hat das Kantonslabor 4 beanstandet. Untersucht wurden **Buttergebäcke**. So enthielt zum Beispiel eine Butterbrioche zu wenig Butter, dafür aber 35 Prozent Fremdfett.

20 Ihren 100. Geburtstag feiert **Charlotte Gode-Ryser**.

20 Auf dem Marktplatz versammeln sich einige Hundert Kurdinnen und Kurden. Sie feiern ihr **Neujahrsfest Newroz**, das in diesem Jahr zufällig auf den Gründonnerstag fällt.

22 Die **Schweizer Meisterschaften im Breakdance** ‹B-Boy Unit› werden im Tanzpalast in der Güterstrasse ausgetragen.

24 Der **erste Schnee** in diesem Winter. So spät kam er seit Beginn der Messungen im Jahr 1931 noch nie.

26 Die **Bürgermeisterin der osttürkischen Stadt Van** muss ihren Besuch in Basel absagen. Grund sind die Ausschreitungen am kurdischen Neujahrsfest in der Türkei. Mit Van verbindet Basel eine Städtepartnerschaft.

26 Im St. Jakob-Park verliert die Schweizer Nationalmannschaft gegen die aus Deutschland mit 0:4. Es ist das **letzte Spiel der Nati** an diesem Ort vor der Euro 2008 in 72 Tagen.

27 **Rudolf Rüegg-Bernhard** wird 100 Jahre alt.

28 **BScene in Basel:** In neun Clubs wird gerockt und gerappt. Zu dem Festival, das bis Sonntag dauert, kommen etwa 7000 Besucher.

30 **Basel wächst:** Am Ende dieses Monats sind in der Stadt 110 Personen mehr gemeldet als zur gleichen Zeit im Vorjahr. Die Gesamtbevölkerung ist so um 0,06 Prozent auf 188 107 Menschen gewachsen.

31 Noch ist es möglich, für die Zeit der Euro 2008 **Unterkünfte** in Basel zu buchen. Allerdings ist es schwer, nur einzelne Übernachtungen zu reservieren; zu haben sind nur noch Drei-Tages-Pakete. Besonders beliebt sind die Hotelboote.

April

1 Ein italienischer **Reisebus** rammte an der Markthallenkreuzung ein Tram der Linie 16. Der Bus kam aus der Richtung Bahnhof SBB und war in Richtung Schützenhaus unterwegs. Das Tram wurde aus den Schienen geworfen und stürzte um. Es gab neun Leichtverletzte.

2 Der ehemalige Mister Schweiz, der Bündner Renzo Blumenthal, heute als Biobauer tätig, tritt auf dem Barfüsserplatz im Rahmen der **Hilfsaktion der Evangelischen Kirchen Schweiz** auf. Diese lanciert hier ihre Schweizer Tournee ‹Gib e Geiss›, um Geld für einen Fonds für Kleinprojekte in Entwicklungsländern zu äufnen.

2 Die französische Fluglinie Aigle Air bietet ab sofort einen direkten Linienflug **Basel–Setif** (Algerien) an.

3 Wirtschaftsministerin Bundesrätin Doris Leuthard eröffnet die 36. Uhren- und Schmuckmesse **Baselworld**. 2087 Aussteller aus 45 Ländern zeigen ihre neuen Kollektionen.

4 Man hat sich geeinigt: Die Basler Regierung, die Uefa Euro SA, die Stadionbetreiberin Basel United und die Firma Berchtold Catering –

Einträchtiges Cordon bleu

während der Euro 2008 kommen **Einwegbecher** mit je 2 Franken Depot zum Einsatz und keine Mehrwegbecher.

4 **Erika Weidkuhn-Flügel** feiert ihren 100. Geburtstag.

5 Im Restaurant Eintracht im Kleinbasel wird ein **Cordon bleu** mit 115 kg Gewicht gebraten; es sind 300 Portionen. Der deutsche Fernsehsender Pro 7 hat den Weltrekord dokumentiert.

5 **Margaretha Buser-Frehner** feiert ihren 100. Geburtstag.

6 Der FC Basel ist Sieger des 83. **Schweizer Cups**. Er gewinnt im St. Jakob-Park das Finalspiel gegen Bellinzona mit 4:1.

6 Im Naturhistorischen Museum kann der 100 000. Besucher der **Ausstellung ‹Tiefsee›** begrüsst werden.

7 Mit der grössten in der Schweiz bisher getätigten **Firmentransaktion** übernimmt Novartis von Nestlé für 39 Millionen Franken den Anbieter von Augenheilmitteln Alcon.

8 Mit 2:3 verliert der EHC Basel gegen Biel auch das vierte Spiel der Liga-Qualifikation. Für den Eishockeyclub bedeutet dies den **Abstieg** aus der Nationalliga A.

8 Der Regierungsrat genehmigt für die Euro 2008 den Einsatz **deutscher Polizei** in Basel. Die Beamten aus dem Nachbarland erhalten die vollen polizeilichen Befugnisse.

9 Eine mit 25 kolorierten Federzeichnungen **illustrierte Handschrift** aus der Zeit um 1450 wurde dem Kupferstichkabinett geschenkt. Die Erbauungsschrift, im niederalemannischen Idiom verfasst, ist ab heute im Kunstmuseum ausgestellt.

10 Die Messe **Baselword** verzeichnet Zuwächse: In diesem Jahr kamen 106 800 Besucher (ein Plus von 5 Prozent) und 2981 Journalisten (ein Plus von 8 Prozent).

10 Das Jugendprogramm Virus des **Schweizer Radios DRS** wird zum Jahresende das Studio auf dem Bruderholz verlassen, teilt der Sender mit. Zehn Arbeitsplätze werden dann nach Zürich umziehen. Dafür werden die Kabel- und Satellitenprogramme Classic und Jazz künftig in Basel produziert.

11 Kein **Permafrost** mehr. Das 76 Jahre alte Bahnhofskühlhaus hat ausgedient und wird in diesen Tagen abgerissen.

12 Seit 70 Jahren sind Margareta und Ernst Schneider-Bittel verheiratet. Sie feiern die

Aus für den Permafrost

Die neue Elisabethenanlage

seltene sogenannte **Gnadenhochzeit**. Regierungsrat Guy Morin gratuliert im Namen der Regierung.

13 Im Vorfeld der Uefa Euro 2008 findet im St. Jakob-Park eine **Sicherheitsübung** statt. 700 Einsatzkräfte proben zusammen mit 400 Figuranten den Katastrophenfall. Ab 12 Uhr ist deshalb die Autobahnausfahrt St. Jakob gesperrt. Auch die Busse verkehren nur noch eingeschränkt. Die Verantwortlichen sind mit dem Ergebnis der Grossübung zufrieden.

14 Zwei Patienten, die im Basler Kantonsspital operiert wurden, leben **seit 40 Jahren mit einer transplantierten Niere**. Sie halten damit einen Weltrekord.

15 Vier **Tramwagen**, ursprünglich aus Bern, die in Basel als Ersatz für die defekten Combinos eingesetzt wurden, sind jetzt, da die Combinos wieder fast vollzählig sind, in Richtung Rumänien unterwegs. Sie werden in der Stadt Iasi fahren.

16 An der Birs am Birsköpfli wird eine **behelfsmässige Fussgänger- und Velobrücke** gebaut. Das Provisorium soll mindestens drei Jahre genutzt werden.

17 Die Statistik der **Strassenverkehrsunfälle** 2007 wird veröffentlicht. In Basel starben im letzten Jahr 3 Menschen durch Verkehrsunfälle. Es gab 600 weitere Unfallopfer, von denen 482 leicht und 118 schwer verletzt wurden.

18 Nach dreizehn Monaten Umbauzeit wird die neu gestaltete **Elisabethenanlage** eingeweiht. Noch fehlen das Café und Bänke, aber die Schneeglöckchen und andere Frühjahrspflanzen in den neu angepflanzten Blumenkreisen blühen bereits. Die Baumassnahme hat rund 3,1 Millionen Franken gekostet.

18 Mit zwei Konzerten startet das **Jazzfestival** Basel: Es wird von Hans Feigenwinter und dem 82-jährigen Weltstar Randy Westen eröffnet.

19 Das **Gartenbad St. Jakob** macht seine Türen auf. Damit eröffnen die Gartenbäder die Badesaison 2008. Erwartet werden heute Höchsttemperaturen von 15 °C.

20 Im Naturhistorischen Museum lädt der **Bruno Manser Fonds** zur Vernissage: Etwa tausend Fotos des vor acht Jahren im Urwald von Borneo verschollenen Basler Umweltaktivisten sind ab heute im Internet zugänglich. Der

Albert Hofmann

Feier verleihen der Schriftsteller Franz Hohler und Regierungsrat Christoph Eymann den nötigen Glanz.

21 **Rudolf Doppler-Steiger** wird 100 Jahre alt.

21 Im Hinblick auf die Euro 2008 wird der **Rasen** im St. Jakob-Park ausgetauscht. Jedoch müssen wegen des starken Regens die finalen Arbeiten um einen Tag verschoben werden.

22 In der Schmerzklinik Kirschgarten wird ein **Kopfschmerz-Zentrum** eröffnet. Das interdisziplinäre Team besteht aus Neurologen, Psychologen, Rheumatologen, Psychiatern, Sportmedizinern, Physiologen, und bei Bedarf werden weitere Spezialisten hinzugezogen.

23 In der Nacht vom 22. zum 23. April ist der **Pegelstand des Rheins** beim aktuellen Hochwasser am höchsten. Jedoch tritt der Fluss nicht über seine Ufer.

24 Der neue Programmchef von Schweizer Radio DRS 2, Marco Meier, bekennt sich bei der diesjährigen Generalversammlung der SRG idée suisse Region Basel zum **Medienstandort Basel**.

25 Der **deutsche Fernsehsender ARD** berichtet über Basel und die Euro-2008-Euphorie beziehungsweise über die bisher ausgebliebene. Die Reporter stürzen sich mit Freude auf den Bierstreit: Wer darf während der Euro 2008 welches Bier ausschenken?

26 Es war seit November 2007 geschlossen; heute öffnet das Café im Kunstmuseum wieder. Neu heisst es schlicht **Bistro Kunstmuseum**.

26 An den beiden **Sperrguttagen** gestern und heute werden an der Sammelstelle der Stadtreinigung beim Bachgraben rund 250 t brennbares Sperrgut abgegeben. Der Andrang ist zeitweise so gross, dass es zu Wartezeiten von bis zu einer Stunde kommt.

28 Die Trambahnen der **Linie 15** fahren ab heute wieder planmässig. Seit dem Rohrbruch vom 17. März war die Linie für Trams unpassierbar.

28 In einer Ausstellung der Messe Schweiz kann sich die Bevölkerung über den geplanten **Messe-Neubau** informieren. Parallel dazu wird das Projekt ausgesteckt.

29 Die **provisorische Brücke** über die Birs wird feierlich geöffnet. Sie verbindet nun wieder die beiden Basler Kantone. Die Holzbrücke ist 67,5 m lang; bei ihrem Bau wurden 6800 Nägel und 3844 Bolzen verarbeitet.

29 Der Forscher **Albert Hofmann** ist im Alter von 102 Jahren gestorben. Er entdeckte 1943 die Droge LSD und wurde damit weltberühmt.

31 Feier auf dem Baugelände des **Kinderspitals der Kantone Basel-Stadt und Basel-Landschaft** an der Schanzenstrasse. Den Grundstein für das «schönste und modernste Kinderspital in Europa» legen die Stadtbasler Baudirektorin Barbara Schneider, der Baselbieter Gesundheitsdirektor Peter Zwick und der Spitaldirektor Urs Schaad.

Mai

1 Mit ihrer Heirat im Jahr 1930 zog sie nach Basel; heute feiert **Marthe Schielly-Roch** ihren 100. Geburtstag.

1 2000 friedliche Demonstranten versammeln sich zu den **1. Mai-Feiern** auf dem Barfüsserplatz. Beim anschliessenden Imbiss serviert unter anderem die Ständerätin Anita Fetz.

3 Auf dem Barfüsserplatz findet der 50. Basler Garten- und Geranienmarkt statt. Es werden mehr als sechzig Geraniensorten angeboten. Eine heisst **Basilisk** und ist anscheinend besonders für das Klima am Rheinknie geeignet.

4 Die hiesige ist die erste der acht Schweizer Grenzwachtregionen, in der die Beamten **blaue Uniformen** tragen. Sie ersetzen die grün-bordeaux-farbige Bekleidung. Mit dem Wechsel werden Standards der Schengenländer übernommen. Aus Sicherheitsgründen müssen die alten Uniformen entsorgt werden.

5 Der **Zolli** gibt die Besucherzahlen für 2007 bekannt: 1,6 Millionen Zoobesucher wurden gezählt, so viel, wie noch nie.

5 **Georges Degen**, Mitbegründer der Progressiven Organisationen der Schweiz (POCH), ist im

Der FC Basel 1893 feiert nach seinem 9. Cup- den 12. Meistertitel.

Alter von 79 Jahren gestorben. Er gehörte von 1968 bis 1979 und von 1984 bis 1992 dem Grossen Rat an.

6 Der **Stromverbrauch** in Basel ist zum ersten Mal seit rund zehn Jahren zurückgegangen. Die IWB melden eine Abnahme von 1,2 Prozent für das Jahr 2007.

8 Im Universitätsspital wird im Vorfeld der Euro 2008 der **Ernstfall** geprobt. 66 Angestellte üben die Entgiftung von Giftgas-Verletzten in der vom Bund zum Dekontaminationsspital bestimmten Klinik.

8 Im Zoo wird die neue **Panzernashorn-Aussenanlage** eröffnet. Damit ist die Umgestaltung des Sautergartens in einen Asienbereich einen Schritt weitergekommen. Die neue Anlage umfasst 2000 m².

8 Die Fussball-Legende Karl Odermatt wird von der Basler Bürgergemeinde für seine sportlichen Verdienste und seinen Einsatz für ein lebenswertes Basel mit dem **Bebbi-Bryys** ausgezeichnet.

10 Rund 30 000 Fans feiern den neuen **Schweizer Meister**. Zum 12. Mal holt der FCB den Titel. Der Club gewinnt mit 2 : 0 gegen die Berner Young Boys.

11 Nach 35 Jahren singt auf dem Stadtgebiet wieder eine **Nachtigall**. In den Langen Erlen kann man dem kleinen, aber lauten Vogel wieder lauschen.

12 Bei einer umgekehrten Sternfahrt vom Barfüsserplatz in die Umgebung fahren alle fahrtüchtigen Oldtimer-Tramzüge der BVB-Flotte. Mit dieser Aktion feiert man das 40-Jahr-Jubiläum des **Tramclubs Basel**.

13 Rund 5000 Mitarbeitende aus den Bereichen Hotellerie, Restauration, Unterhaltung und Gewerbe werden unter der Leitung von Basel Tourismus für die **Euro 2008** geschult.

16 Das **Zunftspiel zu Webern** hat nach vierzig Jahren neue Kostüme. In der Innenstadt werden sie öffentlich präsentiert.

16 Beim EuroAirport eröffnet die Firma Jet Aviation einen neuen **Riesenhangar**. Dort werden luxuriöse Grossraumflugzeuge für Privatkunden produziert.

16 Der Spielplan der Saison 2008/09 wird im **Theater** vorgestellt. Laut Direktor Georges Delnon gab es in der aktuellen Saison einen Besucherzuwachs von 6,4 Prozent bei der Grossen Bühne und von 5 Prozent im Schauspielhaus. Damit kann das Haus für

Neues Licht für die Wettsteinbrücke

die laufende Spielzeit mit einer Auslastung von 60 Prozent rechnen.

17 **150 Sans-Papiers** und Unterstützer nehmen am ‹Baslermarsch› teil. Vor dem Rathaus werden den illegal in der Schweiz Lebenden symbolisch Aufenthaltsbewilligungen überreicht.

18 Er ist der älteste **Wasserfahrverein** der Stadt und der drittälteste der Schweiz: Der Rhein-Club Basel feiert seinen 125. Geburtstag.

19 Der **Bankenplatz Basel** verliert weiter an Bedeutung: Die Basler Banken, Versicherungen und sonstige Finanzdienstleister haben jetzt noch einen Anteil von 6,8 Prozent an der nationalen Wertschöpfung im Finanzbereich. 1990 waren es noch 8,7 Prozent.

19 Ein Liter bleifreies Benzin kostet erstmals mehr als zwei Franken. An einer Tankstelle wird die magische Marke mit 2,04 Franken überschritten. Das ist der momentan höchste **Benzinpreis** in der ganzen Schweiz.

20 Die **Aufbauarbeiten** für die Euro 2008 beginnen. Auf der Kleinbasler Rheinseite werden die Tribünen für die ‹Riviera› errichtet.

20 Der Regierungsrat hat für die Zeit der Euro 2008 eine **Ausnahmeregelung für Taxis** beschlossen: Taxifahrer aus Basel-Stadt und Basel-Landschaft dürfen an bestimmten Tagen die jeweils kantonsfremden Standplätze nutzen.

21 Die Wettsteinbrücke hat ein **neues Licht**. Mehrere Tausend Leuchtdioden beleuchten nun die schlichte Stahlkonstruktion. Die neue Beleuchtung hat 290 000 Franken gekostet.

22 Nach einem sieben Wochen dauernden und 1,2 Millionen Franken teuren Umbau eröffnet die Brauereigaststätte **Fischerstuben** an der Rheingasse.

24 Mit Gratisglace vom Erziehungsdepartement und einem Schulfest werden 125 Jahre **Bläsischulhaus** gefeiert.

25 Dieses Wochenende wird in **Kleinhüningen** der 100. Jahrestag der Eingemeindung des ehemaligen Fischerdorfs gefeiert.

26 Bevor in elf Tagen die Euro 2008 beginnt, ziehen die Organisatoren eine Bilanz der **Vorbereitungen**. Alles lief bisher zu aller Zufriedenheit, nur die Akquirierung der Sponsoren ist nicht vollständig gelungen. Statt vier wurden nur zwei eigene Sponsoren für die Host City Basel gefunden.

27 Bei der diesjährigen **Generalversammlung der Handelskammer beider Basel** im Kongresszentrum spricht Aussenministerin Micheline

Stadthimmel

Luzernerring

Calmy-Rey über ‹Die Region als Erfolgsfaktor im internationalen Wettbewerb›.

28 Im Südschiff der Barfüsserkirche präsentiert das Historische Museum eine neu gestaltete **Dauerausstellung zur Stadtgeschichte**.

29 Vernissage des **Kunstprojekts ‹Stadthimmel›**. Von neun Künstlern aus aller Welt gestaltete Zelttücher spannen sich bis Mitte September von der Steinenvorstadt über die Freie Strasse bis zum Messeplatz.

30 Vor vierzig Jahren wurde die **Stiftung ‹Denk an mich›** gegründet. Sie wurde damals von Jeanette und Martin Plattner im Studio Basel ins Leben gerufen und ist bis heute ein Engagement von Radio DRS. Gratulanten bei der Feier des Jubiläums sind Bundesrat Samuel Schmid, Regierungspräsident Guy Morin und Radiodirektor Walter Rüegg.

31 Seit zehn Jahren hat die **Buchhandlung Bider & Tanner** ihren Sitz am Bankenplatz. Das Geschäft selbst ist schon älter: 1942 wurde die Buchhandlung Tanner an der Streitgasse 5 gegründet, 1962 die Reisebuchhandlung Tanner an der Heuwaage.

31 Eine Aspirantin und neun Aspiranten der **Berufsfeuerwehr** Basel-Stadt zeigten bei einer Übung ihr Können. Die anschliessende Festansprache mussten sie dann aber plötzlich wegen eines Alarms verlassen – auf einem Balkon brannte Abfall.

31 Der Tunnel **Luzernerring** wird mit einem Fest eröffnet. Bevor er am Montag für den Verkehr freigegeben wird, ist er für mehrere Tausend Besucher zugänglich. Das Projekt, das zur Nordtangente gehört, ist laut Regierungsrätin Barbara Schneider ein Jahrhundertprojekt.

Juni

Die wichtigsten Ereignisse im Zusammenhang mit der Euro 2008 in Basel verzeichnet die kleine Extra-Chronik im Schwerpunktkapitel dieses Stadtbuchs, wobei es in den beiden Chroniken zu einigen wenigen doppelten Einträgen kommt. Für den Monat Juni sollte also immer auch die kleine Chronik konsultiert werden. In der Ausgabe im Internet sind beide Teile integriert abrufbar: www.basler-stadtbuch.ch.

1 Die Stimmberechtigten nehmen die beiden kantonalen Abstimmungsvorlagen ‹**Grossratsbeschluss betreffend Messezentrum Basel 2012**› mit 34 201 (61,4 %) Ja- und 21 464 (38,6 %) Nein-Stimmen sowie ‹**Grossratsbeschluss betreffend Teilautonomie und Leitungen an der Volksschule, Änderung des Schulgesetzes**› mit 26 231 (52,5 %) Ja- und 23 765 (47,5 %) Nein-Stimmen an. Die drei eidgenössischen Abstimmungsvorlagen Volksinitiative ‹**Für demokratische Einbürgerungen**› – 16 915 (28,5 %) Ja, 42 388 (71,5 %) Nein –, Volksinitiative ‹**Volkssouveränität statt Behördenpropaganda**› – 12 955 (22,5 %) Ja, 44 640 (77,5 %) Nein – und der Verfassungsartikel ‹**Für Qualität und Wirtschaftlichkeit in der Krankenversicherung**› – 17 078 (29,6 %) Ja, 40 591 (70,4 %) Nein – werden deutlich abgelehnt.
Die Stimmbeteiligung beträgt bei den kantonalen Abstimmungen 51,4 % und bei den eidgenössischen 52,4 %.

2 Wegen des Umbaus des Museums der Kulturen kann ab sofort auch die einzigartige **Tibetsammlung** für längere Zeit nicht ausgestellt werden. Am vergangenen Wochenende wurde mit einem Tibetfest Abschied genommen.

2 ‹Isteiner Kirchberg, Gutedel trocken›: Bereits zum vierten Mal erhält der Kanton Basel-Stadt **Staatswein** aus dem benachbarten Markgräflerland. 500 Flaschen, ein Geschenk der Bezirkskellerei Markgräflerland Efringen-Kirchen, werden von der Zunft zu Schiffleuten in Märkt per Schiff abgeholt.

3 Die 39. **Art Basel** hat Vernissage. 300 Galerien stellen Werke von über 2000 Künstlern aus. Fürs Publikum ist die Messe ab dem nächsten Tag geöffnet.

4 Die ersten neuen **Tram-Normhaltestellen** ‹Parapluie› werden an der Station beim Bahnhofseingang im Gundeli eingeweiht. Pro Stück kosten die neuen Häuschen 30 000 Franken.

5   Zwei **Kampfjets** überfliegen das Stadtgebiet in nur 600 m Höhe. Grund für den Tiefflug sind vier Übungen, zwei davon in Stadionnähe, auch als Vorbereitung für die Euro 2008.

6   Auf der Rosentalanlage hat der **Zirkus Knie** mit seinem 90. Programm seine Basler Premiere.

6   Für das 40-Millionen-Franken-Projekt **Volta Zentrum** wird der Grundstein gelegt. Bis Ende 2009 erhält der Bahnhofsplatz St. Johann ein neues Gesicht. Es entstehen dort siebzig Wohnungen und Ladengeschäfte.

6   Die **Uefa Euro 2008** beginnt nach der Eröffnungsfeier mit dem Spiel Schweiz–Tschechien im St. Jakob-Park. Tschechien gewinnt die Partie mit 1 : 0.

8   Die **Hygiene** hat sich in den Basler Restaurants im Durchschnitt verschlechtert. In rund einem Viertel der 483 überprüften Betriebe waren laut Kantonschemiker die Verhältnisse mangelhaft bis schlecht.

9   Das **Stücki-Einkaufszentrum** in Kleinhüningen ist noch im Bau, es soll im Herbst 2009 eröffnet werden. Doch es sind schon 90 Prozent der Ladenfläche verkauft.

10 Leonhardsstrasse 37, Spalenring 117 und Spalentorweg 29 sind die Adressen von drei seit kurzer Zeit unter **Denkmalschutz** stehenden Häusern im Am-Ring-Quartier.

11 Wer sein Busticket auf der grenzüberschreitenden **Linie 55** in Franken bezahlt, der bekommt dort einen happigen Wechselkurs: 1 Euro = 2 Franken. Die Strecke Claraplatz–Haltingen wird gemeinsam von den Basler BVB und der badischen SWEG betrieben, offizielle Währung ist dort der Euro.

12 Wegen des **Fluglärms** durch den EuroAirport Basel-Mulhouse-Freiburg wurden im Jahr 2007 22 295 Reklamationen eingereicht. Das sind 25 Prozent mehr als im Vorjahr. Dagegen stehen 126 895 Starts und Landungen, 0,2 Prozent mehr als im Vorjahr.

12 Im Claraspital wird ein neues **Strahlentherapiezentrum** eingeweiht. Jährlich können dort 450 Krebspatienten behandelt werden.

13 **Vertreter der Kantone** Basel-Stadt, Basel-Landschaft, Bern, Solothurn und Aargau tagen in Basel zum 63. Mal. Themen sind Raumplanung in der Schweiz, Technologietransfer und der Bildungsraum Nordwestschweiz.

13 Nach zwei Jahren Bauzeit wird das von der Heilsarmee geführte **Kinderhaus Holee** eingeweiht. Es bietet Platz für 24 Kinder.

Wasserspiel auf dem Messeplatz

15 Vier Basler Clubs – Volkshaus, Sudhaus Warteck, Allegra und Sommercasino – sind die Gründungsmitglieder der Sektion Basel von **Safer Clubbing**. Ihr Ziel ist die Stärkung der Eigenverantwortlichkeit ihrer Gäste beziehungsweise ein mündiger Umgang mit Alkohol, Drogen und Sexualität.

16 Wegen des schlechten Wetters verzeichnen die **Gartenbäder** einen enormen Besucherrückgang (im fünfstelligen Bereich) gegenüber dem gleichen Vorjahreszeitraum.

17 Neuwahlen in der Bürgergemeinde: Leonhard Burckhardt wird Präsident des Bürgerrats, Christine Wirz-von Planta Präsidentin des Bürgergemeinderats, Sonja Kaiser-Tosin Statthalterin des Bürgerrats und Eva Dietschy Statthalterin des Bürgergemeinderats.

18 Karl Lachenmeier-Leuppi wird 100 Jahre alt.

20 Altbundesrätin Elisabeth Kopp spricht im Schützenmattpark aus Anlass des **Tages des Flüchtlings**.

22 Das **Missionsfest** der Basler Mission startet mit dem traditionellen Gottesdienst im Münster. Die bisherige Direktorin Madeleine Strub-Jaccoud wird verabschiedet, und Pfarrer Martin Breitenfeldt wird als neuer Direktor ins Amt eingesetzt. Am Nachmittag wird im Garten des Missionshauses gefeiert.

22 Die grösste Party, die Basel je erlebt hat: der **Oranje-Tag**. Vor und nach dem Europameisterschaftsspiel Niederlande–Russland feiern rund 180 000 niederländische Fans und tauchen die Stadt in Orange.

24 Die **Basler Personenschifffahrts-Gesellschaft** bleibt im Besitz des Kantons, die Regierung entscheidet sich gegen einen Verkauf.

25 Die **kantonalen Sozialleistungen** werden harmonisiert und koordiniert; sie sind so transparenter und besser steuerbar. Basel-Stadt hat mit dem heutigen Grossratsbeschluss als erster Deutschschweizer Kanton ein solches Harmonisierungsgesetz.

26 Der diesjährige **Wissenschaftspreis** der Stadt Basel geht an den Basler Psychologen und Emotionsforscher Prof. Dr. Frank Wilhelm.

26 Die IWB eröffnen in der Steinen ihr **neues Kundenzentrum**. Natürlich entspricht der Neubau den strengen Kriterien des Minenergie-P-Standards.

27 Der **Brunnen auf dem Messeplatz** hat ein neues Wasserspiel. Er wird von sechs Wasserbögen belebt und kann nun auch beleuchtet werden.

27 Farewell-Party auf dem Schiff: 579 **Maturandinnen und Maturanden** haben allen Grund, ihren Schulabschluss zu feiern.
28 Heute ist **Bündelitag**, es folgen sechs schulfreie Wochen.
29 Die Basler Katholiken feiern am Peter-und-Paul-Tag im Kannenfeldpark einen **Freiluftgottesdienst**. Es ist der erste Basler Open-Air-Gottesdienst überhaupt. Hauptzelebrant ist Bischof Kurt Koch – nachmittags pfeift er noch ein Kinderfussballturnier an.
29 Mit einem 1:0 gegen Deutschland wird Spanien Fussball-Europameister. Damit ist die **Uefa-Euro 2008 Geschichte**.
30 Es gibt keine grauen **Airline-Busse** vom Bahnhof SBB zum EuroAirport mehr. Ab heute verkehren nur noch BVB-Gelenkbusse; die Nonstop-Verbindung wird aufgehoben.
30 Auch von den **Trolleybussen** muss Abschied genommen werden. Sie fahren heute – blumengeschmückt – zum letzten Mal, und zwar auf der Linie 31 und auf der jetzt schon ehemaligen Linie 34 – diese Sonderlinie heisst ‹Nostalgie 34›.

Juli

1 Die neuen **AHV-Ausweise** werden ab heute in Kreditkartenformat ausgeliefert. Die Ausweise gibt es seit sechzig Jahren. Eigentlich braucht man sie nicht mehr, weil das System überholt ist, die Daten sind an zentraler Stelle gespeichert. Aber die Ausweise sind allseits beliebt. In Basel werden rund 120 000 Stück gedruckt.
2 Novartis gibt bekannt, dass auf dem **Novartis Campus** im St. Johann zwei Hochhäuser geplant seien. Als Architekten sind zwei Stars der Szene im Gespräch: Renzo Piano und Jean Nouvel.
3 **Zu- und Wegzügler** wurden analysiert. 44 Prozent der in den Stadtkanton Gezogenen sind Rückkehrer. Für jüngere Menschen ist die Stadt besonders attraktiv. Hauptgrund fürs Wegziehen sind die Steuern.
5 Im Rheinhafen Kleinhüningen wird mit einem kleinen Fest eine neue **Recycling-Station** eröffnet. Dort können gratis Wertstoffe abgegeben werden.
7 Die Brüstung der **Dreirosenbrücke** wurde von Unbekannten mit dem Schriftzug ‹Urbanisten sind Mörder› beschmiert. Wie ihnen das

Die EM 2008 im Ausverkauf Hildy Beyeler

gelang, ist noch nicht klar. Das Baudepartement hat Anzeige wegen Sachbeschädigung erstattet.

8 Im Euro-08-Info-Corner im Rathaus können **Erinnerungsstücke** an das Fussballereignis wie Flaggen, Banner, Volunteer-T-Shirts und vieles mehr gekauft werden.

9 Vor der Voltahalle haben unbekannte Täter neun **Akazienbäume** gefällt. Es entstand ein Schaden von 18 000 Franken.

10 Sie zählte über ein Jahr lang vor dem Bahnhof SBB die Minuten bis zur Euro 2008: die **Countdown Clock**. Nun ist die Europameisterschaft Geschichte, und die Uhr kommt ins Sportmuseum.

11 Blau-rote Streifen statt in zwei Hälften geteiltes Leibchen: In der Messe Basel präsentiert der FCB sein neues **Heimtrikot**.

12 **Anna Egli-Fleig** feiert ihren 100. Geburtstag.

14 Die Stadtgärtnerei hat auf der **Kasernenmatte** einen neuen Rollrasen verlegt. Er kostet 60 000 Franken, die von der Host City übernommen werden. Der alte Rasen war durch die Euro-2008-Fanzone stark beschädigt.

15 Sie feiern ihre **Steinerne Hochzeit**, sind also seit 67,5 Jahren miteinander verheiratet:

Margaritha und Johann Moser-Portenier. Die Glückwünsche der Regierung überbringt Regierungsrätin Barbara Schneider.

17 Trotz abflauender Konjunktur verzeichnet **Novartis** in der ersten Jahreshälfte einen Gewinn von 4,574 Milliarden Dollar, 13 Prozent mehr als im Vorjahr. Das bessere Ergebnis geht auch auf den Abbau von 2500 Stellen zurück, in Basel waren es 480.

18 **Hildy Beyeler**, Museums-Mitgründerin und Kunstsammlerin, ist im Alter von 85 Jahren gestorben.

18 Das Bundesamt für Statistik gibt **demografische Zahlen** für 2007 bekannt. In Basel gab es 1617 Geburten, 949 Heiraten, 587 Scheidungen und 1994 Todesfälle.

18 Mit einem 2:1-Sieg gegen die Young Boys in Bern startet der FCB in die **neue Saison**.

19 Rund 100 000 Schaulustige verfolgen die **Tattoo-Parade**, die zum ersten Mal auch durch Grossbasel zieht. Sie führt zum Abschluss des Militärmusik-Festivals auf der Kasernenmatte vom Münsterplatz zum Kasernenareal.

21 Meldeschluss für die **Grossratswahlen** am 14. September. 829 Kandidatinnen und Kandidaten haben sich für die 100 Sitze beworben.

23 Geburtenzunahme: Insgesamt 42 junge **Störche** wurden von Storcheneltern auf dem Gelände des Zoos ausgebrütet und grossgezogen. Jetzt wurden sie von Zolliwärtern beringt.

24 Die Basler kaufen wohl wieder vermehrt in Basel ein: Der **Einkaufstourismus** nach Südbaden ist um 13,4 Prozent gesunken. Im ersten Halbjahr wurden im Bereich des Hauptzollamts Lörrach 1,1 Millionen Ausfuhrbescheinigungen abgestempelt.

25 Bei warmen Temperaturen feiern etwa 3000 Besucher das 28. **Claramattefescht**.

26 Der Steg der **Vogel-Gryff-Fähre** hat auf der Grossbasler Rheinseite einen Ermüdungsbruch. Beinahe wäre er rheinabwärts getrieben. Die Berufsfeuerwehr sichert den Steg, und ein Pionierfahrzeug zieht ihn aus dem Fluss.

28 Die **Klingentalfähre** Vogel-Gryff setzt wieder über. Nach dem zwei Tage zuvor ein Bolzen gebrochen war, brauchte es einen Spezialkran, um den Steg wieder zu befestigen.

29 Auf dem MIBA-Areal an der St. Jakobs-Strasse wird um 14.30 Uhr der 43 m hohe **Kamin gesprengt**. Nach der Sprengung mit 1,7 t Sprengstoff bleiben 200 t Bauschutt zurück.

29 Das **Kulturfloss** beginnt mit dem ersten Konzert. Schon zuvor gab es eine Lärmklage. Jedoch nicht wegen der Musik – die Vorführungen gehen jeweils bis 22 Uhr –, sondern wegen der anschliessend noch bis 24 Uhr geöffneten Bar.

31 **Martha Inderbinen-Zimmermann** feiert ihren 100. Geburtstag.

Kalt und sehr nass: das Rheinschwimmen 2008

August

1 Die **1. August-Feier** ist nach Auskunft der Polizei «sehr ruhig verlaufen». Diese musste nur bei zwei kleineren Schlägereien eingreifen sowie einer Schwangeren und einem Betrunkenen helfen. 120 000 Schaulustige waren beim Fest am Rheinbord.

2 In der Markthalle findet die Swiss Las Vegas Gala-Night statt. Dort treffen der Welt- und der Europameister im **Thai-Boxen** aufeinander.

3 **Lina Rahm-Meyer** feiert ihren 100. Geburtstag.

4 Bei der Landung auf dem **EuroAirport** platzen bei einem Privatflugzeug die Reifen. Die fünf Passagiere bleiben unverletzt.

5 Das Literaturhaus wird auch zum **Lesecafé**. Dank des Angebots der Allgemeinen Bibliotheken kann im Haus an der Barfüssergasse 3 ein reichhaltiges Sortiment an Zeitungen und Zeitschriften gelesen werden.

6 Seit Anfang Juni wurden von Unbekannten fast dreissig **Münzautomaten** in Waschküchen aufgebrochen. Die Tatorte sind über das ganze Stadtgebiet verteilt.

7 Vor 100 Jahren fuhr das erste **Tram nach Riehen**. Anfangs war es die Linie 7, seit 1914 ist es die 6. Heute fahren jährlich 17 Millionen Passagiere auf dieser Strecke.

8 Im sogenannten ‹Shanghai Ranking 2008› ist die **Universität Basel** von Platz 82 auf Platz 87 zurückgefallen. Sie ist aber nach wie vor eine von den drei Schweizer Universitäten auf den ersten hundert Plätzen. Das ‹Shanghai Ranking› bewertet unter anderem die Zahl der Science- und Nature-Artikel, die Anzahl vielzitierter Forschender und die Nobelpreise seit 1911.

10 Das Jubiläum **100 Jahre Tram nach Riehen** wird heute, nach 100 Jahren und 3 Tagen, mit Fahrten historischer Wagen, Festbeizen und Ständen gefeiert.

11 1025 Schülerinnen und Schüler in der Stadt drücken zum ersten Mal die **Schulbank**. Insgesamt beginnt im Kanton für 18 514 Kinder und Jugendliche das neue Schuljahr.

12 Trotz schlechtem und kaltem Wetter findet das **Rheinschwimmen** mit rund 400 Unentwegten statt.

12 **Franz Heini**, von 1968 bis 2005 erster Ratssekretär im Grossen Rat, ist im Alter von 76 Jahren gestorben.

13 Seit fünfzig Jahren werden im Zolli erfolgreich **Flamingos** gezüchtet. Als der erste Chile-

Yaron Nisenholz

Flamingo in Basel geboren wurde, war dies eine Sensation. Seit 1958 sind bisher 389 Vögel geschlüpft.

15 **Em Bebbi sy Jazz** geht zum 25. Mal über die Bühne. 76 Bands jazzen an 32 Spielorten.

16 Ein Erweiterungsbau der reformierten **Gellertkirche** wird eingeweiht. Nun gibt es wieder genügend Platz für die zahlreichen Aktivitäten der Gemeinde.

17 Yaron Nisenholz wird in der Synagoge als **Rabbiner der Israelitischen Gemeinde** eingesetzt.

19 Die Regierung genehmigt die Bebauungspläne für das **Roche-Areal**. Damit ist man mit dem projektierten Hochhaus einen Schritt weiter; nun muss noch der Grosse Rat zustimmen.

20 Für einen unbekannten Betrag kauft der Kanton eine Häuserzeile an der **Spiegelgasse**. Somit kann die Verwaltung weiter konzentriert werden. Bis 2013 wird sie dann den Münsterplatz räumen.

20 Zum 10. Mal verleihen die Novartis, die Christoph Merian Stiftung, die Römisch-Katholische und die Evangelisch-reformierte Kirche den **Basler Integrationspreis**. ‹Compagna›, der ehemalige ‹Verein Freundinnen junger Mädchen›, erhält die mit 15 000 Franken dotierte Auszeichnung insbesondere für zwei Projekte: für ‹Aliena›, das Frauen aus dem Sexgewerbe unterstützt, und für die Beratungsstelle für binationale Paare und Familien.

21 Finanzminister und Bundesrat **Hans Rudolf Merz** spricht auf Einladung des Gewerbeverbandes und der FDP Basel-Stadt im Congress Center Basel zum Thema ‹Dies- und Jenseits der Grenze›.

23 An der Flughafenstrasse eröffnet das **Bürgerspital** Basel seine Neu- und Erweiterungsbauten. Im Beisein von Regierungsrat Carlo Conti und Ständerätin Anita Fetz wird gefeiert.

24 Man wollte einen **Weltrekord** brechen. Der liegt bei 10 394 Burger-Bestellungen bei einer amerikanischen Fast-Food-Kette in Berlin. Beim Versuch, ihn zu übertrumpfen wurden in Basel lediglich 1224 bestellt.

24 Die Zünfte, Gesellschaften und die Bürgergemeinde haben in den Hof des Bürgerlichen Waisenhauses zum **Familiensonntag** eingeladen.

24 In der **Zwingli-Lukas-Gemeinde** der Evangelisch-reformierten Kirche wird Andreas Möri als Pfarrer feierlich in sein Amt eingeführt.

25 Wurst, Schmuck, Kleider und CDs in unerlaubten Mengen werden innerhalb einiger Stunden

Die Basiliskenfigur wird wieder gezügelt.

bei **Grenzkontrollen** entdeckt. Ein Schmuggler hat versucht, das 16-fache der erlaubten Menge Frischfleisch über die Grenze zu bringen.

26 Früher stand sie mit drei weiteren Figuren an der Wettsteinbrücke, jetzt kommt sie nach Stationen in Engelberg, Stansstad und Nyon in die Langen Erlen: die 5 t schwere **Basiliskenfigur**.

26 An zwei Wochenenden vor **Weihnachten** wird es Sonntagsverkäufe geben, diese bewilligt das Amt für Wirtschaft und Arbeit dem Detailhandel.

29 Die Evangelisch-reformierte Kirche Basel-Stadt startet die Auffrischungskampagne **Credo 08**, die das Evangelium als Basis des Glaubens und der Konfession ins öffentliche Bewusstsein bringen möchte.

29 Das **Kunstmuseum** kann erweitert werden. Der Regierungsrat und die Mäzenin Maja Oeri unterzeichnen einen Schenkungsvertrag über den Burghof. Dieser liegt vis-à-vis des Museums. An seiner Stelle soll 2015 ein neuer Erweiterungsbau stehen.

30 Die erneuerte **Güterstrasse** im Gundeli wird eröffnet. Nach Bauarbeiten, die zwei Jahre dauerten, ist die Strasse in einen Boulevard verwandelt.

30 Bei warmem Wetter wird am **Wochenende gefeiert**: das Klosterbergfest, das Rockfestival Imagine auf dem Barfüsserplatz, das Gundelifest, Open House im Museum der Kulturen – für jeden Geschmack gibt es etwas.

31 Im Rahmen des 6. Internationalen Lyrikfestivals Basel wird zum ersten Mal der **Basler Lyrikpreis** verliehen. Preisträger ist Kurt Aebli.

Premiere der Carmina Burana am Ausweichspielort

September

1 Der **Gasthof zum Goldenen Sternen** hat einen neuen Besitzer. Der bisherige Pächter Johannes Tschopp hat das Traditionshaus zusammen mit der Berest-Gruppe von der Christoph Merian Stiftung gekauft. Diese hatte das Haus 1979 erworben und saniert.

3 Das Gebäude der **Credit Suisse** am St. Alban-Graben 1 wird nach seiner Renovation offiziell eröffnet. Der Umbau hat 42 Millionen Franken gekostet.

4 Der **Novartis Campus** hat zur Voltamatte hin einen freundlichen Zaun erhalten. Die von Alan Fetcher und Andrew Davison gestalteten farbigen Platten zeigen ausgeschnittene Figuren und Tiere – so auch einen Vogel Gryff.

5 Das Architekturbüro Bucher Bründler wird für den Umbau der Wohnanlage Sevogelstrasse ausgezeichnet. Die Architekten erhalten den Preis **Der beste Umbau** sowie ein Preisgeld von 10 000 Franken.

6 Die Regierungen beider Basel sind im Theater bei der Premiere von Carl Orffs **Carmina Burana** anwesend. Sie findet an diesem Ort nur konzertant statt. Eigentlicher Aufführungsort ist das Römertheater in Augst; wegen des starken Regens muss die Premiere aber an einem Ausweichort stattfinden.

7 Am Wochenende ist die **Rheinpromenade** ganz in den Händen von Klein- und Strassenkünstlern. Sie alle kommen auf Einladung des Vereins ‹Basel lebt›. Fünf Bühnen sind für das Klein- und Strassenkunstfestival aufgebaut.

8 In der Pauluskirche findet eine Vorlesung der Senioren-Uni statt; Veranstalter ist die Volkshochschule. Es spricht **Aussenministerin Micheline Calmy-Rey**. Im Auditorium sind auch Regierungspräsident Guy Morin und verschiedene Nationalräte.

9 Basel Tourismus verzeichnet Zuwachsraten bei den **Übernachtungszahlen**. Im August 2008 wurde mit 89 617 Übernachtungen das Ergebnis des Vorjahresmonats um 13,8 Prozent übertroffen; es lag sogar 38,2 Prozent über dem Augustmittel der vergangenen zehn Jahre.

10 Um die Parkplatzsuche zu erleichtern, wird ein **Einzelparkplatzüberwachungssystem** für das Parkhaus City ausgeschrieben.

11 Der Arbeitgeberverband hat **Evelin Widmer-Schlumpf** eingeladen. Es ist ihr erster Besuch als Bundesrätin in Basel.

11 Mit einem Räppliregen vor dem Rathaus werden die **Olympiasieger** im Tennisdoppel Roger Federer und Stanislas Wawrinka sowie der Olympiasieger im Rennrad-Zeitfahren Fabian Cancellara begrüsst.

12 Auf dem Kasernenareal feiert der Radiosender **Radio X** seinen 10. Geburtstag.

12 Die ersten Tickets für die **Champions-League-Spiele** des FCB sind eingetroffen und im Verkauf.

12 Vom heutigen Freitagabend bis zum Sonntagmorgen regnet es ununterbrochen, es werden **85 l/m²** gemessen.

13 In der St. Jakob-Arena feiern rund 600 Jungbürgerinnen und Jungbürger das **Jungbürgerfest**. Etwa die Hälfte der Eingeladenen sind gekommen.

13 Die Schweizweite Aktion **Spielend helfen** der Unicef endet auf dem Münsterplatz mit einem Spektakel.

13 Es hätte ein **Grossbesäufnis** werden sollen, der sogenannte ‹Botellón›. Lange wurde darüber diskutiert. Doch auf dem Barfüsserplatz fanden sich dann – wohl wegen des Dauerregens – nur ein Dutzend Jugendliche zum Trinken ein. Weder Polizei noch Sanität mussten ausrücken.

14 **Gesamterneuerungswahlen** des Grossen Rates. Die neue Sitzverteilung: SP: 32 Sitze; Grünes Bündnis: 13; SVP: 14; FDP: 12; LDP: 9; CVP: 8; GLP: 5; EVP: 4; DSP: 3.

14 Bei den **Regierungsratswahlen** werden im ersten Wahlgang gewählt: Eva Herzog (SP): 26 676 Stimmen; Guy Morin (Grüne): 24 078; Carlo Conti (CVP): 23 058; Christoph Eymann (LDP): 23 012; Christoph Brutschin (SP): 21 838; Hans-Peter Wessels (SP): 21 502.

14 **Sophie Neeser-Brügger** feiert ihren 100. Geburtstag.

15 Das **Herbstsemester** beginnt. An der Universität sind 11 500 Studierende eingeschrieben, 300 mehr als im Vorjahr. 58 Prozent von ihnen sind Frauen, 17 Prozent in Basel-Stadt gemeldet.

15 Für 6,1 Milliarden Franken will die deutsche BASF den Basler Spezialitätenchemiekonzern **Ciba** kaufen. Bis März 2009 soll die Transaktion abgeschlossen sein.

16 Auch der letzte noch offene **Regierungssitz** ist besetzt: Hanspeter Gass (FDP) wird in Stiller Wahl gewählt, es gibt also keinen zweiten Wahlgang. Für den Sitz ist Gass der einzige Bewerber, die anderen haben ihre Kandidatur zurückgezogen.

Fritschi-Befreiung

18 Das Kreiskrankenhaus in Lörrach wird ein **Universitäres Partnerspital der Medizinischen Fakultät Basel.** Die Verträge für die Zusammenarbeit werden heute unterschrieben.

18 Die Kaserne feiert den **Saisonstart**. Mit der Spielzeiteröffnung stellt sich auch das neue Leitungsgremium vor.

19 Den Bewohnern des **Wettsteinquartiers** wurden in einer Studie der Fachhochschule Nordwestschweiz und der Stiftung Habitat Fragen nach der gewünschten Nutzung des Kinderspitalareals gestellt. Von den 2941 verschickten Fragebögen wurden 717 ausgefüllt. 76 Prozent sprachen sich für Familien- und Seniorenwohnungen aus, 39 Prozent für Luxuswohnungen.

19 Die verschiedenen Universitätsfakultäten, -seminare und -institute stellen sich der Bevölkerung in einer **Uni-Nacht** vor.

20 Etwa 250 Luzerner, darunter Zünftler, sowie Regierungsdelegationen aller Innerschweizer Kantone haben den am 26. Januar ‹geraubten› **Fritschi** – den Luzerner Urfasnächtler – zurückgeholt. Im Münster sprechen der Basler Regierungspräsident Guy Morin und sein Luzerner Kollege Markus Dürr sowie Ständeratspräsident Christoffel Brändli. Nach einem Apéro in der Safranzunft ziehen die Luzerner mit dem ‹ältesten Luzerner› heim. Zum ersten Mal wurde die Fasnachtsfigur 1507 anlässlich eines der im Mittelalter verbreiteten Fasnachtsbesuche ‹geraubt›.

21 **Nelly Bachmann-Moser** feiert ihren 100. Geburtstag.

21 **Slow-up** heisst es im Dreiland. Auf 46 gekennzeichneten grenzüberschreitenden und autofreien Kilometern waren wieder viele Velofahrer und Inlineskater unterwegs.

22 Beim Badischen Bahnhof kommt es zu einem **tödlichen Arbeitsunfall**. Ein Bahnangestellter gerät beim Abkoppeln zwischen Lokomotive und Waggon.

23 Wer 2009 seine **Steuern** vorab bezahlt, bekommt dafür 0,5 Prozent mehr Zinsen, also 2 Prozent. Gleichzeitig werden auch die Verzugszinsen auf 4,5 Prozent angehoben.

24 Der **Ratssaal** muss an die verringerte Anzahl von Sitzen angepasst werden. Den Architekturwettbewerb hierfür gewinnt das Büro Anarchitekton aus Basel.

25 Das neue **Kompetenzzentrum Geriatrie und Rehabilitation** soll auf dem Bruderholz gebaut werden. Den Standortentscheid geben die

Neues sowjetisches Soldatengrab

Gesundheitsdirektoren Carlo Conti (BS) und Peter Zwick (BL) bekannt.

25 Die **Sonderausstellung ‹Unter uns›** in der Barfüsserkirche zeigt archäologische Schätze aus dem Untergrund: Opfer für die Götter, prunkvolle Grabbeigaben und Geldschätze, aber auch Hyänenkot, Mammutzähne und Jagdwaffen erzählen von den Lebenswelten vieler Generationen.

26 Der Regierungsratspräsident der Amtsperiode 2008/09 Guy Morin wird ab Februar 2009 erster **Stadtpräsident**. Es hat sich keiner seiner Regierungsratskollegen für das Amt beworben.

28 Die Stimmberechtigten des Kantons Basel-Stadt nehmen die **Änderung des Sozialhilfegesetzes** mit 32 566 (65,7 %) Ja- zu 17 024 (34,3 %) Nein-Stimmen und die Initiative **‹Schutz vor Passivrauchen›** mit 27 427 (52,8 %) Ja- zu 24 553 (47,2 %) Nein-Stimmen an. Die Initiative **‹Ja zu einem besseren Wohnschutz für Mieterinnen und Mieter›** wurde mit 30 523 (61,0 %) Nein- zu 19 537 (39,0 %) Ja-Stimmen abgelehnt. Die durchschnittliche Stimmbeteiligung betrug 48 %.

28 Die Baselbieter Stimmberechtigten stimmen dem Beitrag von 50 Millionen Franken für den **Messeausbau** mit 37 294 (61,1 %) Ja-Stimmen bei 23 733 (38,9 %) Nein-Stimmen zu.

29 Mit der Exhumierung von vier russischen Soldaten, die im Zweiten Weltkrieg gefallen sind, und deren erneuter feierlicher Bestattung in der ‹Prominentenallee› des Friedhofs am Hörnli erhält auch das **sowjetische Soldatengrab** einen neuen Platz.

30 Die Oper ‹Penthesilea› in der Inszenierung von Hans Neuenfels wird in der Kritikerumfrage der Fachzeitschrift ‹Opernwelt› zur **Aufführung des Jahres** gewählt. Das Opernhaus selbst erreicht im Ranking ‹Opernhaus des Jahres› den zweiten Platz.

30 Alice Müller feiert ihren 100. Geburtstag.

Oktober

1 **Hans Jundt-Koller** feiert seinen 100. Geburtstag. Noch heute wohnt er in seinem Geburtshaus an der Holeestrasse.

3 Die **Konsumentenpreise** sind stabil. Der Basler Index ist gegenüber dem Vormonat nur um 0,1 Prozent gestiegen.

4 Mit einem **Weltrekord** auf dem Barfüsserplatz begeht der IVB Behindertentransport seinen 50. Geburtstag. An der 5 m hohen und 36 m breiten und somit grössten Pinwand der Welt hängen zehntausend Spenderkarten à 25 Franken. Für die so erzielten 250 000 Franken kann der IVB-Fuhrpark von 53 auf 57 Fahrzeuge vergrössert werden.

5 Im Rhein wurde zum ersten Mal seit fünfzig Jahren wieder ein atlantischer **Lachs** gefangen. Der Fisch ging in der Nähe der Birsmündung an die Angel.

6 Der neue Masterplan für den **Bahnhof SBB** wird vorgestellt. Er hat zwei Schwerpunkte: einen attraktiveren Westteil (Bahnhof SNCF) und eine zweite Fussgänger-Passerelle.

8 Acht Minuten lang sind ab 7.48 Uhr tausend Haushalte im Kleinbasel **ohne Strom**. Nach Bauarbeiten in der Trafostation Erlenstrasse 39 wurde eine Leitung wieder in Betrieb genommen, dies führte zu einem Kurzschluss.

8 **Regina Mugier** feiert ihren 100. Geburtstag.

9 Erst der Lachs, jetzt der **Biber**: In Grenzach bei Basel wurden Biberspuren gefunden. Es sind dies in der Gegend die ersten seit zweihundert Jahren.

10 Mit Sprüchen wie ‹Lieber wohnen als Zeit zu verpendeln› werben Logis Bâle, das Standort-Marketing und Immobilien Basel-Stadt um **Stadtbewohner**. Die Kampagne kostet 55 000 Franken.

13 Im neuen Gault Millau wird Peter Knogl, der Koch des Restaurants Cheval Blanc im Hotel Les Trois Rois, zum **Aufsteiger des Jahres** gekürt. Das Restaurant erhält 18 Punkte von 20 möglichen.

14 Nach vier Jahren hat Basel wieder ein **Infanteriebataillon**. Das neu geschaffene Bataillon 97 hat heute auf dem Marktplatz Fahnenübergabe.

15 Der Bundesrat erteilt den BVB die **Tramkonzession** des Kantons für den Abschnitt Kleinhüningen und Zoll Weil-Friedlingen. Schon in der vergangenen Woche hat das

Blick vom St. Jakob-Turm

Bundesamt für Verkehr den Bau des Schweizer Abschnitts der Linie 8 bewilligt.

16 Gewerbedirektor Peter Malama eröffnet die 2. **Basler Berufs- und Bildungsmesse**. Die Messe ist eine Begegnungsmöglichkeit für Jugendliche, deren Eltern und die Wirtschaft.

16 Ein Mann springt von der **Wettsteinbrücke**. Dies wird von der Münsterfähre aus beobachtet, und von dort wird er auch aus dem Wasser gezogen. Anschliessend wird er von der Sanität ins Spital gebracht.

17 Der 71 m hohe **St. Jakob-Turm** neben dem Joggeli wird eingeweiht. Das von den Basler Architekten Herzog & de Meuron entworfene Gebäude bietet auf 17 Stockwerken Platz für Läden, Büros und Wohnungen.

18 Die Kunsteisbahn Eglisee öffnet zu ihrer **16. Wintersaison**.

19 Rund 25 000 Besucherinnen und Besucher, darunter 300 Schulklassen, dies sind die Zahlen, die die **Berufsmesse** vorweisen kann.

20 Die **Davidoff Swiss Indoors**, das drittgrösste Tennis-Hallenturnier der Welt, wird mit Opernklängen eröffnet.

22 **Zwei Mal Weltsportler** im St. Jakob: Im Joggeli spielt der FCB in der Champions League gegen den FC Barcelona (0 : 5); in der Halle nebenan spielt Tennisstar Roger Federer.

23 Zwei Mal Eröffnung auf dem Dreispitz: Zuerst wird die **Dreispitz-Halle** eröffnet, ein Ort für hauptsächlich kulturelle Veranstaltungen. Eine halbe Stunde später hat just in dieser Halle die zweite Ausgabe von **Shift – Festival der elektronischen Künste** Vernissage.

25 Um 12 Uhr wird die 538. **Basler Herbstmesse** vom Turm der Martinskirche aus eingeläutet.

26 Zum dritten Mal in Folge gewinnt **Roger Federer** die Swiss Indoors. Wie bei den Siegen der Vorjahre feiert Federer den Sieg zusammen mit den Ballmädchen und -jungen mit Pizza. Federer ist einst selbst bei dem Turnier Balljunge gewesen.

27 **Marie Büchler-Geiger** feiert ihren 100. Geburtstag.

28 Die am 14. September neu gewählte **Regierung** hat sich formiert: Neu übernimmt der bisherige Justizdirektor das Präsidialdepartement. Die anderen Wiedergewählten behalten ihre Ressorts, nur das nun offene Justizdepartement wird dem Sicherheitsdepartement zugeschlagen. Die beiden Neugewählten Christoph Brutschin und Hans-Peter Wessels

Die neue Regierung

übernehmen die Ressorts Wirtschaft, Soziales und Umwelt beziehungsweise Bau und Verkehr.

28 Der künstlerische **Direktor des Theaters Basel** George Delnon verlängert seinen auslaufenden Vertrag bis 2016.

30 Die Zahl der eingesetzten **Versuchstiere** ist gegenüber dem Vorjahr um 6 Prozent auf insgesamt 230 606 Tiere gestiegen. 96,7 Prozent von ihnen wurden für die Forschung benötigt; den grössten Anteil haben Nagetiere mit 97 Prozent.

31 Bundesrätin Doris Leuthard setzt den Schlusspunkt bei der **Bildungsmesse Worlddidac** 2008 auf dem Messegelände.

November

1 Mit einer Oldies Special Night feiert die **Kuppel** im Nachtigallenwäldchen ihren 15. Geburtstag.

2 **Maria Käfer-Scheder** wird 100 Jahre alt. 1937 war sie auf der Weltausstellung in Paris als Hotelfachkraft tätig.

4 **Ryanair**, der Billigflieger aus Irland, fliegt ab heute bis zum 18. Dezember den EuroAirport nicht an. Der Gesellschaft sind die Gebühren zu hoch.

5 Das Tiefbauamt präsentiert Pläne für einen **Gundeli-Tunnel** zur Umfahrung des Quartiers. Er soll 400 bis 500 Millionen Franken kosten.

6 26 Angeklagte werden verurteilt. Sie waren am 13. Mai 2006 an **Krawallen** nach dem verlorenen Meisterschaftsspiel des FCB gegen den FCZ beteiligt. 3 bekommen eine bedingte Freiheitsstrafe, die 23 anderen kommen mit teilweise bedingten Geldstrafen davon. Die Verlesung der Urteile dauert fast den ganzen Tag.

7 2913 Personen waren im Oktober **arbeitslos** gemeldet, das entspricht einer Arbeitslosenquote von 2,9 Prozent. Gegenüber dem Vorjahresmonat bedeutet dies einen Anstieg von 1,6 Prozent.

Räbeliechtli

Dumm gelaufen – nichts wie weg

9 Rund eine Million Besucher waren auf der 538. **Herbstmesse**. Heute geht sie zu Ende – nur der Häfelimarkt auf dem Petersplatz dauert noch bis zum Dienstag, den 11. November.

10 Ein **mobiler Hydrant** wird auf dem Barfüsserplatz von Unbekannten umgefahren. Dadurch bekommt der Platz für eine begrenzte Zeit einen Springbrunnen.

11 Der **Botschafter der Republik Italien**, Exzellenz Guiseppe Deodato, wird vom Regierungsrat im Rathaus empfangen. Der Regierungsratspräsident hält eine kurze Ansprache, anschliessend geht es zum Mittagessen in die Brasserie im Les Trois Rois.

11 Das Traditionslokal am Barfüsserplatz, der **Braune Mutz**, wird saniert, bleibt aber eine Gaststätte. Es gab schon Befürchtungen, dass das erste Haus am Platz einer Fast-Food-Bude weichen muss.

12 Der **Räbeliechtli-Umzug** zieht vom Münster- zum Marktplatz. Die Strassenbeleuchtung wird dafür extra ausgeschaltet. Vor 18 Jahren wurde dieser Brauch in Basel eingeführt.

13 Der Basler Wirteverband kündigt eine **Preiserhöhung** an: Im nächsten Jahr soll eine Stange Bier 20 Rappen mehr kosten.

13 In der E-Halle auf dem Erlenmatt wird die **Buch.08** eröffnet. Festredner ist Jean Ziegler, ehemaliger UN-Sonderberichterstatter für das Recht auf Nahrung.

14 Fünf Monate nach der Euro 2008 ist die **Sportanlage St. Jakob** wieder vollständig bespielbar. Umfangreiche Arbeiten waren nötig: Zwei Naturrasen-Spielfelder wurden neu bepflanzt und zwei Kunstrasenfelder neu angelegt.

15 Im Bereich **Life Science** steht Basel auf Platz 1 in Europa. Mit 36 000 Arbeitsplätzen liegt es vor Mailand und Paris.

16 Am letzten Tag der Buchmesse Buch.08 wird dem Schriftsteller Rolf Lappert der 1. **Schweizer Buchpreis** verliehen. Er bekommt ihn für sein Buch ‹Nach Hause schwimmen›.

17 13 Konzerte mit 10 530 verkauften Eintritten, dies ist die Bilanz der diesjährigen **AVO-Konzerte**. Alle Veranstaltungen waren schon im Vorverkauf ausverkauft.

18 Ein Laster kracht auf der **Schwarzwaldbrücke** gegen einen Verkehrsteiler. Der Fahrer flüchtet zu Fuss. Das Unfallfahrzeug verursacht ein Verkehrschaos. Pech auch für das Baudepartement – der Unfall macht eine Verkehrszählung unbrauchbar.

Adelheid Wehrle ist 109 Jahre alt.

19 Die älteste Baslerin, **Adelheid Wehrle**, feiert ihren 109. Geburtstag.

20 Ab sofort gibt es keine Zulassungsbeschränkung mehr für allgemein Versicherte im **Merian Iselin Spital**. Der Kanton und das Spital übernehmen je zur Hälfte die Zusatzkosten.

21 Es soll ein **Kompetenzzentrum für die Kulturberichterstattung** entstehen, dies schlägt die regionale Trägerschaft der SRG vor. Die Regierung unterstützt die Pläne.

22 An der Kreuzung Steinengraben/Leonhardsstrasse stösst ein Auto mit einem **Polizeifahrzeug** zusammen. Drei Personen werden verletzt. Die Polizei war mit Blaulicht auf dem Weg zu einem Einbruch in Basel West.

24 Der **Roche-Turm** wird nicht gebaut. Die Firma Roche gibt bekannt, dass sie das Projekt des 160 m hohen Gebäudes aufgibt.

24 Uwe Heinrich, Leiter des Jungen Theaters Basel, erhält den **Kulturpreis der Stadt Basel**.

25 Es weihnachtet: Um 19 Uhr gibt Regierungspräsident Guy Morin das Zeichen zum **Einschalten der Weihnachtsbeleuchtung**. Somit leuchtet die angeblich längste Weihnachtsstrasse Europas, vom Aeschenplatz bis zum Claraplatz, wieder.

25 **Basler Banken** werden beim ‹Elite Report – Die Elite der Vermögensverwalter› ausgezeichnet. Einen ersten Preis erhält die Bank Sarasin, einen zweiten die Basler Kantonalbank.

26 Mit dem Symposium ‹Forschungsfokus Philanthropie?› eröffnet an der Universität Basel die Forschungsstelle **Centre for Philanthropy Studies**.

26 Mit der Ausstellung ‹Wunderkammer Alte Musik›, einem Symposium und einem Festkonzert feiert die **Schola Cantorum Basiliensis** ihren 75. Geburtstag.

26 Das **Bücherschiff** lockte 7400 junge Leserinnen und Leser, darunter Kinder aus 270 Schulklassen, an Bord der an der Schifflände vertäuten MS Christoph Merian.

27 Nach zwanzig Monaten Bauzeit wir das neue **Drachen-Center** an der Aeschenvorstadt eröffnet. Die Genossenschaft Migros Basel hat 80 Millionen Franken in den Umbau investiert.

28 Am **Dies Academicus** verleiht die Universität die Ehrendoktorwürde an drei Frauen und sieben Männer: Gerd Brudermüller, das Ehepaar Hubert Cancik und Hildegard Cancik-Lindemaier, Bernhard Christ, Judy S. DeLoache,

Die Weihnachtsbeleuchtung ist eingeschaltet.

Wolfgang Krätschmer, Helen Liebendörfer, Raimund Rodewald, Daniel Rubinfeld und Theophil Staehelin.

28 Am 1. Nationalen Tag der Millenniumsziele (Millennium Development Goals) spricht Wirtschaftsministerin **Doris Leuthard** vor über tausend Menschen im Foyer des Theaters.

29 8841 Läuferinnen und Läufer nehmen am 26. **Basler Stadtlauf** teil.

29 An der Kreuzung Thiersteinerallee/Güterstrasse kommt es wegen eines Rasers zu einem **tödlichen Unfall**. Der 37-jährige Beifahrer in einem korrekt fahrenden Auto stirbt dabei.

30 Bei der **Ersatzwahl einer Richterin des Zivilgerichts** wird im zweiten Wahlgang Theres Degelo-Abächerli mit 16 840 Stimmen gewählt. Peter Bochsler erhält 15 321 Stimmen, Vereinzelte 72.

30 Bei der **Ersatzwahl einer Präsidentin des Zivilgerichts** wird im zweiten Wahlgang Elisabeth Braun mit 17 202 Stimmen gewählt. Bettina Waldmann-Richter erhält 16 694 Stimmen, Vereinzelte 47.

30 Bei den eidgenössischen Vorlagen wird in Basel wie folgt abgestimmt: Volksinitiative ‹**Für die Unverjährbarkeit pornographischer Straftaten an Kindern**›: 31 251 (54,5 %) Ja-Stimmen, 26 095 (45,5 %) Nein; Volksinitiative ‹**Für ein flexibles AHV-Alter**›: 31 017 (53,5 %) Nein, 26 923 (46,5 %) Ja; Volksinitiative ‹**Verbandsbeschwerderecht: Schluss mit der Verhinderungspolitik – Mehr Wachstum für die Schweiz!**›: 42 512 (75,9 %) Nein, 13 473 (24,1 %) Ja; Volksinitiative ‹**Für eine vernünftige Hanfpolitik mit wirksamem Jugendschutz**›: 25 377 (44,7 %) Ja, 31 354 (55,3 %) Nein; Änderung des **Bundesgesetzes über die Betäubungsmittel und die psychotropen Stoffe**: 42 290 (76,2 %) Ja, 13 198 (23,8 %) Nein.

30 Die Basler Freimaurerlogen und die Schweizerische Grossloge Alpina schenken der IVB Behindertenselbsthilfe einen Kleinbus. Die **Loge Zur Freundschaft und Beständigkeit** ist 200 Jahre alt geworden. Zu diesem Anlass wird das Fahrzeug auf dem Marktplatz übergeben.

Setzen des ersten Fahrleitungsmastes der Tramlinie nach Weil am Rhein

Dezember

1 Die Gebühren für die **Kehrichtsäcke**, die sogenannten Bebbi-Sägg, werden um rund 20 Prozent erhöht. Wegen der Preiserhöhung kam es in den vorangegangenen Tagen zu Hamsterkäufen von Müllsäcken zu den alten Gebühren und damit zu Lieferengpässen.

1 **Frida Keller-Kaufmann** feiert ihren 100. Geburtstag. Sie lebt Im langen Loh, führt ihren Haushalt selbst und pflegt weiterhin ihren Garten.

1 «Basel bekommt die **schönste Jugendherberge** der Schweiz», verspricht Fredi Gmür, Geschäftsleiter der Schweizer Jugendherbergen, beim ersten Spatenstich für den Umbau des Gebäudes in St. Alban. Die Massnahme soll 10,5 Millionen Franken kosten.

2 Im Zuge ihrer Imagekampagne ‹Credo 08› lässt die Evangelisch-reformierte Kirche Basel-Stadt ein **Kirchen-Drämmli** fahren. Mit der Aktion sollen mehr Kircheneintritte bewirkt und Austritte verhindert werden. Bis November 2009 wird das mit bunter Werbung beklebte Fahrzeug durch die Stadt fahren.

3 Das **Stücki-Einkaufszentrum** ist im Rohbau fertig; die Arbeiten kommen planmässig voran.

4 Das **Präsidialdepartement** wird im Rathaus eingerichtet. 26 Angestellte des Justizdepartements ziehen dort mit 220 m² Umzugsgut ein.

5 Die Regierungsräte Guy Morin (Basel) und Michael Probst (Jura) unterzeichnen im Rathaus den ersten **Kooperationsvertrag der beiden Kantone**. Bis 2011 werden sie je 50 000 Franken in gemeinsame Projekte investieren. Der Vertrag läuft auf unbestimmte Zeit.

5 Am 18. November hat er auf der **Schwarzwaldbrücke** nach einem Unfall einfach seinen Laster stehen lassen und ist geflohen. Nun stellt sich der polnische Fahrer auf Anraten seines irischen Chefs der Basler Polizei. Der Lastwagen hatte damals ein Verkehrschaos verursacht.

5 **Rudolf Meyer** ist im Alter von 76 Jahren gestorben. Er war Ehrenmitglied des Basler Fasnachts-Comités und von 1989 bis 1998 dessen Obmann. Vierzig Jahre war er für die Schweizerische Bankgesellschaft (heute UBS) tätig.

6 Der erste Fahrleitungsmast der verlängerten **Tramlinie 8** nach Weil am Rhein ist gesetzt. Der Slogan der Verlängerung ist ‹Tram grenzenlos›. Bei dem Festakt sprechen Regierungsrat Ralph Lewin und der Weiler Oberbürgermeister Wolfgang Dietz.

7   **Linda Jakobi-Wüthrich** feiert ihren 100. Geburtstag.

8   Die 1995 in Betrieb genommene **Sondermüllverbrennungsanlage** in Kleinhüningen hat ab heute eine grössere Kapazität: 30 000 t Sonderabfälle, ein Drittel mehr als bisher, können dort nun jährlich verarbeitet werden. Baudirektorin Barbara Schneider eröffnet vor rund hundert Gästen die erneuerte Anlage.

9   Mit einer 0:1-Niederlage im Heimspiel gegen Sporting Lissabon verabschiedet sich der FC Basel aus der **Champions League**.

10 Der Grosse Rat wählt einstimmig den promovierten Juristen Beat Rudin zum neuen **Datenschutzbeauftragten**. Er wird sein Amt im Februar 2009 antreten.

10 Die Allmendverwaltung markiert vor den **Boulevardcafés** die Flächen, auf denen die Gastronomen ihre Gäste im Freien bewirten dürfen. Wer die bewilligten Bereiche regelmässig überschreitet, wird gebüsst.

11 Es gibt starke **Schneefälle**. Das Forstamt beider Basel bittet deshalb die Bevölkerung, von Waldspaziergängen abzusehen.

12 Auf einem Rheinschiff wird der **Beitritt der Schweiz zum Schengen-Raum** gefeiert. Dieser Schritt sei «ein Gewinn für die Freiheit in der Schweiz und die Sicherheit der Bürgerinnen und Bürger», so Bundesrätin Evelin Widmer-Schlupf bei der Feier auf der MS Christoph Merian. Anwesend ist auch der EU-Botschafter Michael Reiterer.

13 **Djafar Behbahanian** wird 106 Jahre alt und ist damit der älteste Basler. Er war der Finanzverwalter des Schahs im Iran; im Jahr 1978 floh er wegen der Revolution aus seinem Heimatland.

13 Die **Buslinie 38** wird grenzüberschreitend. Ab heute fährt der Bus von Allschwil via Mittlere Brücke bis nach Grenzach-Wyhlen.

14 Mit dem Fahrplanwechsel der SBB verkehren die direkten Züge zwischen **Basel und Zürich im Halbstundentakt**.

14 Die **Tramlinie 1** wird mit dem neuen Jahresfahrplan der BVB zwischen Kannenfeldplatz und Voltaplatz neu via Bahnhof St. Johann und Voltastrasse geführt. Die Linie 1 fährt damit nicht mehr durch die Gasstrasse.

14 Ab sofort fahren die **Tramlinien 3, 6, 8, 14 und 16** nachts länger. Die letzten Fahrten ab Barfüsserplatz sind samstags und sonntags jetzt jeweils nach 1 Uhr.

14 Die **S-Bahn-Haltestelle Dreispitz** wurde mit dem Neubaupreis des Basler Heimatschutzes und dem Bahnarchitekturpreis ‹Brunel Award› ausgezeichnet. An der Haltestelle wurden entsprechende Erinnerungstafeln angebracht.

15 Novartis-COE Daniel Vasella erhält den **Basler Stern** als Auszeichnung dafür, dass er mit dem Novartis Campus einen wesentlichen Beitrag zur Weiterentwicklung der Stadt leistet.

16 In den vergangenen Tagen hat die Schweizer Grenzwache mehrere **Schmuggler** erwischt. So wollten vier Personen über eine Nebenstrasse von Frankreich aus mehrere Dutzend Kilogramm Fleisch und Wurst, 270 Flaschen Wein und über 30 Flaschen Spirituosen in die Schweiz einführen.

17 Es werden 6 cm **Neuschnee** gemessen.

17 Das eingereichte **Budget für das Jahr 2009**, es weist in der laufenden Rechnung ein Plus von 133,976 Millionen Franken aus, wird vom Grossen Rat mit grossem Mehr angenommen.

19 **FCB-Trainer Christian Gross** verlängert seinen Vertrag bis Juni 2011.

19 Basel-Stadt veröffentlicht den finanziellen **Schlussbericht zur Euro 2008**. Von den 15,6 Millionen Franken, die das Parlament gesprochen hatte, mussten 14,5 Millionen in Anspruch genommen werden. Der Bericht erscheint wegen eines Versehens nur für den einen Halbkanton. Basel-Landschaft wird seinen Bericht am 13. Januar 2009 vorlegen.

19 Kurz nach 17 Uhr wird im von Basel SBB zum Badischen Bahnhof fahrenden Intercity 376 ein etwa **einwöchiges Mädchen** entdeckt. Das Kind liegt in einer Babywiege, die im Gang eines Waggons vor der Toilette abgestellt worden ist.

20 Unbekannte haben den grossen **Weihnachtsbaum** beim Hotel Les Trois Rois in Brand gesetzt und die Fassade des Hotels mit dem Slogan ‹Athen ist überall› besprüht.

20 Auf der Freien Strasse bleiben ab 15 Uhr einige Hundert Menschen plötzlich wie eingefroren stehen. Sie sind Teilnehmer eines sogenannten **Flashmobs**, eines über Internet organisierten Happenings.

22 Die Zollkreisdirektion gibt bekannt: Ein 57-jähriger Australier wollte Schmuck im Wert von 240 000 Franken im Reserverad eines Autos und am Körper versteckt in die Schweiz schmuggeln. Die 296 Schmuckstücke wurden jedoch von der Grenzpolizei entdeckt.

Jahresausklang über dem Rhein

22 Die **Kehrichtverbrennungsanlage** wird wegen der klimaschonenden Erdwärme, die dort produziert wird, mit dem Label ‹nature made basic› des ‹Vereins für umweltgerechte Elektrizität› ausgezeichnet.

23 Am 18. Juli 2009 wird auf dem Kasernenhof das **Basel Tattoo 2009** stattfinden. Seit drei Wochen läuft der Vorverkauf, und seit heute sind alle Veranstaltungen ausverkauft.

23 «Meine Aufgabe als Basler **SVP-Parteipräsident** ist erfüllt.» Jean Henri Dunant tritt nach drei Jahren im Amt zurück. Im Januar 2009 soll sein Nachfolger gewählt werden.

24 Der langjährige **Stadtratschreiber Robert Heuss** geht in Pension. Er hat sein gesamtes Berufsleben im Dienst des Kantons gearbeitet, erst als Polizist und seit 1994 als Stabschef der Kantonsregierung.

25 Im Quartierzentrum Union findet wieder die ‹Kundi›, die **Kundenweihnacht** des Christlichen Vereins Junger Männer statt. Was früher eine Veranstaltung für Obdachlose war, ist heute ein Anlass für Singles, Paare und Familien.

28 Das Bundesamt für Verkehr hat baureife Projekte zur Ankurbelung der Konjunktur im Umfang von 200 Millionen Franken vorgelegt, darunter ist auch die **zweite SBB-Brücke** über den Rhein. Das 40-Millionen-Franken-Projekt hat für die SBB hohe Dringlichkeit. Mit dem Bau zwischen Basel und Rheinfelden soll noch 2009 begonnen werden.

29 Das Tiefbauamt Basel-Stadt gibt bekannt, dass die Abfallentsorgung auch in diesem Jahr kostenlos **Weihnachtsbäume**, Weihnachtstannenkränze und Adventskränze abholt. Christbäume, die höher sind als 2 m, müssen zerkleinert werden.

30 ‹Jetz simmer laggiert!›, so lautet das Motto der Fasnacht 2009. Das Fasnachts-Comité gibt es heute bekannt und stellt gleichzeitig die neue Plakette, gestaltet von Roger Sigrist, vor. Das Motto erklärt Comité-Obmann Felix Rudolf von Rohr mit der aktuellen Wirtschaftskrise beziehungsweise folgendermassen: «Laggiert haisst drum au: Mer sinn bschisse.»

31 Es herrscht, so ein Polizeisprecher, «selten mieses Wetter», es ist eisig kalt. Trotzdem feiern Tausende in der Innenstadt den **Jahresausklang** «bei bester Laune».

Anhang

313 Bildnachweis

314 Autorinnen und Autoren

Bildnachweis

Alle Abbildungen bis auf die hier aufgeführten stammen von Rebecca Sulista.

S. 14, 16: Euro 08 Standort-Marketing; S. 24: Dieter Bopp; S. 34: Dominik Labhardt/picturebâle; S. 40, 44: Claude Giger/picturebâle; S. 48: Keystone; S. 70, 74, 110, 111: Claude Giger/picturebâle; S. 141: TEB Trinationaler Eurodistrict Basel; S. 170: Regula Lüem; S. 174: Erwin Zbinden/picturebâle; S. 213: Archäologische Bodenforschung Basel; S. 273: Kenneth Nars; S. 274: Andreas Frossard; S. 276: Dominik Plüss; S. 277: Claude Giger/picturebâle; S. 278 links: Dominik Plüss; S. 278 rechts: Andreas Frossard; S. 279, 280: Dominik Plüss; S. 282: Tino Briner; S. 283 links: Henry Muchenberger; S. 283 rechts: Kenneth Nars; S. 284: Roland Schmid; S. 286: Dominik Plüss; S. 287: Guido Baselgia; S. 288 links: Claude Giger/picturebâle; S. 288 rechts: Tino Briner; S. 291: Nicole Nars-Zimmer; S. 293 links: Kenneth Nars; S. 293 rechts: Kurt Wyss; S. 295, 296: Kenneth Nars; S. 297: Nicole Nars-Zimmer; S. 298: Peter Schnetz/Theater Basel; S. 300: Tino Briner; S. 301: Roland Schmid; S. 303: Henry Muchenberger; S. 304: Andreas Frossard; S. 305 links: Pino Covino; S. 305 rechts: Sicherheitsdepartement des Kantons Basel-Stadt; S. 306: Heinz Dürrenberger; S. 307: Pino Covino; S. 308: Tino Briner; S. 311: Claude Giger/picturebâle

Autorinnen und Autoren

Ivo Bachmann, S. 147

1963 in Rain/LU geboren. Seit über fünfundzwanzig Jahren publizistisch tätig, unter anderem als Chefredaktor der ‹Basler Zeitung› und des ‹Beobachters› sowie als Mitglied der Geschäftsleitung Zeitschriften bei Ringier; Inhaber und Geschäftsführer der Medienberatungsfirma ‹bachmann medien› in Basel und Zürich.

Renato Beck, S. 59

1982 in Arlesheim/BL geboren. Seit 2008 Volontär bei der ‹Basler Zeitung›.

Antonia Bertschinger, S. 151

1973 in Zürich geboren. Im Journalismus und Kulturmanagement tätig.

Josef Bossart, S. 220

1951 in Freiburg/Schweiz geboren. Seit 1996 bei der ‹Katholischen Internationalen Presseagentur› (Kipa).

Maya Brändli, S. 169

1958 geboren. Ethnologin. Seit mehr als fünfzehn Jahren Journalistin beim Schweizer Radio DRS.

Thomas Bürgi, S. 49

Geboren 1955; Bürger von Basel. Dr. phil. Seit 2002 Professor für Interkulturelle Kommunikation und Internationales Management an der Fachhochschule Nordwestschweiz FHNW, Hochschule für Wirtschaft; Leiter des trinationalen Studiengangs International Business Management; Programme Director MBA der Heriot-Watt University/Edinburgh Business School an der FHNW.

Thomas Dürr, S. 71

1967 in Basel geboren. Seit 1992 Kulturproduzent in der Schweiz; Geschäftsführer von ‹show circus ag› und ‹act entertainment ag›.

Beate Eckhardt, S. 197

1966 in Wien geboren. Seit 2005 Geschäftsführerin von ‹SwissFoundations›, dem Verband der Schweizer Förderstiftungen.

Daniel Egloff, S. 75

1971 in Zollikon/ZH geboren. Seit 2001 Tourismusdirektor Kanton Basel-Stadt.

Roger Ehret, S. 243

1958 in Basel geboren. Seit 2004 freischaffender Journalist, Gesprächsleiter und Stadtführer; Inhaber der ‹Rederei Ehret›.

Christoph Eymann, S. 21

1951 in Basel geboren. Dr. iur. Seit 2001 Regierungsrat und Vorsteher des Erziehungsdepartements.

Hanspeter Gass, S. 29

1955 in Basel geboren. Seit 2006 Regierungsrat und Vorsteher des Sicherheitsdepartements des Kantons Basel-Stadt.

Rudolf Grüninger, S. 173

1944 in Basel geboren. 1972–1981 Leiter Finanzabteilung der Vormundschaftsbehörde Basel-Stadt; 1981–2006 Direktor Zentrale Dienste/Bürgerratsschreiber der Bürgergemeinde Basel; 1992–2005 Mitglied, 1999–2000 Präsident des Grossen Rates; 1999–2005 Mitglied des Verfassungsrates. Meister E. E. Gesellschaft zum Rebhaus.

Jakob Gubler, S. 35

1961 in Basel geboren. Stellvertretender Informationsbeauftragter des Regierungsrates/Informationsbeauftragter Euro 08 Basel.

Christian J. Haefliger, S. 137

1940 in Wien geboren. Seit 1970 bei der Regio Basiliensis tätig, 1992–2003 als Geschäftsführer. 1980–1992 Mitglied des Grossen Rates.

Guido Helmig, S. 211

1951 in Basel geboren. Seit 1977 bei der Archäologischen Bodenforschung Basel-Stadt tätig; bis 1999 mit Grabungen auf dem Basler Münsterhügel betraut; Leiter des Ressorts Archiv/Bibliothek und zuständig für Sicherstellung, Archivierung und Erschliessung der archäologischen Dokumentationen.

Benjamin Herzog, S. 127
1972 in Riehen geboren. Freischaffender Journalist.

Eva Herzog, S. 25
1961 geboren. Dr. phil. Seit 2005 Regierungsrätin und Vorsteherin des Finanzdepartements.

Sabine Horvath, S. 63
1967 in Zürich geboren. Seit 2000 beim Standortmarketing Basel; seit 2004 Beauftragte des Regierungsrates für Standortmarketing; ab 2009 Leiterin Aussenbeziehungen und Standortmarketing des Kantons Basel-Stadt.

Esther Jundt, S. 133
1953 in Basel geboren. 1975–1983 Redaktorin bei der ‹Schweizerischen Depeschenagentur› (SDA) in Bern und Genf; seit 1983 als Journalistin in Basel für verschiedene Medien tätig.

Peter-Jakob Kelting, S. 183
1959 in Itzehoe geboren; lebt seit 2006 in Basel. Freischaffender Dramaturg.

Georg Kreis, S. 142
1943 in Basel geboren. Dr. phil. Professor für Neuere Allgemeine Geschichte an der Universität Basel; Leiter des Europainstituts; Präsident der Eidgenössischen Kommission gegen Rassismus.

Guy Krneta, S. 55
1964 in Bern geboren. Schriftsteller in Basel.

Peter Malama, S. 67
1960 geboren; Bürger von Basel und Mellingen/AG. Seit 2001 Direktor Gewerbeverband Basel-Stadt; seit 2005 Mitglied des Grossen Rates; 2007–2009 Mitglied des Nationalrates.

Iris Meier, S. 237
1978 in Biel/BE geboren. Germanistin und Kulturwissenschaftlerin. Seit 2002 Kuratorin der Sammlung historischer Biscuitdosen (Läckerli-Huus Basel).

Andreas Möckli, S. 145

1980 geboren; lebt in Basel. Seit 2006 Wirtschaftsredaktor für die ‹Basler Zeitung›.

Hannes Nüsseler, S. 187

1973 in Basel geboren. Seit 2005 redaktioneller Mitarbeiter bei der ‹Basler Zeitung›, Ressort Kultur.

Franz Osswald, S. 207

1962 geboren. Freier Journalist BR.

Felix Rudolf von Rohr, S. 265

1944 in Basel geboren; zünftiger Basler. Ehemaliger Politiker. Obmann des Fasnachts-Comités.

Andreas W. Schmid, S. 41, S. 255

1965 in Basel geboren. Lizenziat in Germanistik und Italienisch; Ausbildung als Oberlehrer. Seit 2005 stellvertretender Leiter der Sportredaktion der ‹Basler Zeitung›.

Anna Schmid, S. 45

1960 in Hausach/Deutschland geboren. Dr. phil. Seit 2006 Direktorin des Museums der Kulturen Basel.

Georg von Schnurbein, S. 197

1977 in Regen/Deutschland geboren. Seit 2008 Leiter des Centre for Philanthropy Studies (CEPS) an der Universität Basel.

Martin R. Schütz, S. 161

Dr. phil. Bis 2008 Inlandchef der ‹Schweizerischen Depeschenagentur› (SDA); ab 2009 Lehrbeauftragter für Medienethik am Institut für Medienwissenschaften der Universität Basel.

Balz Stückelberger, S. 130

1972 in Liestal geboren. Jurist und Kommunikationsberater; Dr. iur. Seit 2008 Bereichsleiter Öffentlichkeitsarbeit beim Arbeitgeberverband Basel.

Wolf Südbeck-Baur, S. 225

1959 in Oldenburg geboren. Studium der katholischen Theologie an den Universitäten Freiburg i. Br. und Tübingen. Seit 1987 in der Schweiz journalistisch tätig; seit 1998 als verantwortlicher Redaktor des ‹aufbruch, Zeitung für Religion und Gesellschaft›; seit 2000 Mitglied im ‹Pressebüro Kohlenberg›.

Rebecca Sulista, Fotos
1983 in Uznach/SG geboren. Seit 2008 Studium ‹Vertiefung Theorie› an der Zürcher Hochschule der Künste. Lebt und arbeitet als Fotografin in Basel und Zürich.

Marion Tarrach, S. 165
1966 in Basel geboren. Dipl. PR-Beraterin, Ausbilderin, Texterin, Gruppenmoderatorin. Seit 1999 mit eigener Agentur ‹Tarrach Kommunikation GmbH› in Basel.

Beat von Wartburg, S. 169
1959 in Basel geboren. Dr. phil. Seit 2007 Leiter der Abteilung Kultur der Christoph Merian Stiftung; Präsident von ‹SwissFoundations›; Vorstandsmitglied zahlreicher kultureller Institutionen.

Monika Wirth, S. 251
1963 in Freiburg i. Br. geboren; lebt in Basel. Deutsch- und Sportstudium in Basel und München. Projektleiterin bei der Christoph Merian Stiftung.

Urs Wüthrich-Pelloli, S. 21
1945 im Emmental geboren. Seit 2003 Regierungsrat des Kantons Basel-Landschaft und Vorsteher der Bildungs-, Kultur- und Sportdirektion.

Rolf Zenklusen, S. 195
1971 in Brig/VS geboren. Dipl. Vermessungsingenieur HTL. Seit 1993 freier Journalist BR in Basel; Inhaber des Pressebüros ‹zenpress›.

Seit 1879

1879 gab Heinrich Boos das erste ‹Basler Jahrbuch› heraus. Als historiografisches Periodikum war es eine typische Gründung des geschichtsbegeisterten, nationalstaatlich wie lokalpatriotisch denkenden 19. Jahrhunderts. Mit einer kurzen Unterbrechung in den Jahren 1880/1881 erscheint die Publikation seither jedes Jahr, seit 1959 unter dem Titel ‹Basler Stadtbuch›. 1973 wäre das Ende des Stadtbuchs besiegelt gewesen, wäre nicht die Christoph Merian Stiftung als neue Herausgeberin eingesprungen. Sie änderte das Konzept und machte aus der historiografischen Publikation eine Jahreschronik mit Beiträgen zu Ereignissen aus allen Lebensbereichen. Seit 1976 erscheint das Basler Stadtbuch im stiftungseigenen, eigens dafür gegründeten Christoph Merian Verlag.

Abonnieren Sie das Basler Stadtbuch!

Das Basler Stadtbuch kann einzeln, aber auch im Abonnement bezogen werden. Im Abo erhalten Sie jährlich das druckfrische Stadtbuch nach Hause geschickt – das Porto übernimmt der Verlag für Sie. CHF 48.–/Ausgabe. Das Abo ist jederzeit kündbar.

Basler Stadtbuch 2005

Ausgabe 2006

Schwerpunktthema: Himmel über Basel

ISBN 978-3-85616-270-2

Basler Stadtbuch 2006

Ausgabe 2007

Schwerpunktthema: Verbotenes Tun

ISBN 978-3-85616-323-5

Basler Stadtbuch 2007

Ausgabe 2008

Schwerpunktthema: Basle oder Basel?

ISBN 978-3-85616-368-6

Weitere Titel aus dem Christoph Merian Verlag:

Heiko Haumann, Erik Petry, Julia Richers (Hg.)
Orte der Erinnerung
Menschen und Schauplätze in der Grenzregion Basel 1933–1945
232 S., über 60 Abb. (s/w), broschiert, 14,5 x 20 cm, CHF 29.–/€ 18,–, 2. Auflage
ISBN 978-3-85616-364-8

Matthias Buschle, Daniel Hagmann
Gräber und Geschichten
Basel und seine Toten
192 S., 18 Abb. (s/w), broschiert, 14,5 x 21,5 cm, CHF 32.–/€ 19,–
ISBN 978-3-85616-378-5

Edith Schweizer-Völker, Martin Schulte-Kellinghaus
Mythische Orte am Oberrhein, Band 2
Vierzig Ausflüge in die Dreiländerregion Elsass-Südbaden-Nordwestschweiz
240 S., zahlreiche Farbabb., Klappenbroschur, 14 x 22 cm, CHF 38.–/€ 26,–
ISBN 978-3-85616-362-4

Archäologische Bodenforschung Basel-Stadt
Historisches Museum Basel
Unter uns
Archäologie in Basel
396 S., über 200 Farbabb., broschiert, 30,5 x 25 cm, CHF 58.–/€ 36,–
ISBN 978-3-85616-384-6

Barbara Lüem
Basel Kleinhüningen
Der Reiseführer
Hafen, Dorfidylle, Industriequartier: Basels Norden
160 S., 80 meist farbige Abb., broschiert, 12 x 18 cm, CHF 32.–/€ 19,–
ISBN 978-3-85616-352-5